文化娱乐法制研究系列丛书

移动应用行业
知识产权法律实务

陶 乾 / 著

知识产权出版社
全国百佳图书出版单位
—北京—

图书在版编目（CIP）数据

移动应用行业知识产权法律实务／陶乾著．—北京：
知识产权出版社，2023.8
（文化娱乐法制研究系列丛书／陶乾主编）
ISBN 978－7－5130－8051－4

Ⅰ.①移… Ⅱ.①陶… Ⅲ.①移动终端—应用程序—
知识产权—研究—中国 Ⅳ.①D923.404

中国版本图书馆CIP数据核字（2022）第017961号

责任编辑：李学军　　**责任校对**：谷　洋
封面设计：杨杨工作室·张冀　　**责任印制**：孙婷婷

移动应用行业知识产权法律实务
陶　乾　著

出版发行：知识产权出版社有限责任公司　　**网　　址**：http：//www.ipph.cn
社　　址：北京市海淀区气象路50号院　　**邮　　编**：100081
责编电话：010－82000860转8559　　**责编邮箱**：752606025@qq.com
发行电话：010－82000860转8101/8102　　**发行传真**：010－82000893/82005070/82000270
印　　刷：北京中献拓方科技发展有限公司　　**经　　销**：新华书店、各大网上书店及相关专业书店
开　　本：720mm×1000mm　1/16　　**印　　张**：15.25
版　　次：2023年8月第1版　　**印　　次**：2023年8月第1次印刷
字　　数：270千字　　**定　　价**：82.00元
ISBN 978－7－5130－8051－4

前 言

近年来，随着智能手机的普及与数字经济时代的变革，手机移动应用（APP）产业呈现井喷式发展，诸多新兴商业模式不断产生。与此同时，与手机应用相关的知识产权类法律纠纷不断出现，这其中，既有涉及计算机软件的著作权纠纷、软件设计开发合同纠纷，也有涉及手机移动应用名称的商标权纠纷、不正当竞争纠纷。此外，还有涉及流量劫持、广告屏蔽、数据爬取等问题的新型案件。在人工智能、大数据、超级计算、区块链等颠覆性技术创新不断涌现的时代，手机移动应用市场将不断迎来新的增长与商业模式的创新。

国务院《“十四五”数字经济发展规划》要求培育新产业、新业态、新模式，不断做强、做优、做大我国数字经济，坚持“创新引领、融合发展，应用牵引、数据赋能，公平竞争、安全有序，系统推进、协同高效”的原则。该规划要求加大对关键核心技术、新兴产业、重点领域等的知识产权司法保护力度，严格落实计算机软件保护制度，推进创新服务体系建设，促进自主创新能力提升，带动技术产业升级。要健全大数据、人工智能、基因技术等新领域新业态知识产权司法保护规则，推动关键数字技术创新应用。《知识产权强国建设纲要（2021—2035年）》指出，实施知识产权强国战略，回应新技术、新经济、新形势对知识产权制度变革提出的挑战。软件行业是数字经济发展的核心产业之一，为工业信息化、人工智能、大数据和云计算等应用场景提供技术支持，可以说是高新技术发展的关键环节。手机移动应用是当下软件市场的重要组成部分。本书中收录的案例反映着当前互联网领域手机移动应用行业的竞争态势以及知识产权保护的现状和问题。

本书的内容分为五章。第一章为手机应用行业涉及的著作权纠纷，通过案例对著作权法保护的对象、手机移动应用界面的抄袭问题、不同类型APP的提供者在信息传播过程中的责任以及应用程序领域的侵权行为种类、短视频的版权保护等问题进行了介绍和分析。第二章为手机应用行业涉及的商标权纠纷，对手机应用程序领域的商标抢注现象进行了介绍，通过典型案例对应用名称侵犯他人商标专用权的判断以及驰名商标认定问题给出解答。第三章涉及的是与手机应用商店相关的侵权法律问题，通过一份调研报告和几份裁判文书缩写介绍软件与硬件之间的市场竞争问题、手机应用商店对其提供的手机应用的责任承担等问题。第四章围绕不正当竞争纠纷展开，既有相对来说比较传统的虚假宣传、商业混淆纠纷，也有互联网环境下的新型不正当竞争纠纷。《反不正当竞争法》第 2 条和第 12 条的适用是本章的重点。第五章分析的是手机移动应用软件委托开发合同引发的法律纠纷，涉及对根本违约、解除合同等问题的判定。

本书内容所涉及的法律包括《民法典》《著作权法》《商标法》《反不正当竞争法》，还涉及最高人民法院《关于审理著作权民事纠纷案件适用法律若干问题的解释》《关于审理商标民事纠纷案件适用法律若干问题的解释》《关于适用〈中华人民共和国反不正当竞争法〉若干问题的解释》《关于审理侵害知识产权民事案件适用惩罚性赔偿的解释》等。

全书力求准确、简要、通俗易懂地为读者阐述手机应用行业的知识产权相关法律问题，介绍目前实务中对该类案件的审理和裁判情况，对案件类型和审理难点作出归纳，总结诉讼中需要注意的问题，以期为类案审判提供有益参考。在编写体例上，每一部分由法律基础知识介绍与典型案例分析组成。针对知识产权各个领域，分别选取与手机应用相关的典型案例进行归纳，梳理裁判推理要点，与在前的法律分析相呼应，既避免引用判决书全文造成的冗长，又使理论分析与实务相结合，回应法律实务的实践需要。

本书作者陶乾副教授长期从事互联网领域知识产权法律问题的研究工作，曾主持北京市社科基金项目“网络侵权的平台责任研究”。本书旨在通过分析手机应用行业的法律纠纷情况，为法律从业者和实务界人士提供参考，为促进互联网企业自律、保障互联网领域公平竞争、营造知识产权保护新态势提供经验和司法智慧。

目 录

第一章　移动应用行业涉及的著作权法律问题

本章通过典型案例介绍手机应用行业涉及的著作权纠纷问题，涉及著作权法意义上对各类作品的播放、存储、转载、链接、演绎、改编、转播等行为的界定。

手机移动应用行业与信息的网络传播密不可分，因此与其相关的著作权侵权行为以及责任承担必然需要探讨网络服务提供者的角色定位以及信息网络传播行为的认定标准。本章通过对手机应用程序之间的侵权、应用程序内上传的内容或提供的服务侵权以及应用商店中提供的程序侵权的介绍，阐明了法律实务中对手机应用行业涉及的著作权纠纷权利主体、客体、侵权行为类型等问题的司法认定。

本章的重点在信息网络传播行为的合法性判断。在手机应用程序涉及的著作权纠纷中，根据所涉纠纷的对象是该应用程序本身还是存储于该应用程序中的内容，可将此类纠纷划分为两个大类：第一类是某一手机应用程序本身的整体设计、运行过程等因素涉嫌抄袭其他应用程序，本章第一节所述内容即为此类。第二类纠纷中，手机应用程序传播了侵权内容，本章第二至七节根据应用程序提供内容的不同，将司法实践中出现的此类案件又作了类型化的区分。

关于第一类纠纷，具体表现为手机移动应用程序之间的抄袭。在判断手机应用程序是否构成抄袭时，首先要明确以何种作品类型来主张权利以及在该类型的作品中哪些内容属于著作权保护的范围。一般来说，APP 属于软件作品，开发者享有软件著作权。游戏类的 APP 还能再主张对游戏画面及元素的独立保护。此外，在具体案件中，又需要将所诉诸保护的权利落实到著作权法所保护的某一类权利上。

第二节至第七节为手机移动应用程序中提供的服务或内容引发的信息网络传播权纠纷，通过实务案例，提炼出在涉及不同作品类型的纠纷中侵权认定的难点和应当考虑的因素。诸如，权利人向网络服务提供商发送的侵权通知在何种情况下是有效的？仅在停止侵权通知中附上权利人获得授权的歌曲清单及授权书，而未附指明侵权作品名称及链接地址的通知方式是否为有效通知？再如，关于网络服务提供者主观过错的认定，是否可以根据手机应用程序中存在对内容的分类来认定其对分类下的侵权内容具有主观过错？网络服务提供者的注意义务如何受到经营模式的影响？这些问题均可以在本章的案例分析中找到答案。

此外，手机应用市场向网络用户提供 APP 下载服务，并通过广告获利或下载分成等方式盈利，因此，手机应用市场运营商对其上 APP 具有一定的审查义务，在著作权纠纷中可能需要承担因未尽到注意义务而产生的法律责任。对此，本章最后一节将进行论述。

第一节　手机移动应用软件的著作权保护

手机 APP 是能够安装在智能手机上的一种应用程序。手机 APP 本身作为计算机软件，是作品的类型之一。根据 2013 年《计算机软件保护条例》的规定，计算机程序，是指为了得到某种结果而可以由计算机等具有信息处理能力的装置执行的代码化指令序列，或者可以被自动转换成代码化指令序列的符号化指令序列或者符号化语句序列。同一计算机程序的源程序和目标程序为同一作品。计算机软件著作权人享有下列权利：发表权、署名权、修改权、复制权、发行权、出租权、信息网络传播权、翻译权以及应当由著作权人享有的其他权利。在判断被告侵犯的是何种著作权时，需结合著作权各种权利种类的特点和内容，分析侵权行为人的具体行为方式落入哪项权利的保护范围。以修改权为例，作者享有的是修改或者授权他人修改作品的权利。对著作权人的 APP 进行增补、删节，或者改变指令、语句顺序，则构成侵犯修改权。

在《计算机软件保护条例》中，复制权是将软件制作一份或者多份的权利。发表权是决定软件是否公之于众的权利。翻译权是将原软件从一种自然语言文字转换成另一种自然语言文字的权利。署名权是表明开发者身份，在软件上署名的权利。信息网络传播权是以有线或者无线方式向公众提供软件，使公众可以在其个人选定的时间和地点获得软件的权利。这些权利中既有人身性质的权利，也有财产性质的权利。

APP 在运行过程中，会产生文字、音乐、图片、音频、视频等多种表现形式的数字化内容。如果两款 APP 的运行结果相同，则存在抄袭的可能性。如果一款 APP 的开发者主张他人开发的被控软件复制、抄袭其享有权利的 APP 软件，则其应当提交权利软件的计算机程序及文档，并申请将被控侵权软件的计算机程序及文档与其权利软件进行对比。但软件著作权人出于保护其程序源代码商业秘密的考虑，通常不愿意提交权利软件的计算机程序及文档。

实践中，APP 开发者常另辟蹊径，以软件运行过程中呈现的画面、图片等构成视听、美术等作品为由，来应对 APP 抄袭行为。此现象尤以游戏 APP 最为常见。在手机游戏领域，游戏应用软件的整体运行画面可以构成视听作品。至于软件内部的程序、算法、代码等因为属于操作方法、技术方案或具有实用功能而不能得到著作权法的保护。在确定游戏运行画面视听作品著作权保护范围时，应当将不具有独创性的表达部分、有限表达和公有领域的表达内容过滤出保护范围。在判断两款游戏运行画面是否构成抄袭时，需考察软件运行画面中呈现的各种元素是否存在较多雷同。在软件的设计开发和实现过程中，需判断相关表达是仅仅借鉴或参考，还是以被侵权软件为基础进行创新、再设计，抑或是对被侵权软件的表达内容不加辨别地整体照搬和复制。如果被告 APP 运行的游戏，在游戏玩法规则的特定呈现方式上整体利用了其他游戏 APP 的基本表达，并在此基础上进行再创作，则构成侵犯改编权。此外，在个案中，还需要综合 APP 表达的各相关因素，对合理使用的范畴进行判断，从而得出是否构成著作权侵权的结论。

一、侵犯计算机软件修改权的司法判定

【基本案情】

腾讯科技公司开发了 QQ 即时通信软件，并作为原始权利人在国家版权局进行了计算机软件著作权登记。2005 年 7 月 1 日，腾讯科技公司将 QQ 软件及其各升级版本授权腾讯计算机公司在腾讯网（www.qq.com）上进行运营，同时将上述软件的著作权在不排除腾讯科技公司使用的情况下，授权给腾讯计算

机公司专有使用。腾讯 QQ 即时通信软件包括服务器软件和客户端软件，其注册用户可利用该软件系统，通过互联网等方式与其他 QQ 用户进行实时交流。用户在使用该软件过程中，可以选择正常上线状态或隐身登录状态，如选择隐身状态则会使其他用户认为该用户处于离线状态中。

2008 年初，虹连公司针对腾讯 QQ 软件开发了彩虹显 IP 软件，并在其开办的网站 www. caihongqq. com 上提供该软件的官方免费下载。我要公司参与了彩虹显软件的后期开发和运营，并为该软件的官方网站提供服务器等物质支持。彩虹显 IP 软件系完全针对腾讯 QQ 软件开发的一款软件，主要功能在于改变 QQ 软件用户上线时具有的隐身功能和显示在线好友的 IP 地址及地理位置。因此，腾讯科技公司、腾讯计算机公司认为虹连公司和我要公司侵犯了腾讯 QQ 计算机软件著作权，并且构成不正当竞争，故诉至法院。

【争议焦点】

(1) 虹连公司和我要公司针对 QQ 软件开发彩虹显 IP 软件的行为是否侵犯了腾讯科技公司对其软件作品的修改权。

(2) 虹连公司和我要公司的行为是否构成不正当竞争。

【裁判推理】

腾讯 QQ 软件及各升级版本，是腾讯科技公司多年来研发并不断升级的一种即时通信软件，腾讯科技公司享有该软件作品的著作权。腾讯科技公司自 2005 年 7 月起，将 QQ 软件及各升级版本的著作权授权腾讯计算机公司专有使用，并同时授权其在腾讯网上运营该软件，腾讯计算机公司因此享有该软件作品的使用权及经营权。虹连公司和我要公司开发的彩虹显 IP 软件在 QQ 进程中删除 QQ 部分指令语句、补充彩虹显软件的指令语句、改变 QQ 软件目标程序固有流程、结构、顺序、组织、原有函数的应用等，致 QQ 软件 19 处目标程序发生改变，从而实现了其与 QQ 软件建立链接，形成依附，改变 QQ 原有的隐 IP、隐身为显 IP、显好友隐身功能以及可选择关闭 QQ 原有的侧边按钮显示功能等目的。

虹连公司和我要公司对腾讯 QQ 软件目标程序的修改行为，侵犯了腾讯科技公司 QQ 软件作品的修改权。腾讯科技公司作为腾讯 QQ 软件的开发者，享有该软件作品著作权的人身权和财产权，腾讯计算机公司作为腾讯 QQ 软件的被许可使用人，享有该软件作品著作权的财产权，但不享有人身权。由于修改权属著作权之人身权范畴，腾讯科技公司享有该权利，而腾讯计算机公司不享有该项权利。因此，虹连公司和我要公司的修改行为，构成对腾讯科技公司腾讯 QQ 软件作品修改权的侵犯，但不构成对腾讯计算机公司该权利的侵犯。

双方当事人的营业执照表明，双方均为从事计算机软硬件开发、销售的经营者，市场地位平等，经营范围相同或相近，属同类或同业经营者。同时，本案所涉腾讯 QQ 软件和彩虹显 IP 软件，在双方将其提供给互联网用户使用的环境下，其本身所具有的实用性功能以及双方为实现该功能所进行的维护，更使双方具有了从事商品经营和服务的特性，而案涉彩虹显 IP 软件依附腾讯 QQ 软件运行并改变其功能的特性，使本案双方当事人形成了特定的、具体的即“一对一”的市场竞争关系。

腾讯 QQ 软件作为用于满足互联网用户即时通信、交流需要的产品和服务，经过腾讯科技公司和腾讯计算机公司多年来不断的努力，已经拥有了庞大的用户群，取得了巨大的市场占有率。虹连公司和我要公司为其商业目的，将自己的彩虹显 IP 软件依附或“捆绑”于腾讯 QQ 软件运行，使腾讯科技公司、腾讯计算机公司经过长期努力而拥有的用户群体成为自己的潜在客户，这种以不付出实质性正当努力而“搭人便车”的行为，违反了不正当竞争法自愿、平等、公平及诚实信用原则，构成对腾讯科技公司、腾讯计算机公司的不正当竞争。

同时，虹连公司和我要公司为了提高自己的市场影响力，将彩虹显 IP 软件“搭上 QQ 便车”后，还实施了攻击 QQ 运行程序，破坏 QQ 隐 IP、隐身功能的手段，使腾讯 QQ 软件所具有的用户隐私保护功能遭到破坏，致那些具有隐身意愿的 QQ 用户在不知情的情况下，被动地显现了自己的 IP 地址和物理位置。虹连公司和我要公司的此种竞争方式和手段，有违正当的竞争法则和基本的商业道德，损害了腾讯科技公司、腾讯计算机公司和 QQ 用户的利益，构成对腾讯科技公司、腾讯计算机公司的不正当竞争。而且，我要公司紧随其后向互联网用户推出与腾讯 QQ 即时通信软件基本相同的“彩虹 2009”即时通信软件，印证了前述不正当利用腾讯科技公司、腾讯计算机公司市场成果获取竞争优势行为的商业目的。再则，从“彩虹显 IP－360 安全版”的下载安装过程及安装完毕后的状态可以认定，虹连公司和我要公司所称的“合作推出”，实质是将该版本的彩虹显软件与 360 安全卫士软件产品进行捆绑下载。此捆绑下载行为与彩虹显官方网站的推送广告行为，均表明即便彩虹显软件的下载行为无须付费，虹连公司、我要公司亦可从该软件运行的其他途径中谋取商业利益，进一步证实了彩虹显 IP 依附腾讯 QQ 软件运行具有现实的商业利益。

【裁判结果】

虹连公司、我要公司立即停止使用彩虹显 IP 软件侵犯原告腾讯科技公司的腾讯 QQ 计算机软件著作权的行为并公开道歉，赔偿原告因著作权被侵犯所受经济损失、原告因被告不正当竞争行为所受经济损失及为调查该不正当竞争行为所付合理费用。

【案号】

（2011）武知终字第 00006 号

二、网络游戏之间的改编权争议

【基本案情】

《太极熊猫》为蜗牛公司独立研发的一款手机游戏，该款游戏于 2014 年 9 月上市，并获得良好市场反应。2015 年 6 月，蜗牛公司发现天象公司、爱奇艺公司推出的手机游戏《花千骨》存在大量与《太极熊猫》相似的元素，经比对，该款游戏使用了《太极熊猫》中的游戏界面及装潢设计和其他游戏元素，包括《太极熊猫》游戏的核心元素——游戏规则。从主要业务而言，天象公司与蜗牛公司在设计游戏软件的技术开发和服务上存在竞争关系，爱奇艺公司在游戏运营服务方面与蜗牛公司存在竞争关系。《太极熊猫》和《花千骨》同为手机游戏，其发布平台、玩家均存在重叠。

【争议焦点】

（1）涉案《太极熊猫》网络游戏整体是否构成作品及作品性质。

（2）蜗牛公司主张的游戏结构、玩法规则、数值内容、投放节奏和软件文档是否属于著作权法保护的客体。

（3）两被告是否侵害了蜗牛公司就《太极熊猫》游戏享有的复制权、信息网络传播权和改编权。

【裁判推理】

网络游戏的本质是计算机软件程序（包括服务器端程序和客户端程序）和游戏信息数据（图片、音乐、文字等）的集合，该本质决定了网络游戏为复合作品，呈现两种表现形态：一种为静态的计算机代码和信息数据形式的集合，另一种是动态的在智能终端中由玩家操控运行游戏软件程序呈现的视听输出，且皆可以有形形式复制。网络游戏最终显示在屏幕上的整体画面，是以其计算机程序为驱动，将文字、音乐、图片、音频、视频等多种可版权元素，以体现和服务游戏玩法和游戏规则为目的形成的有机、连续、动态组合的呈现，其整体运行画面才是网络游戏作品完整的呈现方式，也是玩家所认知和感知的整体作品形态，应以游戏运行后形成的连续动态图像画面作为《太极熊猫》网络游戏作品的表现形态。

《太极熊猫》游戏运行动态画面整体构成2010年《著作权法》第3条第6项规定的以类似摄制电影的方法创作的作品。

首先，2002年《著作权法实施条例》第2条规定："著作权法所称作品，是指文学、艺术和科学领域内具有独创性并能以某种有形形式复制的智力成果。"《太极熊猫》为大型ARPG（动作角色扮演类游戏），从其运行整体画面表现效果来看，设计美观、玩法层次丰富，蕴含了游戏设计团队的大量智力成果，是主创人员付出大量劳动、团队合作的智慧结晶，属于著作权法规定的艺术和科学领域具有独创性的作品。

其次，《著作权法实施条例》第4条第11项规定，电影作品和以类似摄制电影的方法创作的作品，是指摄制在一定介质上，由一系列有伴音或者无伴音的画面组成，并且借助适当装置放映或者以其他方式传播的作品。相较于录像制品，电影作品对于其连续画面呈现内容的独创性要求较高，要求其具有一定的故事情节。《太极熊猫》整体画面从其表现效果来看，是随着玩家的不断操作，呈现在屏幕上的"连续动态的图像"，符合类电影作品的定义。ARPG的玩法设置本身具有剧情性，即其主要构筑了一个具有丰富内涵的虚拟世界，玩家在该世界里可以体验选择角色、养成宠物、历经成长、开展对战等一系列游戏事件和剧情，获得沉浸式的视听体验，与电影作品的欣赏体验类似。此外，作为手机游戏，《太极熊猫》还设置了强制玩家操作的新手引导部分，战斗过程中的自动战斗、自动寻路等游戏强制或自动设定，玩家在这些设定中对于游戏的操作度很低，使游戏呈现的画面性质更具有类似电影作品的特质。综上，《太极熊猫》游戏运行动态画面整体具有独创性，可将其游戏整体运行画面认定为类电影作品，并无必要再认定为著作权法规定的其他作品。

《太极熊猫》游戏整体画面中游戏玩法规则的特定呈现方式构成著作权法保护的客体。

1. 关于游戏玩法规则。首先，著作权法不保护抽象的思想、方法，只保护对思想的具体表达。网络游戏中对于玩法规则具有独创性的表达，可以在一定程度上受到著作权法的保护。区分游戏作品中相应的玩法规则属于思想还是表达，要看这些玩法规则是属于概括的、一般性的描述，还是具体到了一定程度足以产生感知特定作品来源的特有玩赏体验，如果具体到了这一程度，足以到达思想与表达的临界点之下，可作为表达。在 ARPG 中，角色的选择、成长、战斗等玩法设置本身具有叙事性，依托游戏界面呈现的详尽的游戏玩法规则，类似于详细的电影情节，游戏开发过程中通过绘制、设计游戏界面落实游戏规则的表达，与电影创作过程中依据文字剧本绘制分镜头剧本摄制、传达剧情具有一定相似性。可以说，以游戏界面设计体现的详细游戏规则，构成了对游戏玩法规则的特定呈现方式，是一种被充分描述的结构，构成作品的表达。

其次，《太极熊猫》游戏玩法规则的特定呈现方式绝大部分具有独创性。《太极熊猫》并不能就某个玩法系统规则本身享有垄断权，但本案中《太极熊猫》游戏中前述游戏玩法规则之特定呈现方式，绝大多数在天象公司提交的证据作品中并不存在，故可以认定为其独创，产生著作权。

最后，在确定著作权保护范围时，应当将不具有独创性的表达部分、有限表达和公有领域的表达内容过滤出保护范围。手机游戏因其屏幕空间、玩家操作习惯所限，在主界面常用设计中会出现下排多为功能区按钮、左右两侧为竖排按钮的布局，在战斗界面常用设计中会出现左右下方分别为操纵摇杆、技能键的布局，该部分内容属于有限表达和公有领域的表达，蜗牛公司并不能就前述设计本身享有独占的著作权。

2. 关于游戏结构、数值内容、投放节奏和软件文档。首先，游戏结构属于对游戏进行抽象概括形成的思想，不属于著作权法保护的客体；其次，数值部分内容已体现在玩法规则的特定呈现方式中，不再单独评述；再次，投放节奏内容系蜗牛公司针对其设计原理、设计过程的陈述，即便相关事实成立，也是在一定程度上佐证两游戏存在的相似点并非巧合，并无必要再单独予以著作权法保护；最后，关于计算机软件文档，蜗牛公司主张《花千骨》文档中使用了《太极熊猫》图片，而其主张该内容的实质在于证明《花千骨》计算机软件在著作权登记备案及实际发布前已接触《太极熊猫》，且系基于对《太极熊猫》的玩法进行结构和细节分析实施的换皮抄袭，而相关侵权内容将在玩法规则部分做具体认定，故就该部分不再单独作侵权认定。

《花千骨》游戏在游戏玩法规则的特定呈现方式及其选择、安排、组合上整体利用了《太极熊猫》的基本表达，并在此基础上进行美术、音乐、动画、文字等一定内容的再创作，侵害了著作权人享有的改编权。

基于蜗牛公司取证视频比对结果，结合《花千骨》游戏计算机软件著作权登记文档中使用的均为《太极熊猫》游戏的元素和界面，以及双方游戏界面中实际存有较多文字细节雷同及设计缺陷的雷同等事实，可认为《花千骨》游戏在游戏规则玩法的设计开发和实现过程中，并非仅仅是对于《太极熊猫》游戏相关玩法进行借鉴或参考，或以其为基础进行创新、再设计，而是对于《太极熊猫》整体游戏规则设计的表达内容不加辨别地整体照搬和复制，远远超出了合理使用范畴，构成著作权侵权。

《花千骨》游戏的 IP 来自《花千骨》同名电视剧，其游戏整体运行动态画面设计均与《太极熊猫》不同，该部分内容和要素系基于同名电视剧及小说作品《花千骨》而创作，故玩家从外观上可识别与原作品的区别。前述创作行为系在利用了原作品玩法规则基本表达的基础上实施的，就现行法律规定来看，该行为更似改编权控制范围内的行为，故认定两被告的行为侵害了蜗牛公司就原作品享有的改编权。

【裁判结果】

被告天象公司、爱奇艺公司应当承担停止侵权、消除影响、赔偿损失的民事责任。

【案号】

（2018）苏民终 1054 号

三、APP 版面内容的著作权保护

【基本案情】

全民 K 诗是诵读公司于 2017 年 7 月在全网首发的一款录制配乐诵读的娱乐性软件平台。寻声公司运营两款寻声 APP。诵读公司认为寻声公司通过其运营的寻声软件使用与全民K诗相同或近似的版面设计、图标、设计规则等文字表述，以及与全民K诗相同或近似的页面布局、服务名称、商业模式，构成著作权侵权及不正当竞争行为，故提起诉讼。

【争议焦点】

（1）寻声公司的被诉行为是否侵害了诵读公司对涉案软件的著作权。

（2）寻声公司的被诉行为是否构成不正当竞争行为。

【裁判推理】

我国著作权法保护的文字作品，是以文字形式表现的，具有独创性，可以被复制的智力成果。文字作品应当体现作者的智力创造和选择编排。本案中，全民K诗APP中的“佳作投稿”和“主播认证”作为栏目标题，是字词的简单组合，不能充分反映和表达作者的思想感情，无法体现作者的独创性智力创造，不具有独创性，不能构成文字作品。

全民K诗软件中，“佳作投稿”及“主播认证”栏目中的文字内容，是对作品投稿规则及主播认证规则的文字表述，该部分文字内容系作品投稿规则及主播认证规则的惯常表达，未体现作者的独创性智力创造，亦不具有独创性，不构成文字作品。全民K诗软件“全球财富榜”主页面中，“按消费k币数量排名”的文字，是对该榜单排名规则的文字表述，系榜单排名规则的惯常表达，未体现作者的独创性智力创造，亦不具有独创性，不构成文字作品。

综上，全民K诗软件中“佳作投稿”及“主播认证”栏目标题及其文字内容、“按消费k币数量排名”均不构成文字作品，寻声公司的被诉行为并未侵害诵读公司对全民K诗软件享有的著作权。

《反不正当竞争法》第6条第3项规定的混淆行为，被混淆的对象是网络活动中的特殊标识，如他人有影响的域名主体部分、网站名称、网页等。结果是造成相关公众对商品或服务来源混淆，或者误以为该经营者或者其商品与被混淆对象存在商业联合、许可使用、商业冠名、广告代言等特定关系。

本案中，尽管诵读公司提交了关于全民K诗的相关媒体报道，但是该证据不足以证明全民K诗软件页面经过诵读公司的商业宣传使用，具有识别商品来源的作用，即相关公众看到全民K诗的软件页面，便可认识到该软件系诵读公司开发经营的。寻声公司的被诉行为，亦未使相关公众误以为寻声软件是诵读公司开发经营的，或者误以为寻声公司与诵读公司存在商业联合、许可使用、商业冠名、广告代言等特定关系。因此，寻声公司的被诉行为，不构成《反不正当竞争法》第6条第3项规定的不正当竞争行为。

【裁判结果】

驳回诵读公司的全部诉讼请求。

【案号】

（2021）京73民终1321号

四、APP界面的抄袭认定

【基本案情】

小行星APP由郭某设计、开发，自2018年8月开始，郭某发现小川科技公司、小川在线公司运营的最右手机APP树洞板块“发现”界面，存在大量抄袭剽窃小行星APP的内容。郭某认为两公司侵犯了自己的著作权，故诉至法院。

【争议焦点】

最右APP树洞板块“发现”界面是否构成对小行星APP界面的侵权。

【裁判推理】

法院审理查明，最右APP树洞板块“发现”界面与小行星APP界面相比：整体均呈粉色，背景部分为粉色调并配有云状粉色块；界面中均有多个“荷叶”状色块，“茎部”细长，“叶部”上均有卡通图像，以标记用户，在卡通图像上部，为圆角矩形粉色状态气泡。两者除卡通图像、颜色深浅等存在差异外，整体近似。故法院确认最右APP树洞板块“发现”界面与小行星APP的界面构成实质性相似。

小川科技公司和小川在线公司均主张，最右APP树洞板块系独立研发，且设计来源于在先公开的作品。但小川科技公司、小川在先公司在诉讼阶段提交的树洞设计说明及证据、树洞项目立项说明文档等证据均系自制证据，且该组证据中所呈现画面，从整体风格到色彩，均与郭某主张侵权的最右APP树洞板块“发现”界面区别较大，故小川科技公司、小川在线公司提交的在案证据不足以证明最右APP树洞板块“发现”界面系独立创作或来源在先第三方作品。综上，法院确认最右APP树洞板块“发现”界面构成对小行星APP

界面的侵权。

【裁判结果】

小川科技公司及小川在线公司侵犯了郭某针对小行星 APP 界面享有的署名权、修改权、复制权及信息网络传播权，判决二公司赔礼道歉，并分别赔偿经济损失 20 000 元。

【案号】

（2021）京民终 760 号

第二节　音乐类 APP 的著作权侵权风险防范

根据《著作权法》第 10 条以及《信息网络传播权保护条例》第 1 条的相关规定，信息网络传播权指的是以有线或者无线方式向公众提供作品、表演或者录音录像制品，使公众可以在其个人选定的时间和地点获得作品、表演或者录音录像制品的权利。

信息网络传播权的权利主体包括著作权人、表演者、录音录像制作者和广播组织。2020 年《著作权法》第 39 条规定，表演者对其表演享有许可他人通过信息网络向公众传播其表演，并获得报酬的权利，被许可人通过信息网络向公众传播其表演，还应当取得著作人许可，并支付报酬。第 44 条规定，录音录像制作者对其制作的录音录像制品，享有许可他人复制、发行、出租、通过信息网络向公众传播并获取报酬的权利，该权利保护期为 50 年；被许可人复制、发行、通过信息网络向公众传播录音录像制品，还应当取得著作权人、表演者许可，并支付报酬。第 47 条规定，广播电台、电视台有权禁止未经其许可将其播放的广播、电视通过信息网络向公众传播。因此，网络环境下传播音乐作品有可能涉及多个主体的权利。当发生侵权纠纷时，著作权人、广播组织、表演者和录音录像制作者均可以作为权利人向侵权人主张权利。

移动应用程序播放他人音乐作品应当取得音乐作品的著作权人以及音乐作品的表演者和录音制品制作者的许可。网络用户和移动应用程序的服务提供商都可能因为未经许可传播他人音乐作品而导致侵权纠纷。本书主要分析应用程序服务提供商的侵权责任。

信息网络传播权侵权分为直接侵权和间接侵权两种。在侵权责任的构成要件上，客观方面包括侵害行为、损害事实及因果关系。在归责原则上，一般认为，直接侵权适用无过错责任原则，间接侵权适用过错责任原则。移动应用程序服务商对信息网络传播权的侵权形式既有直接侵权，也有间接侵权。在判断直接侵权时比较容易，程序服务商未经许可提供音乐作品的播放和下载服务即属于侵权；对于损害事实的发生主要依据权利人利益是否受损、侵权人是否因为侵权行为获益进行判断。此外，侵权行为与损害事实的发生具有直接的因果关系，侵权行为的主体只有权利人和侵权行为人二者，不存在第三方的介入。在间接侵权案件中，移动应用程序服务商的过错是其承担赔偿责任的前提。在过错的判断上包括故意和过失两种形态。故意，是指行为人能够或已经预见到自己的行为会造成侵害他人信息网络传播权的结果，仍然希望它发生或者任其发生的主观心理状态；过失，是指行为人对于自己的行为会造成侵害他人音乐作品信息网络传播权的结果，应当能够预见而未预见，或者虽然预见却未采取有效措施避免。一般来说，判断行为人有无过错，应当以侵权人的预见能力和预见范围为基础，并且区别通常预见水平和专业预见水平。对于间接侵权行为“过错”的认定是目前侵权认定的难点。

如果移动应用程序的服务商在自己经营的客户端上放任用户未经许可通过网络传播他人音乐作品，不仅给音乐作品权利人的经济权益造成损失，长此以往可能破坏版权市场的稳定性，也打击了正版音乐作品创作人的创作热情，不利于整体市场经济的良性竞争和发展。因此，充当平台角色的服务商在接到音乐作品权利人的通知时应及时删除相关作品，消除不当行为产生的不良影响，遵循“避风港”原则对音乐作品进行正当的传播和保护。反之，如果服务商对权利人的通知不予理会，持续提供侵权作品的播放和下载服务，权利人可以通过诉讼等方式维护其合法权益。

在侵犯信息网络传播权的案件中，对赔偿额的计算一般需要综合考虑很多因素。法院要综合考虑歌曲许可使用时被侵权服务商所支付的授权许可使用费、侵权行为人的经营规模、侵权行为的性质、持续时间、后果以及涉案作品的知名度、影响力等因素。由于全国不同地区经济发展水平的差异和各地法院具体审判特点的不同，最终确定的赔偿额可能会出现一定差异。除客观因素外，还需要考虑移动应用服务商的主观故意，包括是否经权利人“通知”删除而未加重视，是否采取了“删除、断开、屏蔽”侵权作品等措施消除或制止了侵权行为。

一、APP 侵犯音乐制品信息网络传播权的司法判定

【基本案情】

2015 年 5 月 30 日，腾讯科技公司、腾讯计算机公司经转授权获得了杰威尔音乐有限公司拥有合法录音制作者权的音乐制品在中国内地的独家信息网络传播权，即在中国内地独家享有以下音乐专辑内歌曲的独家信息网络传播权，其中包括《哎哟，不错哦》《范特西》《魔杰座》《七里香》《周杰伦同名专辑》5 张专辑。上海青声公司、深圳启维公司未经授权擅自通过其共同经营的手机客户端“Echo 回声”，利用互联网传播腾讯两公司享有独家信息网络传播权的上述专辑中的音乐制品。原告认为，上海青声公司、深圳启维公司的行为构成对其所拥有的独家信息网络传播权的侵害，故提起诉讼。

【争议焦点】

（1）原告是否享有涉案录音制品的录音制作者权。

（2）被告是否侵权及其赔偿责任的承担。

【裁判推理】

根据《著作权法》的相关规定，如无相反证明，在作品上署名的公民、法人或者其他组织为作者。本案中，根据两原告提交的公开出版的《哎哟，不错哦》《范特西》《魔杰座》《七里香》《周杰伦同名专辑》5 张专辑的封底署名，可以认定杰威尔音乐有限公司是上述录音制品的制作者，享有相应的录音制作者权。根据原告提交的授权书等证据，腾讯科技公司、腾讯计算机公司经过杰威尔音乐有限公司的授权，对上述录音制品在授权期限内享有独占性的录音制作者权及相应的维权权利，有权以自己名义提起本案诉讼，是本案的适格主体。

根据“echo 回声”网站上关于该软件经营人的介绍、庭审中两被告的陈述及两被告互为关联公司这一事实，可以认定两被告共同经营管理“echo 回声”。通过“echo 回声”手机 APP，可在线播放和下载涉案歌曲。两被告称，其针对涉案歌曲提供的仅仅是信息存储空间服务。但首先，两被告自己提交的

"百度百科"关于"echo回声"的介绍中称，"'echo回声'全天不间断地为用户提供优质音乐内容推荐，用户可通过'echo每日推荐'获取到专业音乐编辑们精心筛选的优质歌曲"，说明两被告对歌曲进行了编辑、整理；其次，其提供的"echo回声"网站和手机应用上刊载的《echo回声用户使用条款》仅能证明其对用户上传歌曲至其音乐平台进行了约束，并不能证明涉案歌曲由他人上传；最后，其在"echo回声"上提供涉案歌曲并未注明由第三人上传，其提交的上传歌曲及涉案歌曲上传者信息并不全面，不能指向具体的第三人，故关于其针对涉案歌曲提供信息存储空间服务这一辩解意见不予采信。两被告未经许可在其经营的"echo回声"手机客户端上提供涉案歌曲的在线播放和下载服务，使用户可以在个人选定的时间和地点获得涉案音乐，侵犯了原告经录音制作者独家授权而享有的信息网络传播权，应依法承担停止侵权和赔偿损失的责任。

关于赔偿经济损失的数额，法院综合考虑原告支付的授权许可使用费、被告经营规模、侵权行为的性质、持续时间、后果以及涉案歌曲的知名度、影响力等因素，对每个录音制品的赔偿数额进行酌定。法院在对每个录音制品的赔偿数额进行酌定时还考虑了以下因素：当前我国正在大力推行音乐作品正版化工作，网络侵权行为对于音乐著作权的伤害极大，对于以网络方式传播音乐的互联网公司更应审慎自身行为并避免侵权行为的发生。综合以上因素，法院酌定两被告应当按每首录音制品人民币2500元的标准进行赔偿。

【裁判结果】

上海青声公司、深圳启维公司侵害了腾讯科技公司、腾讯计算机公司享有的独家信息网络传播权，应赔偿经济损失共计45 000元。

【案号】

（2018）粤03民终22314号

二、音乐类APP侵犯著作权的责任承担

【基本案情】

酷我公司运营的"酷我音乐"PC客户端和手机客户端应用上载有李某享有著作权及邻接权的音乐作品、录音录像制品，并为网络用户提供在线试听和

下载服务，部分歌曲未表明李某作为词曲作者和表演者的身份。李某多次致函酷我公司要求其删除相关作品，但酷我公司一直未予删除，故李某诉至法院。

【争议焦点】

（1）酷我公司是否侵犯李某所主张的信息网络传播权、署名权、表明表演者身份的权利。

（2）酷我公司应当如何承担责任。

【裁判推理】

酷我公司未经许可，在其“酷我音乐”PC客户端和手机客户端应用中提供了涉案歌曲的在线播放和下载服务，使公众可以在个人选定的时间和地点获取涉案歌曲，侵犯了李某作为词曲作者、表演者和录音录像制作者所享有的通过信息网络传播其作品、表演和录音录像制品的权利。酷我公司客户端上部分作品未表明李某为词曲作者和表演者的身份，侵犯其署名权和表明表演者身份权。

本案侵权歌曲的数目众多，侵权内容较多。酷我公司同时提供了涉案歌曲的在线播放和下载服务，且涉及PC客户端和手机客户端两个端口，侵权范围较广。李某在诉讼前多次向酷我公司发送过权利通知书，虽现无法查明李某发送的具体歌曲清单和权利文件内容，但是在此之后仍能在“酷我音乐”应用中取证到大量的侵权歌曲，说明酷我公司并未对此予以足够的关注和重视，存在一定的主观故意。因此，法院认为李某主张的经济损失数额合理。

综上，法院支持了李某的部分诉讼请求。

【裁判结果】

酷我公司在其网站首页连续24小时就侵犯署名权和表演者身份权的行为向李某发布致歉声明；酷我公司赔偿李某经济损失185 797.5元及合理开支8660元。

【案号】

（2017）京0108民初11811号

三、音乐类APP“通知—删除”规则的适用

【基本案情】

源泉公司经授权享有《孤枕难眠》《朋友》《其实不想走》《爱相随》《你

现在还好吗》《这些年来》《我是一只鱼》《海浪》《姊姊妹妹站起来》等 16 首音乐作品的词曲著作权。通过荔支公司运营的荔枝 FM 客户端软件，网络用户可以获得上述音乐作品的词、曲。源泉公司认为，荔支公司提供作品的行为未经授权，侵害了源泉公司对上述音乐作品享有的信息网络传播权，给源泉公司造成重大经济损失；且荔支公司在接到源泉公司通知后未及时进行删除、断开链接。故源泉公司诉至法院。

【争议焦点】

（1）源泉公司是否享有涉案作品的著作权。

（2）源泉公司是否应该承担赔偿责任。

【裁判推理】

《著作权法》第 11 条规定，著作权属于作者，如无相反证明，在作品上署名的公民、法人或者其他组织视为作者。源泉公司经过合法的转授权，获得了涉案全部 16 首音乐作品中曲的独占专有信息网络传播权，以及 4 首音乐作品词的独占专有信息网络传播权，有权提起本案诉讼。

根据源泉公司公证时荔支公司对外展示的荔枝 FM 的服务协议的内容，荔支公司的荔枝 FM 软件确有对外提供信息存储空间服务的功能。结合音乐作品播放界面所显示的“播客”字样，以及荔支公司提供的注册用户的信息，法院认定就涉案的音乐作品的播放，荔支公司并未直接实施上传及提供作品行为，仅提供存储空间服务，直接实施上传作品并通过荔枝 FM 软件对外提供作品的系注册并对外公开“播客”的网络用户。源泉公司主张荔支公司直接实施了作品提供行为，并无事实依据，法院依法不予支持。

在发现荔支公司平台上的侵权内容后，源泉公司于 2015 年 7 月 8 日向荔支公司发送了停止侵权的通知并附了其获得授权的歌曲清单以及授权书。但该通知并未明确荔支公司平台上实际构成侵权作品的名称及链接，因而源泉公司未指明侵权作品名称及链接地址的通知方式不构成有效的停止侵权通知。同时，荔支公司收到包含具体作品名称的起诉状及相关证据材料之后已经对涉案作品进行了屏蔽处理。综合上述事实，作为网络服务提供者，荔支公司履行了其应尽的义务，不应就涉案侵权行为承担赔偿责任。

通过源泉公司的取证过程可见，源泉公司系通过荔枝 FM 的搜索功能查找到涉案作品的，并无证据证明荔支公司对涉案作品进行了选择、编辑、修改、推荐等行为。荔枝FM主界面上虽存在对作品进行的分类，但这种分类是该APP所提供的一种服务，是其功能的体现，不能仅依据荔枝FM存在对内容的分类即认定其对分类下侵权内容的存在具有主观过错。综上，源泉公司主张荔支公司明知或应知侵权内容存在构成帮助侵权，亦无事实及法律依据。

【裁判结果】

驳回原告源泉公司的全部诉讼请求。

【案号】

（2016）京0105民初2806号

第三节　APP存储他人作品引发的信息网络传播权法律问题

实践中，很多手机移动应用平台是以用户生成内容为其主要内容来源。网络用户在APP中上传其没有获得著作权人许可的视听作品，时常引发信息网络传播权纠纷。APP作为用户上传并观看视听作品的“中间人”，实际充当的是存储他人作品的“媒介”。按照我国传统的侵权责任理论，网络服务提供者为用户的侵权行为提供了帮助行为或技术便利，可构成帮助侵权。但是随着网络技术飞速发展，网络侵权形式越发多样，共同侵权理论已不能完全解决网络侵权的问题，在此背景下，英美法系间接侵权理论被逐渐引入我国。在该理论框架下，网络用户是直接侵权人，移动应用程序的运营商为服务对象提供了信息存储空间，其作为网络服务提供者是间接侵权人，间接侵权的成立以直接侵权行为存在为前提。

基于现实考虑，著作权人一般不会直接针对网络用户提起侵权诉讼，而是向网络服务提供者发送侵权告知函。若网络服务提供者不及时采取措施或采取的措施不能有效制止侵权、弥补损失，权利人则会以网络服务提供者（此处是指APP运营商）为被告提起诉讼。

从网络产业的发展和对网络服务提供者的权益保护角度考虑，我国《民法典》和相关法律规定中对网络服务提供者间接侵权行为采取的归责原则是过错责任原则。在侵权行为的各个构成要件判断中，过错认定标准是理论难点和实务中的争议焦点。

根据《民法典》第1197条的规定："网络服务提供者知道或者应当知道网络用户利用其网络服务侵害他人民事权益，未采取必要措施的，与该网络用户承担连带责任。"该条以"知道"和"应当知道"来表述网络服务提供者的主观过错状态。

为强化网络服务提供者的版权保护意见，"知道"应包含"明知"和"应知"。首先，在技术条件上，网络服务提供者不仅具有更便捷和高超的手段能够有效制止侵权，还具有能够和侵权用户直接交流的平台，从挽回损失的角度上具有先天优势，应当对其赋予更大的注意义务。其次，从判定过错的角度，网络服务提供者在得到被侵权人的告知后未及时有效制止侵权行为，导致损失扩大，侵权行为延续。在法律上很难判断是否"明知"的情况下，以"应知"认定其是否违反了注意义务，更有利于保护权利人的民事权益，且适当的注意义务并不会加重网络服务提供者的负担。此外，《信息网络传播权保护条例(2013年修订)》第23条规定："网络服务提供者为服务对象提供搜索或者链接服务，在接到权利人的通知书后，根据本条例规定断开与侵权的作品、表演、录音录像制品的链接的，不承担赔偿责任；但是，明知或者应知所链接的作品、表演、录音录像制品侵权的，应当承担共同侵权责任。"因此，从条例关于网络服务提供者过错的规定看，主观过错应包括"明知"和"应知"，但条例没有对"应知"的内容做出具体规定。《最高人民法院关于审理侵害信息网络传播权民事纠纷案件运用法律若干问题的规定（2020年修正)》详细规定了认定应知的考量因素。在个案中，应当考察网络服务提供者是否积极采取了预防侵权的合理措施，是否针对同一网络用户的重复侵权行为采取了相应的合理措施，是否主动对作品进行了编辑、选择、修改或推荐。此外，还需要考虑到作品的类型、知名度及侵权信息的明显程度，考虑网络服务提供者提供服务的具体性质、方式及引导侵权的可能性大小、应当具备的管理信息的能力。

此外，对于"必要措施"的理解，也具有一定的争议。对于处于热播期的视听作品，仅仅删除侵权作品显然不足以弥补著作权人损失，而且"热播期"的时间跨度衡量和著作权人损失的计算也是新的难题。另一方面，APP存储侵权作品可能侵犯除信息网络传播权之外的其他权利，《民法典》中列举的权利种类并不足以概括。除删除侵权作品外，网络服务提供者还应根据需要采取适当的措施，比如，发布禁止上传未经许可的视频作品声明，对上传用户在程序内部采取警告、私信等警示手段；采取预防重复侵权的措施。对于“必要措施”的举证和著作权人的维权需求，尚需法官个案裁量。

互联网云技术的发展是近几年的新业态和新模式，本书选取的“阿里云”案件，对于行业有很大的参考价值。虽然云计算技术与自动接入、自动传输和自动缓存服务以及信息储存空间服务不同，但仍属于《民法典》所规定的“网络服务提供者”。云计算与传统信息储存技术不同，能采取的与“删除、屏蔽、断开链接”效果等同的措施是“关停服务器”或“强行删除服务器内全部数据”，手段较为严厉，造成损失过大。因此，从行业发展的角度出发，对云计算服务提供者的注意义务的要求不宜过于苛刻。

一、手机移动应用帮助侵权的认定

【基本案情】

江苏省广播电视集团有限公司与灿星公司联合制作《蒙面歌王》节目。该节目是一档歌唱类真人秀电视节目，明星歌手使用化名，在演唱时以面具遮面，观众主要根据歌手的歌声进行评分。据两公司合同约定，该节目的完整版权归灿星公司所有。经灿星公司授权，梦响公司独家享有《蒙面歌王》各期全部音乐作品的录音制作者权、表演者权中的信息网络传播权，并拥有相关转授权权利。

此后，梦响公司先后就不同的曲目向腾讯公司出具独家授权书，授权书载明：授权腾讯公司及其关联公司享有授权作品清单所列音乐作品的信息网络传播权，包含歌曲音频所涉及之录音制作者权、表演者权和授权人自有的词曲著作权（如有）在互联网传播所需的信息网络传播权。授权歌曲之录音邻接权授权性质为独占授权，不可转授权。授权歌曲之音乐作品（词曲）著作权（如有）授权性质为非独家不可转授权，授权期限至2017年7月18日。被授权人有权以自己的名义向侵犯其独占性权利的第三方主张权利并进行维权。

青声公司是“echo回声”手机客户端的运营商，网络用户可以向“echo回声”上传音频。腾讯公司声称，公众可以从“echo回声”在线播放及下载

《蒙面歌王》第一季 14 首歌曲，并对涉案歌曲进行了公证。除《富士山下》外，一审法院确认其余 13 首歌曲是源自《蒙面歌王》的录音制品。腾讯公司认为青声公司向公众提供了涉案录音制品，侵害了腾讯公司对涉案录音制品享有的信息网络传播权。

【争议焦点】

（1）青声公司经营的“echo 回声”手机应用所提供服务的性质。

（2）该公司就涉案歌曲的网络传播实施的是直接侵权行为还是帮助侵权行为。

（3）法院如何确定赔偿经济损失及合理费用的数额。

【裁判推理】

法院认为，青声公司是为服务对象提供信息存储空间的网络服务提供者，其经营的“echo 回声”手机应用上的涉案歌曲系由网络用户上传的。理由如下：“echo回声”平台上的《echo 回声用户使用协议》《echo 回声作品版权声明》等文件表明了用户可以向该平台上传歌曲。而且，根据公证书所示，该平台上确实存在不少用户，涉案歌曲的播放页面也均有上传用户的名称，青声公司提供了大部分用户的注册信息；青声公司展示了该平台的后台管理信息，确实有注册用户向该平台上传了音频资料。

青声公司是提供信息存储空间的网络服务提供者，不对用户上传的内容承担直接侵权责任。但是，青声公司作为专业的音乐平台运营商，其应当知道，音乐作品或者录音制品的权利人一般不会免费向公众提供音乐作品或录音制品。涉案的录音制品明显不同于网络用户业余制作的录音制品。网络用户将涉案录音制品上传至“echo 回声”时，《蒙面歌王》尚处于热播期，腾讯公司也多次向青声公司发送侵权告知函，但青声公司除了删除涉案录音制品外，并未采取其他制止侵权的必要措施。青声公司未尽到合理注意义务，放任网络用户上传侵权录音制品，主观上具有过错，其行为构成帮助侵权。

侵犯著作权或者与著作权有关的权利的，侵权人应当按照权利人的实际损失给予赔偿；实际损失难以计算的，可以按照侵权人的违法所得给予赔偿。赔偿数额还应当包括权利人为制止侵权行为所支付的合理开支。权利人的实际损失或者侵权人的违法所得不能确定的，由人民法院根据侵权行为的情节，判决给予 500 万元以下的赔偿。在本案中，由于双方当事人均未举证证明实际损失及侵权获利，法院考虑了涉案歌曲及相关综艺节目的知名度、涉案歌曲平台点击量、下载量以及律师工作量等因素，酌情确定了赔偿数额和合理费用共计18 200元。

【裁判结果】

青声公司赔偿腾讯公司经济损失5200元及制止侵权所支付的合理费用13 000元，合计18 200元。

【案号】

（2017）沪73民终2号

二、APP侵犯信息网络传播权的司法判定

【基本案情】

原告爱奇艺公司是热播电视剧《大秧歌》独家信息网络传播权所有人，该剧自首播起即广受关注和好评。被告南方新媒体公司是“粤TV”应用的所有者和运营商，在其运营应用的安卓手机客户端上能够观看《大秧歌》，爱奇艺公司认为该行为侵犯其信息网络传播权，故诉至法院。

【争议焦点】

（1）爱奇艺公司是否享有涉案作品的信息网络传播权。

（2）“粤TV”APP传播涉案影视剧的行为是否侵害了爱奇艺公司的信息网络传播权。

（3）赔偿数额的确定。

【裁判推理】

根据《著作权法》第10条以及《最高人民法院关于审理著作权民事纠纷案件适用法律若干问题的解释》第7条之规定，著作财产权包括信息网络传播权，即以有线或无线方式向公众提供作品，使公众可以在其个人选定的时间和地点获得作品的权利；当事人提供的涉及著作权的底稿、原件、合法出版物、著作权登记证书、认证机构出具的证明、取得权利的合同等，可以作为证据；在作品或者制品上署名的自然人、法人或者其他组织视为著作权、与著作权有关权益的权利人，但有相反证明的除外。本案中，爱奇艺公司提供的涉案电视剧刻录光盘片尾标注独家信息网络传播权归其所有，也与国家版权局公示的相关内容相互印证，

法院认定爱奇艺公司依法独占享有涉案影视作品《大秧歌》的信息网络传播权，并有权为维护其自身权利向法院提起诉讼。

涉案“粤 TV”安卓手机客户端系由被告开发、运营，该客户端上提供了涉案影视作品《大秧歌》的全部内容。被告未经原告授权或许可，在其经营的“粤 TV”安卓手机客户端传播涉案影视剧《大秧歌》，侵害了爱奇艺公司对该影视作品享有的信息网络传播权，依法应承担停止侵权及赔偿损失的法律责任。

关于赔偿数额的确定问题，法院综合考虑涉案作品的类型、发行的时间、知名度，被告的主观过错程度、侵权行为性质、持续时间、经营规模、涉案客户端上该影视作品的播放量，同时结合原告针对被告提起批量维权诉讼，应对合理维权费用进行分摊，以及原告此前已针对被告同一侵权行为提起诉讼并获得赔偿等情形，酌情认定被告承担的赔偿数额为 16 000 元。

【裁判结果】

被告南方新媒体股份公司赔偿原告爱奇艺公司经济损失 16 000 元。

【案号】

（2017）粤 0104 民初 15286 号

三、视频网络手机客户端的侵权风险

【基本案情】

哔哩网为弹幕类的视频网站，注册用户可以将新浪、优酷、腾讯等网站上的相关视频投稿到哔哩网，供他人在线观看和发表评论。用户在观看过程中可以发表评论，评论内容可以在视频播放界面上以弹幕形式滚动显示。幻电公司经营哔哩网站“Bilibili”及安卓手机客户端“哔哩哔哩动画”。

本案被控侵权的 5 个《天天向上》节目视频由网站用户提供，上传至“Bilibili”并通过网站审核。湖南卫视《天天向上》节目的信息网络传播权由爱奇艺公司经被授权独家获得。

【争议焦点】

幻电公司是否构成侵权。

【裁判推理】

幻电公司在其“哔哩哔哩动画”手机客户端提供视频播放时并未对其提供不同服务的视频内容予以区分，网络用户亦无法对此予以区分，如对于所链接的涉案视频播放未进行网页跳转以指引用户在被链网站上观看，亦未向用户提示涉案视频源自其他网站。该种经营模式一方面使其网站具有更大的用户黏性，进而为其带来更多的经济利益；另一方面，亦会在所存储内容或链接内容涉及侵权的情况下，对权利人造成更大的损害，故对该种网络服务提供者应当课以较高的注意义务。

涉案节目作品《天天向上》系存在年限较长的国内知名综艺节目，从幻电公司涉案网站上5个视频标注的名称已能知晓其系《天天向上》综艺节目，且大部分上传时间均离视频名称标注的首播日期较近，幻电公司主观上应当知道该上传的视频内容或链接具有较大侵权可能性，客观上对于未经授权的涉案视频未采取任何预防或者避免侵权发生的措施，从而帮助了涉案视频节目侵权后果的扩大。

【裁判结果】

幻电公司的行为侵犯了爱奇艺公司的信息网络传播权，构成侵权。幻电公司赔偿爱奇艺公司经济损失48 000元及合理开支6000元。

【案号】

（2016）沪73民终134号

四、手机电视APP合理使用的认定

【基本案情】

华数公司运营华数手机电视APP。打开华数手机电视APP，在该软件界面首页位置可以看到涉案电视剧《花千骨》的剧照，点击后进入播放界面，界面上方为影视剧视频，下方为“简介”“聚焦”“猜你喜欢”等按钮，点击后能够观看电视剧剧集，每一集都存在单独的标题，可以观看4分钟左右。爱奇艺公司是该电视剧的独家信息网络传播权人，故提起侵权诉讼。

【争议焦点】

（1）华数公司平台上的涉案片段是否构成作品。

（2）华数公司的行为是否构成合理使用。

【裁判推理】

根据《著作权法实施条例》第2条的规定，著作权法所称作品，是指文学、艺术和科学领域内具有独创性并能以某种有形形式复制的智力成果。该条例第4条第11项规定，电影作品和以类似摄制电影的方法创作的作品，是指摄制在一定介质上，由一系列有伴音或者无伴音的画面组成，并且借助适当装置放映或者以其他方式传播的作品。判断涉案片段是否构成作品，关键在于判断其是否具有独创性。著作权法意义上的独创性要求：从创作过程来看由作者独立完成；从创作结果来看能够体现作者独特的智力判断和选择。华数公司平台上的涉案片段系自涉案作品《花千骨》中截取，虽时长均较短，但均系涉案作品作者独立创作完成的，且涉案片段能够表达一定的情节内容，能够体现作者在场景、对白等的安排和选择上作出的智力判断，故华数公司平台上的涉案片段构成著作权法意义上的作品。

华数公司主张涉案片段并未实质性再现涉案作品，客观上未对涉案作品起到替代作用，属于合理使用。《著作权法》明确了12项可构成合理使用的情形，依照著作权法有关规定，使用可以不经著作权人许可的已经发表的作品的，不得影响该作品的正常使用，也不得不合理地损害著作权人的合法利益。前述列举式规定和概括式规定均可用以解释合理使用的抗辩理由是否成立。本案中，华数公司对涉案片段进行整理和编辑供观众观看，不属于个人学习、研究和欣赏，也不是为了介绍、评论某一作品或说明某一问题，不属于前述《著作权法》列举的12项情形。爱奇艺公司主张侵权的片段共计56个，且每个片段的时长均在2—4分钟，总时长200余分钟，该使用行为显然已超出了合理的限度。且消费者在观看了涉案片段后可能因对相关情节有所了解后便认为无须观看完整作品，从而损害了爱奇艺公司作为著作权人本应获得的合法利益。故华数公司的涉案行为并不构成合理使用。

【裁判结果】

华数公司赔偿爱奇艺公司经济损失及合理开支共计105 000元。

【案号】

（2018）京73民终1941号

五、配音 APP 平台的侵权风险

【基本案情】

秀秀公司开发运营配音秀 APP，提供短视频播放及配音服务。新创华公司系动画片《名侦探柯南》（以下简称涉案作品）在中国大陆地区的独家信息网络传播权人。配音秀 APP 的涉案用户未经新创华公司的授权，将《名侦探柯南》的部分片段上传至配音秀 APP 作为配音素材。新创华公司认为涉案用户和配音秀 APP 侵犯了其信息网络传播权，故诉至法院。

【争议焦点】

（1）秀秀公司是否构成侵权。

（2）侵权赔偿金额的确定。

【裁判推理】

由于涉案视频系用户上传，因此首先应考虑上传视频的用户行为是否构成直接侵权，再考量作为为用户提供信息存储空间的被告是否构成间接侵权。

本案中，涉案用户未经授权将涉案视频上传配音秀 APP 供其他不特定用户在选定时间和地点获得作品的行为构成对原告信息网络传播权的直接侵权。涉案用户行为不构成合理使用。1. 网络用户上传视频至公开网络空间传播的行为不属于“为个人使用”，而是“向公众传播”，故不属于第一种合理使用情形。2. 用户上传的涉案视频均直接来源于原告享有权利的类电影作品，并非在自己创作的作品中引用涉案视频，其主要目的亦并不在于“介绍、评论某一作品或说明某一问题”，而在于给其他用户配音使用。因此，用户上传涉案视频属于对作品的直接使用，不构成第二种“适当引用”情形。3. 至于“免费表演已发表的作品”，该规定中的作品是指可被“表演”的作品，而根据我国著作权法的规定，表演权涉及的作品对象是文字作品、戏剧作品、音乐作品等，并不包含类电影作品，故即便原告主张的视频包括用户配音后的视频，该类视频亦不属于表演的对象。

对于网络用户利用网络服务提供者提供的网络服务实施侵害他人作品信息网络传播行为的，网络服务提供者对此明知或应知但未采取必要措施，则网络服务提供者构成帮助侵权行为，应承担连带责任。由于原被告均确认原告在起诉前未通知被告删除涉案视频，故现有证据不足以证明被告对于被控侵权行为存在明知的过错。但是被告存在应知的过错。首先，配音秀的经营模式客观上存在诱导用户上传侵权视频的较大风险，被告主观上亦能够预见到配音秀软件中可能存在侵权视频，因此配音秀作为平台方在侵权审查上负有较高的注意义务。其次，从本案涉案作品被使用的具体情况看，综合考虑动画片《名侦探柯南》作为热度较高的影视剧位列动漫热门标签排行榜较高位置、存在专区、相关视频量较大、点击量巨大，即使排行榜与专区并非人工整理的结果，亦应当足以引起被告注意，因此可以认定被告对涉案用户的侵权行为“应知”。最后，被告抗辩的“未从涉案短视频获取收益、设置了投诉举报机制”仅仅是认定被告是否存在主观过错或是否尽到合理注意义务的考量因素之一，如果能够综合其他因素认定被告具有主观过错，则可直接推定被告“应知”用户上传侵权内容。

综上，被告在应知存在侵权视频的情况下未及时对涉案侵权视频进行处理，未能尽到与其经营模式相适应的注意义务，构成帮助侵权。

法院综合以下因素酌情确定赔偿金额：1. 涉案作品知名度较高、市场影响力较大、对外授权金额高，被控侵权视频已删除；2. 涉案视频均为十几秒至两分多钟的短视频，无法形成与涉案作品整体相似的剧情表达，使用或观看涉案视频无法对原作产生完整替代作用，虽然原告主张的均为素材视频，但用户上传的目的以供其他用户配音为主，因此不能以原告举证的对外授权金额为主要参考因素；3. 原告主张的涉案视频均属于原告权利作品的片段，而随着作品利用方式的多元化，短视频成为视频市场的一种新形式，对权利作品片段的利用亦属于作品利用方式，可能成为作品权利人获得收益的方式之一，因此赔偿金额应当以此为考量因素之一，并结合原告主张权利的视频数量、时长和播放数量综合考虑；4. 虽然没有证据证明配音秀通过涉案视频的传播直接获利，但鉴于配音秀的平台性质，涉案视频能够为配音秀带来流量，而配音秀软件中存在 VIP 充值、钻石购买、金币兑换、积分商城等运营方式，结合原告权利作品的知名度、在被告平台上的高点击量、被告配音秀 APP 的受欢迎程度，被告存在通过涉案视频间接获利的可能性。综合以上情况，法院酌定赔偿金额为 15 万元。

另外，法院还回应，对现有影视剧片段进行重新配音，其原有画面、情节和台词被完整保留，改变的仅仅是念词的声音，未使原作品在被使用过程中产生足以改变其原先的功能和目的的新价值、功能或性质，重新配音即使属于被告提到的“二次创作”，其创造性程度也极低。因此，配音秀的模式还是以利用影视剧本身的价值为主，若有创新点，仅在于其利用目的，并非产生的内容本身，其商业模式在利用影视剧本身价值这点来说，与传统提供整集播放影视剧的视频网站并无本质不同。

【裁判结果】

秀秀公司赔偿新创华文化公司经济损失及合理费用共计15万元。

【案号】

（2021）沪0115民初25717号

六、云储存平台的注意义务边界

【基本案情】

乐动卓越公司是网络游戏《我叫MTOnline》网络游戏的著作权人。乐动卓越公司认为储存于阿里云公司服务器的网络游戏《我叫MT畅爽版》侵犯其著作权，于2015年10月10日、10月30日，两次致函阿里云公司，要求其删除侵权内容，并提供服务器租用人的具体信息，未得到回应，遂诉至法院，要求阿里云公司承担侵权责任。

【争议焦点】

（1）阿里云公司是否属于网络服务提供者。

（2）乐动卓越公司向阿里云公司发出的通知是否符合法律规定。

（3）阿里云公司接到合格通知后应采取的合理措施。

【裁判推理】

云服务器租赁服务不同于信息存储空间服务。在技术特征层面，总体而言，云服务器租赁服务提供者有技术能力对其出租的云服务器进行整体关停或空间释放（强行删除服务器内全部数据），却没有技术能力对存储在其出租的云服务器中的具体内容进行直接控制；在法律法规规定和行业监管层面，按照主管部门对电信行业的准入和监管分类标准，云服务器租赁服务与信息存储空间服务属于不同的监管类别，颁发不同的许可证照。从服务层级看，云服务器租赁服务属于底层网络技术服务；从服务内容看，云服务器租赁服务仅相当于传统模式下为用户提供了服务器设施设备、机房环境、带宽资源，使用户具备了接入互联网的基础条件，不包括上层内容服务；从服务对象看，云服务器租赁服务服务对象是网站主办方、网络平台搭建者、网络应用提供者，而不是访问、获取、使用信息和服务的网络终端用户。

云服务器租赁服务也不同于《信息网络传播权保护条例》规定的自动接入、自动传输和自动缓存服务。在技术特征方面，相对于自动接入、自动传输服务，云服务器租赁服务被用于搭建网站、网络平台和网络应用，云服务器承租人存储在云服务器中的指定内容将专门提供给云服务器承租人以外的其他网络用户。而相对于自动缓存服务，云服务器承租人租用云服务器的运营目的显然不是"提高网络传输效率，自动存储从其他网络服务提供者获得的作品、表演、录音录像制品"，而主要是用于向其他网络用户提供网站、网络平台和网络应用，进而提供作品、表演、录音录像制品等内容。在行业监管层面，云服务器租赁服务属于"互联网数据中心业务（B11）"，与提供"互联网接入服务业务（B14）"的中国联通、中国电信等同属于"第一类增值电信业务"。而一部分自动接入、自动传输服务，如微信和QQ软件提供的文件传输功能，以及一部分自动缓存服务，如网页浏览器、视频播放器为"提高网络传输效率，自动存储从其他网络服务提供者获得的作品、表演、录音录像制品"的缓存加速功能，仍属于"第二类增值电信业务"中的"信息服务业务（B25）"。

阿里云公司属于网络服务提供者。《民法典》网络侵权条款规范的是网络用户利用网络实施侵权行为时，网络服务提供者在何种情况下需要与网络用户承担连带责任。《民法典》第1195—1197条中的网络服务提供者主要是指提供技术服务的网络服务提供者，该三条规定并没有明确排除提供云服务器租赁服务的服务提供者，因此应当认为：该三条规定适用于调整网络用户利用云服务器实施侵权行为时，云服务器租赁服务提供者承担法律责任的情况。

《最高人民法院关于审理利用信息网络侵害人身权益民事纠纷案件适用法律若干问题的规定》第5条规定，被侵权人以书面形式或者网络服务提供者公示的方式向网络服务提供者发出的通知，包含下列内容的，人民法院应当认定有效："（一）通知人的姓名（名称）和联系方式；（二）要求采取必要措施的网络地址或者足以准确定位侵权内容的相关信息；（三）通知人要求删除相关信息的理由。”

本案中，乐动卓越公司向阿里云公司发出了三次通知。第一次通知后，乐动卓越公司接受阿里云公司“售后工程师”的引导，理解此前向“工单支持”板块发出信息和上传附件不足以作为合格通知，并认可向指定邮箱再次发出通知的必要性，不视为有效通知。第二次通知不包含侵权证明材料，也无任何有关侵权问题的说明，不构成有效通知。第三次通知的通知函没有告知与侵权游戏客户端进行数据通信的服务器端部分存储于阿里云公司出租的服务器，也没有引导阿里云公司先行安装《我叫 MT 畅爽版》游戏客户端部分，再利用技术手段查询与侵权游戏客户端进行数据通信的服务器端部分的 IP 地址，以确定服务器端部分存储于阿里云出租的服务器。在前述情况下，阿里云公司无法合理意识到乐动卓越公司是在针对存储于阿里云公司出租的服务器中的服务器端部分主张权利，也不可能主动安装《我叫 MT 畅爽版》游戏客户端部分，再主动通过技术手段核查与之通信服务器端部分的 IP 地址，亦不构成有效通知。

必要措施的认定，应结合侵权场景和行业特点，秉持审慎、合理之原则，实现权利保护、行业发展与网络用户利益的平衡。根据阿里云公司提供的涉案云服务器租赁服务的性质，简单将“删除、屏蔽、断开链接”作为阿里云公司应采取的必要措施和免责事由，与行业实际情况不符。

阿里云公司提供的是云服务器租赁服务，其对云服务器中运行的软件系统和存储的具体信息内容无法直接进行控制，在技术上不能针对具体信息内容采取“删除、屏蔽、断开链接”的措施。基于云服务器租赁服务的技术特点，阿里云公司所能采取的与“删除、屏蔽、断开链接”效果相同的措施是“关停服务器”或“强行删除服务器内全部数据”。如前所述，网络服务提供者通过租用云服务器建立并向网络用户提供的信息服务业务类型多种多样，包括门户网站、视听网站、电子商务平台、社交平台、信息存储和发布平台及各类应用软件平台。如果阿里云公司在接到权利人合格通知的情况下，即必须采取前述措施，则其措施的效果将是直接停止网络服务提供者通过该云服务器进行的全部互联网活动。

从我国云计算行业的发展阶段来看，若对云计算服务提供者在侵权领域的必要措施和免责条件的要求过于苛刻，势必会激励其将大量资源投入法律风险的防范，增加运营成本，给行业发展带来巨大的负面影响。动辄要求云计算服务提供者删除用户数据或关闭服务器，也会严重影响用户对其正常经营和数据安全的信心，影响行业整体发展。

综上，法院认为，虽然可以认定《我叫 MT 畅爽版》经营者在其向阿里云公司租用的云服务器中存储了其从乐动卓越公司获取的服务器端程序及账号管理平台程序，但是乐动卓越公司向阿里云公司发出的通知不符合法律规定，因此，阿里云公司就其出租的云服务器中存储侵权软件的行为，在本案中不应承担侵权责任。

【裁判结果】

驳回乐动卓越公司的全部诉讼请求。

【案号】

（2017）京 73 民终 1194 号

第四节 与有声阅读 APP 有关的侵权法律问题

有声阅读作为近几年新兴起的阅读方式，因适用范围广泛、阅读模式趋兴趣化而受到广大用户的追捧。有声读物是指以磁带、光盘或其他数字音频方式为载体进行录制、包装、销售的录音制品，泛指一切以“听读”为主要卖点的“音频产品”。有声读物的载体被扩大到 PC 和手机终端，凡可借助网站和手机 APP 进行传播的音像作品都被视为有声读物。目前，有声阅读 APP 已在应用市场中占据一席之地。

有声阅读 APP 中的音频作品一般是由个人录制并上传，APP 作为存储空间，为读者提供阅读的平台。在探讨侵权纠纷前，首先需要明确音频作品著作权涉及的多方主体。一般来说，音频作品是由文字作品翻录而来的，即文学作品的创作者享有著作权，其再将作品的复制、发行、传播、销售等权利授权他人，才能使文字作品得以制作成音频作品并发行。若第三人未经允许录制并上传音频作品，则该行为同时侵犯了原著作权人的权利和被许可人的权利，且为直接侵犯权利人的复制权。与 APP 存储他人视频作品引发的侵权纠纷相似，一些有声阅读 APP

运营商提供的是平台型服务，属于侵权纠纷中的间接（帮助）侵权人。

分析与有声阅读 APP 有关的侵权纠纷，首先应当明确侵权音频作品上传者侵犯了何种权利。个人将文字作品录制成音频用于自行学习和使用属于合理使用范畴，并无侵权风险，因此，引发侵权纠纷的是用户将音频进行传播的行为。就文字作品而言，其独创性体现在文字表达方式上，对文字作品的朗读行为通常不会添加新的独创性成分，仅为对作品的表演。对文字作品进行朗读并录音形成录音制品的过程并不会对作品的文字内容进行大幅度的修改，也没有创设新的表达或创作新的作品，因此，被改变的仅仅是文字作品的载体形式，实质上是对文字作品的复制，而不是改编。根据《著作权法》（2020 年修正）第 10 条第 5 项的规定："复制权，即以印刷、复印、拓印、录音、录像、翻录、翻拍等方式将作品制作一份或者多份的权利"，以及第 12 项的规定："信息网络传播权，即以有线或者无线方式向公众提供作品，使公众可以在其个人选定的时间和地点获得作品的权利"，侵权音频作品上传者同时侵犯了著作权人的复制权和信息网络传播权。

有声阅读 APP 经营者作为网络服务提供者，其为侵权作品提供了存储空间，可能构成间接（帮助）侵权。间接（帮助）侵权的成立应包括以下要件：主观上明知或应知网络用户利用网络服务侵犯了涉案作品的复制权、信息网络传播权，客观上未采取任何避免侵权结果发生的措施，从而帮助涉案作品侵权后果的扩大。另一方面，如果 APP 经营者兼顾上传音频的业务，那么其也需要承担上传侵权作品的责任。此外，如果 APP 经营者未经著作权人许可将他人经过授权的录音作品存储并播放，则属于本章第二节所述情形，此处不再赘述。

作为网络服务提供者，在侵权纠纷发生时，有声阅读 APP 经营者并非全部需要承担损害赔偿责任：首先，APP 经营者与侵权作品上传者之间不存在分工合作或共同经营关系，即不构成直接侵权；其次，APP 经营者在主观上不存在过错的，可以认定 APP 经营者的存储行为不构成帮助侵权。但在实务中，认定是否构成帮助侵权的关键在于权利人举证。如果现有证据不足以证明 APP 平台对侵权音频文件进行过操作、处理、加工，例如，将其置于网站首页或主要页面，对侵权音频文件进行编辑、推介等，一般不能认定 APP 经营者主观上存在过错。

由于网络作品的特点，APP 日上传量和存储量巨大，数据库日益复杂，目前的监控能力和审核方式尚不能确保网络服务提供者完全避免侵权，其仅应承担“通知—删除”责任，以减少权利人的损失。因此，如果有声阅读 APP 经营者与侵权音频的上传者并无合作或共同经营的关系，也没有对侵权音频进行加工处理，其在收到侵权通知后及时屏蔽或删除侵权音频的，APP 经营者就不需要承担侵权责任。但是，依据“红旗标准”，如果用户实施的侵权行为足够明显，以致网络平台运营者应当知道侵权内容的存在时，其应当主动采取措施删除侵权内容，否则应承担连带责任。

文字作品的著作权人将作品授权给他人进行朗读，制成录音制品并允许上传，即进行了复制权和信息网络传播权的授权，但此授权往往具有期限。在授权期内，录音制品制作完成并上传是履行约定的行为，但对于超出授权期后录音制品的使用又如何判断权利归属呢？事实上，只要该录音制品完成时间处于授权期内，随后该录音制品的复制、发行、出租、通过信息网络向公众传播之行为不应当受到授权期的限制。录音制品制作者对录音制品本身亦独立享有受法律保护的邻接权，因此，录音制品的权利人在授权期满后对授权期内完成的录音制品的使用并不构成侵权。

一、有声阅读 APP 侵害文学作品信息网络传播权纠纷

【基本案情】

经层层授权，咪咕公司于 2015 年 12 月 10 日获得了将涉案作品《人性禁岛》系列作品改编、转换、录制成有声读物制品并复制、发行、传播、销售等著作权和维权权利。喜马拉雅网站和喜马拉雅 FM APP，由喜马拉雅公司和喜音公司共同经营。2016 年，咪咕公司发现喜马拉雅网站、喜马拉雅 FM APP 未经许可非法上传涉案作品的有声读物供用户下载、收听，且喜马拉雅 FM APP 详情显示版权归喜马拉雅公司所有。喜马拉雅公司和喜音公司利用喜马拉雅网站的计算机端、手机端两个通道向用户提供大量由多个主播录制的不同版本的涉案作品有声节目，且收听量巨大。咪咕公司提起侵权诉讼。

【争议焦点】

（1）原告咪咕公司对涉案作品是否享有相应著作权。

（2）被告喜马拉雅公司运营的喜马拉雅网站、喜马拉雅 FM APP 的性质。

(3) 两被告是否共同侵犯了原告咪咕公司的复制权、改编权及信息网络传播权，若构成侵权，如何确定侵权责任。

【裁判推理】

根据《著作权法》第11条第4款的规定，如无相反证明，在作品上署名的公民、法人或者其他组织为作者。咪咕公司提供的出版物证明涉案作品的作者为刘某某，后刘某某将涉案作品以有声读物等数字化制品形式进行复制、出版、信息网络传播等权利以及转授权、维权权利独占性授予天盈九州公司。天盈九州公司将其获得的上述权利转授权给中作华文公司。经中作华文公司授权，原告咪咕公司依法独占性获得将涉案作品录制成有声读物并进行信息网络传播的权利，故其合法权益受法律保护。

被诉喜马拉雅网站及喜马拉雅 FM APP 上的涉案有声读物显示了发布者。被告喜马拉雅公司陈述除了用户自行上传的音频文件外，喜马拉雅公司亦会上传自己制作的音频文件。因此，法院认定被告喜马拉雅公司系提供信息存储空间的网络服务提供者，同时其自身亦提供一定的内容服务。

咪咕公司主张的侵权行为分别发生在喜马拉雅网站和喜马拉雅 FM APP 上。对于喜马拉雅网站上的侵权行为，首先，由于该网站备案登记的主办单位为喜马拉雅公司，网站上显示版权由喜音公司所有，但该网站确系两被告共同经营，且喜音公司系喜马拉雅公司的全资子公司，故可以认定被诉喜马拉雅网站由两被告共同经营。其次，咪咕公司提供的公证书显示涉案有声读物由同途万里人、上官亦茹、森爪、涵暄等发布，故法院有理由相信涉案有声读物确系网络用户上传，而非两被告直接提供。加之由于原告咪咕公司主张两被告直接侵权的证据不足，故法院认定两被告在本案中并不构成直接侵权。

至于两被告是否构成间接（帮助）侵权，具体分析如下：1. 两被告作为网络服务提供者，其本身制作并发布音频文件，故对网络用户上传的有声读物是否获得作者授权，是否涉嫌侵权，应当负有一定的著作权审查义务；2. 被诉喜马拉雅公司网站设置热门推荐、节目分类、声音广场、人气主播等栏目，另根据类型、内容划分有声小说、综艺节目、相声评书等，可见两被告对音频文件进行了整理、分类、推荐；3. 目前证据尚未显示被诉网站设置了便捷程序接收侵权通知。基于上述理由，法院认为，两被告主观上应知网络用户利用网络服务侵犯了涉案作品的复制权、信息网络传播权，客观上未采取任何预防或避免侵权结果发生的措施，从而帮助了涉案作品侵权后果的扩大，故两被告的行为应当依法认定构成间接（帮助）侵权。喜马拉雅 FM APP 的侵权推理同上，即认定两被告构成间接（帮助）侵权。

至于咪咕公司主张两被告侵犯了改编权，根据著作权法的规定，改编权是“改变作品，创作出具有独创性的新作品的权利”。易言之，改编行为是在保留原作品基本表达的基础上通过改编原作品创作出新作品的行为。就文字作品而言，其独创性体现在文字表达方式上，对文字作品的朗读行为不会为作品添加新的独创性成分，属于对作品的表演。将朗读行为进行录音形成录音制品，因被改变的仅仅是文字作品的载体形式，文字表达方式并未改变，故不属于改编行为，实质上系对文字作品的复制。故而，被诉有声读物实为朗读涉案作品并进行录音后形成的录音制品，是对涉案作品的复制。被诉网站及应用程序上提供涉案作品的有声读物，同时包含了复制和信息网络传播两个行为，因未经原告咪咕公司许可，侵犯的是原告咪咕公司的复制权、信息网络传播权。

【裁判结果】

喜马拉雅公司、喜音公司侵犯了咪咕公司的复制权、信息网络传播权，应该承担停止侵害、赔偿损失的法律责任。

【案号】

（2016）浙 0106 民初 11731 号

二、录音制品的被许可人行使权利的限制

【基本案情】

劳某某系小说作品《香火》的作者，享有该作品的著作权。劳某某认为，麦克风公司未经其许可，通过麦克风公司经营的蜻蜓 FM APP 向公众提供《香火》的在线听书服务，侵害了其对该作品享有的信息网络传播权，遂请求法院判令麦克风公司立即停止侵权并赔偿损失。

【争议焦点】

（1）麦克风公司在其网站上向公众提供系争有声读物《香火》是否侵害劳某某就涉案文字作品《香火》享有的信息网络传播权。

（2）麦克风公司是否因授权超期构成侵权。

【裁判推理】

一审法院认为：1. 涉案有声读物《香火》属于对涉案作品的声音演播内容所制作的录音制品，上海倾听公司为录音制作者，原告劳某某为原著作权人。录音录像制作者对其制作的录音录像制品享有许可他人使用的权利，被许可人复制、发行、通过信息网络向公众传播录音录像制品，应当取得著作权人、表演者许可，并支付报酬。因此，麦克风公司提供涉案作品的有声读物的行为如果未取得著作权人即劳某某的许可，则构成侵害劳某某享有的信息网络传播权。2. 劳某某将涉案作品的相关权利授予了国文润华公司，授权期限为合同签署之日（2009 年 11 月 27 日）起的 5 年，即截至 2014 年 11 月 26 日，国文润华公司对他人进行转授权以及相关后续转授权均应当受到上述授权期限的约束。由于麦克风公司在 2015 年 4 月 17 日时还在使用涉案有声读物，因此即使上述授权真实，麦克风公司也因授权超期构成侵害劳某某的信息网络传播权。

二审法院认为：1. 录音制品的被许可人在通过信息网络向公众传播录音制品时，应当取得著作权人的许可并支付报酬，因此麦克风公司构成对劳某某享有的信息网络传播权的侵害。2. 国文润华公司获得的是《香火》文字作品的相关授权，而《香火》有声读物是根据文字作品制作的录音制品，只要该录音制品完成时间处于上述 5 年期内，随后该录音制品的复制、发行、出租、通过信息网络向公众传播之行为不应当受到上述 5 年期的限制，因为两者属于不同作品，录音制品制作者对录音制品本身亦独立享有受法律保护的权利。因此，麦克风公司不因授权超期构成侵权。

【裁判结果】

二审法院认为一审判决理由错误，应予纠正，但认定结论正确，故驳回上诉，维持原判。

【案号】

（2016）沪 73 民终 30 号

三、有声阅读平台何时无须承担侵权责任

【基本案情】

原告陈某某称，其享有原创作品《麻衣神相》的著作权，被告腾讯公司

未经原告授权，在其开发经营的企鹅 FM 软件中，通过信息网络向公众提供涉案作品《麻衣神相》的在线听书服务。为此，原告诉至法院，请求判令被告停止侵权并赔偿损失。

【争议焦点】

（1）被告行为构成直接侵犯著作权的行为还是构成帮助侵犯著作权的行为。

（2）赔偿数额的认定。

【裁判推理】

原告是涉案作品的著作权人，被告经营的企鹅 FM 原创平台在性质上为信息存储空间服务。涉案作品是由用户薛某某上传的，原告涉案作品是小说作品，薛某某上传的小说作品是通过主播“星魂故事”朗读的方式向网络用户提供，上述以文字表现的作品和以朗读方式表现的作品是同一作品，因此应认定是薛某某通过信息网络向用户提供原告的涉案作品，但原告并未提供证据证明被告与薛某某之间存在分工合作或共同经营关系。因此，法院认定被告未单独提供，也未与他人共同提供涉案作品。

关于被告是否构成帮助侵犯著作权的问题。本案中，要认定被告构成帮助侵权，关键在于原告要举证证明被告在主观上存在过错。原告提供的证据材料不足以证明企鹅 FM 平台将主播“星魂故事”提供的《麻衣神相》音频文件置于网站首页或主要页面，对该音频文件进行了编辑、推介。由于涉案作品的特点，被告既不可能事先知道其平台上海量内容中哪一作品构成著作权侵权，也不太可能在平台运营过程中知道《麻衣神相》音频文件属于侵权内容且在收到原告指控侵权的起诉状等诉讼法律文书后及时屏蔽或删除其上的《麻衣神相》音频，被告在主观上不存在明知或应知的过错。鉴于此，被告的行为不构成帮助侵权。

【裁判结果】

被告行为不构成侵犯著作权的行为，驳回原告的诉讼请求。

【案号】

（2016）粤 03 民终 12183 号

第五节　视频 APP 链接他人作品引发的信息网络传播权法律问题

互联网时代，网页、图片、视频等各种信息均可通过“链接”连接起来。链接实质上成为一种互联互通的工具，帮助用户便捷地从其所在网页对其他网页或文件进行访问，从而将网络中相互独立和分散的资源联结在一起。一般而言，链接可以分为浅层链接（或称普通链接）和深层链接（或称深度链接），其中，前者是直接指向他人网站首页，能够引导浏览器跳转至该首页，完整显示其内容及其网络地址的链接；后者是不指向网站首页，而是指向网站构架中更为深层次的网页（次级网页）或媒体格式文件的链接。

实践中，对于未经授权的视听作品，一些视频 APP 经常会设置链接，用户点击后即可跳转至经过作品授权播放的视频网站观看，此种链接一般为深层链接。视频 APP 链接他人作品往往是通过技术手段实现“盗链”，而关于这种行为侵犯被链网站的何种权利以及主观恶意如何认定等问题，存在较大争议，本节分别从直接侵权和间接侵权的角度对视频 APP 的链接行为进行分析。

对于深层链接行为是否侵犯信息网络传播权这一问题，首先要明确信息网络传播行为的认定标准。目前，认定标准主要有服务器标准、用户感知标准以及实质性替代标准等。其中，服务器标准是司法实践中的主流标准，北京知识产权法院在（2016）京 73 民终 143 号判决书中提出：“信息网络传播行为是信息网络传播权所控制的行为，对该行为的认定属于事实认定范畴，服务器标准最为符合信息网络传播行为这一客观事实属性；依据服务器标准，信息网络传播行为是指将作品置于向公众开放的服务器中的行为。此处的‘服务器’系广义概念，泛指一切可存储信息的硬件介质，既包括通常意义上的网站服务器，亦包括个人电脑、手机等现有以及将来可能出现的任何存储介质。”

但需要注意的是，实务中，用户感知标准和实质性替代标准也被部分法院用以判断“深层链接”是否构成“信息网络传播行为”。而且，这两个标准也被作为分配举证责任的依据，由设链的视频 APP 运营者证明其仅提供了设链行为。

根据服务器标准，首先，视频 APP 仅在其网页中设置深层链接的行为不侵犯信息网络传播权。原因在于，视频 APP 链接他人作品时 APP 运营者处于信息网络提供者的地位，在 APP 中仅提供搜索链接服务，并不提供视频存储服务，也即用户并非通过视频 APP 所在的服务器观看视频。因此，深层链接行为不属于信息网络传播行为，不构成侵犯信息网络传播权；相应地，对设链行为的侵权认定不应适用著作权直接侵权的认定规则。

其次，对被链接内容所做的选择、整理、编辑行为，以及为设置链接而实施的破坏或避开技术措施等行为均独立于设链行为，不应用于判断设链行为的性质。选择、编辑、整理等行为虽不会对深层链接行为是否属于信息网络传播行为这一客观事实的认定产生影响，却可能对链接行为的侵权认定产生影响。此外，在被链接网站并非合法授权网站的情况下，上述编辑整理等行为很可能会影响对链接提供者主观过错的认定，进而对其是否构成帮助、教唆等共同侵权行为的认定产生影响。

视频 APP 设置深层链接播放他人作品的行为属于不正当竞争的行为，且侵犯权利人的财产权利。通常，视频 APP 要对采取禁链措施的视频网站进行破解，才能实现链接目的，进而播放他人作品，此种情况构成对他人作品合法版权的破坏。在播放过程中，视频 APP 可能会掩盖或去除有权网站的标识，使用户不能正确识别视频来源，并且会屏蔽有权网站的正常广告，使权利人受到财产损失，因此，构成不正当竞争行为。

最后，视频 APP 链接他人作品可能构成信息网络传播权的间接侵权。对于被链接网站来说，设链行为为被链接网站信息的传播提供了渠道和便利，使得被链接网站的传播行为得以扩大和延伸，从而对被链接网站的行为提供了帮助。因此，如果被链接网站侵犯了权利人的信息网络传播权，则深层链接行为有可能使 APP 运营者与其承担共同侵权的民事责任。

从注意义务上看，视频 APP 运营者在提供网络服务时具有较高的注意义务，是否需要承担共同侵权责任要充分考虑其是否尽到了注意义务。其一，如果提供深层链接的视频 APP 因设链行为获取利益或者对设链作品进行了编辑处理等，则应当对其设置较高的注意义务。其二，作为专业提供视频观看服务的网站/APP，其作为专业视频搜索链接服务提供者，具有更高的信息管理能力，应当对其搜索链接的视频负有较高的注意义务。此外，在提供网络服务时视频 APP 的搜索链接范围也会被纳入法院的考量范围，如果明知或应知被链接网站不享有被链作品的信息网络传播权，仍未采取必要措施并搜索链接了其播放地址，促进并便利了侵权视频的网络传播，主观上具有过错，则视频 APP 的运营者应当承担帮助侵权的民事责任。

视频 APP 运营者的设链行为可能因适用“避风港”原则而免除责任。“避风港”原则是指网络服务提供者在满足《信息网络传播权保护条例》第 20 条至第 23 条要求的情况下，接到侵权通知后及时删除侵权作品或链接，进而不需要承担侵权责任。视频 APP 运营者能否适用避风港原则取决于其注意义务，也就是说，APP 运营者需要证明虽然被链接网站非法获取他人作品，但是 APP 运营者已尽到注意义务，并且未因帮助传播行为获取利益。需要注意的是，盗链行为，即破解禁链措施达到链接目的的行为，不能适用“避风港”原则免责。

一、视频 APP 链接他人作品的侵权风险

【基本案情】

电影《煎饼侠》由金狐公司、新丽公司、万达公司享有该片的著作权，2014 年新丽公司、万达公司发表声明书，称涉案影片的信息网络传播权由金狐公司独占享有。2015 年 9 月，金狐公司发现小蚁公司在其电视粉 APP 中，通过信息网络将电影《煎饼侠》向公众提供在线播放服务。该片 2015 年 7 月 17 日正式上映，上映后票房极高。截止到 2015 年 9 月 30 日，电视粉上点击量高达 23 万次。金狐公司诉称，小蚁公司的行为侵害了其享有的涉案影片的信息网络传播权，应承担相应的侵权责任。

【争议焦点】

（1）小蚁公司所实施的行为是否构成直接的信息网络传播行为。

（2）损害赔偿数额的认定。

【裁判推理】

一审法院认为，金狐公司作为涉案电影片《煎饼侠》的独占信息网络传

播权人，对涉案影片享有相应著作权，除法律法规规定的情形外，他人未经许可不得擅自使用该影片提供信息网络传播服务。小蚁公司称其系提供搜索链接服务，但现有证据不足以证明小蚁公司仅提供搜索服务。小蚁公司的行为构成侵权，其未经许可擅自向公众提供涉案影片在线点播服务，侵犯了金狐公司的著作权。即便其未存储涉案作品，但其对作品进行了相应的分类、整理，并将作品版本分门别类，对该片的导演等信息进行了整理。同时，小蚁公司提供的合作协议时间并不涵盖涉案公证时间段，且该协议欠缺实际履行的证据，该协议与本案并无关联。小蚁公司的行为构成侵权，其应当赔偿金狐公司经济损失。

二审法院认为，根据金狐公司已提交的相应公证书，可以证明小蚁公司通过电视粉 APP 向公众提供涉案电影在线播放的事实。在播放涉案电影的过程中，电视粉 APP 的播放界面相应位置虽标示了视频来源网站，但根据公证书所记载的内容，相应的来源网站无法正常打开。在此情况下，金狐公司已基本尽到了证明义务。根据《民事诉讼法》第 64 条第 1 款及《最高人民法院关于民事诉讼证据的若干规定》第 2 条的规定，法院认为，此时举证责任已发生转移，即应由小蚁公司就其所主张的其系提供搜索、链接服务的抗辩意见提供证据加以证明，否则其抗辩意见不能成立，应承担举证不利的法律后果。现小蚁公司并未就此进行举证，根据双方举证的优势程度，有理由认定金狐公司所提交的证据更具有说服力，据此认定小蚁公司的行为应系直接的信息网络传播行为，直接侵害了金狐公司所依法享有的信息网络传播权。根据金狐公司的诉讼请求，小蚁公司应就其侵权行为承担相应的赔偿损失的法律责任。关于赔偿损失的数额，一审法院所酌情确定的数额基本上符合涉案电影的市场价值，可以弥补金狐公司的相应损失，且金狐公司亦未有异议。

【裁判结果】

判决小蚁公司于判决生效之日起 10 日内赔偿金狐公司经济损失及合理开支 5 万元。

【案号】

（2017）京 73 民终 21 号

二、影视软件链接非法作品的侵权风险

【基本案情】

优朋普乐公司（原告）对电影作品《刀客外传》在中国境内享有专有独占性信息网络传播权。2014 年 10 月 27 日，优朋普乐公司发现在皮皮网下载安装皮皮高清影视软件，能够在用户选定的时间和地点播放上述电影。皮皮高清影视软件系由浩影网络公司（被告）开发运营的内嵌于该网站的一款影视播放软件。浩影网络公司对该网站内的电影进行了编辑、整理、分类等，且在电影播放过程中投放了大量广告。优朋普乐科技公司诉称，浩影网络公司未经许可擅自播放上述电影的行为侵犯了其对该电影享有的信息网络传播权。

【争议焦点】

(1) 本案是否已过诉讼时效。

(2) 原告对涉案电影是否享有信息网络传播权。

(3) 被告是否侵犯了原告对涉案电影的信息网络传播权及其侵权责任的确定。

【裁判推理】

原告主张，其在起诉状中表述于 2012 年 10 月 27 日发现被诉侵权事实系笔误，实际上为 2014 年 10 月 27 日。法院认为，原告主张其于 2014 年 10 月 27 日发现被诉侵权事实由其提交的公证书予以证实。若原告于 2012 年 10 月 27 日发现被诉侵权事实，则其相隔两年才收集证据并不符合常理。况且，上述两个日期，仅年份不同，月、日相同，笔误的可能性极大，有理由相信原告在起诉状中的表述系笔误，其实际于 2014 年 10 月 27 日发现被诉侵权事实，现其于 2016 年 5 月 25 日向法院提起诉讼，并未超出法定的诉讼时效期间。

《著作权法》第 12 条第 1 款规定，在作品上署名的公民、法人或者非法人组织为作者，且该作品上存在相应权利，但有相反证明的除外。《最高人民法院关于审理著作权民事纠纷案件适用法律若干问题的解释》第 7 条第 1 款规定，当事人提供的涉及著作权的底稿、原件、合法出版物、著作权登记证书、

认证机构出具的证明、取得权利的合同等，可以作为证据。本案中，原告提交的涉案电影刻录光盘、影片公映许可证、授权书、影视节目信息网络传播权授权协议等证据能够证明涉案电影的权利归属及其内容，原告经授权依法获得涉案电影的信息网络传播权及维权权利，其合法权益应受法律保护。

根据原告提交的公证书所附光盘播放页面，点击迅雷下的“第 1 集”后进入涉案电影的播放页面，该页面的地址栏中显示第三方网址，播放画面的左上角有“迅雷看看”字样的水印，原告认可被诉软件上的涉案电影来源于第三方网站，被告仅提供搜索链接服务，法院对此亦予以认可。原告进一步主张被告破坏了第三方网站所采取的禁链措施，属盗链行为，但因其未提交证据予以证实，法院不予采信。故原告主张被告直接提供涉案电影的证据不足，法院认定被告在本案中不构成直接侵权。

因原告陈述其并未将涉案电影授权给迅雷平台播放，故被告提供涉案电影的链接是否侵犯了原告的信息网络传播权，需要对被告是否明知或应知涉嫌侵权作出判断，法院综合考虑以下因素：1. 影视作品的版权市场已基本发展成熟，被告作为长期从事视频网站经营的主体，对设定链接的影视作品是否获得授权、是否涉嫌侵权应具备一定的判断能力；2. 被告对影视作品进行了选择、整理，并设置了专题分类，且对影视作品作了相应的内容介绍；3. 被告选择主流视频网站上的视频资源通过深度链接方式抓取、集合在自己的平台上，用户通过简单的搜索、点击即可获取视频内容，避免了辗转于各视频网站寻找、下载相关视频的麻烦，被告以此可以获取流量收入、广告利益等经济利益。基于上述理由，法院认为，被告主观上应知其设定链接的涉案电影侵犯了信息网络传播权，客观上通过提供链接方式帮助了涉案电影侵权后果的扩大，并从中获取一定的经济利益，故被告的行为应认定构成间接（帮助）侵权，依法应承担停止侵权、赔偿损失的侵权责任。

【裁判结果】

浩影网络公司赔偿优朋普乐公司经济损失（含合理费用）4000 元。

【案号】

（2016）浙 0106 民初 4747 号

三、提供链接的视频软件的注意义务

【基本案情】

迅雷公司经合法授权享有《午夜心跳》的独家信息网络传播权。卓易公司开发的豌豆荚视频播放软件设置的影视点播功能可以点播转链接至快播观看该作品。迅雷公司认为卓易公司构成侵权，故请求法院判令卓易公司赔偿经济损失。

【争议焦点】

(1) 豌豆荚软件是否能够进入“避风港”，信息网络传播行为的注意义务限度应如何认定。

(2) 卓易公司提供的是“定向链接”还是“有限链接”。

(3) 豌豆荚软件是否通过“抓取信息”获得直接利益。

【裁判推理】

避风港规则为《信息网络传播权保护条例》第20条至第23条的简称，网络服务提供者通过满足避风港原则的要求，制止重复侵权，接到通知后即删除，提供通畅的投诉机制，实质上是与权利人合作，共同抵制网络侵权。其立法本意是使责任风险具有较强的可预见性，不能对网络服务提供者设置过高的注意义务使得服务提供者无法免责。避风港原则的责任认定应基于《信息网络传播权保护条例》第22条、《最高人民法院关于审理侵害信息网络传播权民事纠纷案件适用法律若干问题的规定》（以下称《信息网络传播权司法解释》）第9条等规定。

由于快播侵权案件发生在豌豆荚软件上线约3个月后，在案证据不足以表明快播在被控侵权行为发生期间的主营业务是提供非正版影视作品，所以卓易公司对所链接作品的来源侵权不存在应知的情形，其作为网络服务提供者已尽到了注意义务。

全网搜索，是指搜索引擎在工作时不区分具体网站来源，从当前网络环境中所有能够爬取的网站抓取网页信息，在其搜索结果内全部予以展现。与全网搜索相对应的搜索技术为定向搜索，其在工作时会预先对抓取链接的网站范围进行限定和选择，其最终的搜索结果仅来自几个特定的网站。

因为具有提供正版内容的来源网站数量有限，所以视频搜索结果的有限性并不必然表明采用的是定向搜索。豌豆荚软件的搜索结果中包括了豆瓣、暴风等非视频提供网站，其抓取的链接也均存在重复现象，未能有效保证搜索的准确性，体现出其为全网搜索而非定向搜索。

根据《信息网络传播权司法解释》第 9 条，考虑到以下两个因素，卓易公司不构成应知：1. 豌豆荚软件是一款非专门视频软件，其链接来源主要是一些大型网站，引发侵权的可能性较小；2.《信息网络传播权司法解释》第 9 条所指的选择、编辑、整理、推荐是指对作品进行人工的选择编辑，或者进行有别于一般搜索链接的差异化推荐行为，使得服务提供者能够认识到该链接的存在及其未经许可提供的可能性。本案中，从卓易公司提供的公证书可以看到，豌豆荚软件所抓取的来源网页的信息，包括视频播放地址、来源网站名称、演员、导演、内容简介等，符合卓易公司主张页面内容是来自第三方的说法。同时，根据后台搜索数据数量来看，可以合理推断其不可能采取人工编辑整理的方式来处理搜索结果。

此外，《信息网络传播权司法解释》第 11 条第 2 款规定："网络服务提供者针对特定作品、表演、录音录像制品投放广告获取收益，或者获取与其传播的作品、表演、录音录像制品存在其他特定联系的经济利益，应当认定为前款规定的直接获得经济利益。网络服务提供者因提供网络服务而收取一般性广告费、服务费等，不属于本款规定的情形。"本款所指的直接经济利益是指与传播作品存在特定联系而直接获得的经济利益，包括但不限于因此产生的广告收入、服务收入及其他收入。豌豆荚软件是一款免费软件，其提供的视频搜索服务中不包含广告内容，也没有其他证据表明豌豆荚软件基于涉案作品获得了收益。由于豌豆荚软件并非一款专门的视频软件，迅雷公司并未证明豌豆荚的视频服务因涉案作品而吸引来了更多用户，因此可以认定，豌豆荚软件并未获取直接利益，也不因此承担更高的注意义务。

【裁判结果】

卓易公司不承担连带责任，驳回迅雷公司的全部诉讼请求。

【案号】

(2016) 京 73 民终 201 号

四、APP提供链接帮助侵权的认定

【基本案情】

中青文公司分别于2011年12月1日、2012年3月28日、2013年8月9日获得《高效能人士的七个习惯》《现在，发现你的优势》《考拉小巫的英语学习日记》三本书的信息网络传播权。后中青文公司发现，用户可以通过百度手机搜索到以上三本图书。2013年8月16日，中青文公司起诉百度公司通过百度文库侵犯三本图书的信息网络传播权，中青文公司提交了（2013）一中民初字第11912号民事判决书、开庭笔录及送达回证，用以证明百度公司通过被诉已经知悉在其网络服务中存在侵犯三本图书信息网络传播权的行为。中青文公司还提交了公证书，证明百度公司运营的百度手机助手、手机移动搜索通过设置积分、推广等规则，为APP开发者提供免费推广、增加品牌曝光率等奖励措施鼓励开发者侵权。

【争议焦点】

（1）百度公司在移动终端搜索中可使网络用户在线浏览涉案图书的行为是提供作品的行为抑或搜索、链接的服务行为。

（2）百度公司在百度手机助手中存在可下载安装的涉案图书APP的行为是提供作品的行为抑或提供开放平台的服务行为。

（3）百度公司若系提供网络服务行为，是否存在明知或者应知的过错，进而构成帮助侵权。

【裁判推理】

信息网络传播权控制是向公众提供作品的行为。搜索、链接服务属于为服务对象通过网络提供作品给予技术支持和帮助的网络服务行为，不构成向公众提供作品。未经许可实施向公众提供作品构成侵害信息网络传播权的行为，属于直接侵权。判断诉争行为系向公众提供作品的行为抑或搜索、链接服务行为，应通过举证证明责任的分配，并根据当事人的举证情况，在全面、客观审核在案证据且不违背逻辑推理和日常生活经验法则的基础上予以认定。《信息网络传播权司法解释》第6条规定，原告有初步证据证明网络服务提供者提供了相关作品、表演、录音录像制品，但网络服务提供者能够证明其仅提供网络服务，且无过错的，人民法院不应认定为构成侵权。

本案中，中青文公司证明手机或平板电脑等移动终端进入百度网可搜索获得涉案三本图书并可以在线阅读，其已经完成了初步证明百度公司实施了提供涉案图书作品行为的举证证明责任，同时中青文公司公证取证的过程全面、完整，亦保存了地址栏中的完整 URL 地址。百度公司辩称其实施的是搜索、链接服务，则应承担举证证明责任，即举证证明责任转移至百度公司。根据百度公司在一审诉讼中的举证，并结合中青文公司的证据，法院认定百度公司在移动终端搜索中实施的是搜索、链接服务，而非提供作品的行为。

根据中青文公司在百度手机助手中搜索涉案图书的相关页面，可以看出百度手机助手中提供若干不同类型、功能的 APP 供网络用户下载，同时百度公司提供的证据显示，百度手机助手中涉案图书的 APP 标明了版本来源。因此，根据民事诉讼优势证据规则，法院认定百度公司在百度手机助手中实施的是提供开放平台的服务。综上所述，百度公司在移动终端搜索和百度手机助手中实施的诉争行为均非提供作品的直接侵权行为，不能认定百度公司构成直接侵权。

判断网络服务提供者提供的搜索、链接或者开放平台服务构成对权利人信息网络传播权的帮助侵权，应具备下列要件：1. 网络用户利用该服务实施了未经许可提供作品的直接侵权行为；2. 该服务提供者对网络用户实施的直接侵权行为主观上具有明知或者应知的过错，且未及时采取断开、删除、屏蔽等必要措施。百度公司在百度移动终端搜索和百度手机助手中的行为虽然不构成直接侵权，但在符合一定条件的情况下，仍然可以构成帮助侵权。

侵害作品信息网络传播权纠纷案件中，“明知”通常理解为网络服务提供者确切知道网络用户利用其网络服务传播的特定内容系侵犯他人信息网络传播权的内容，而对该侵权内容不及时采取必要措施。网络服务提供者确切知道侵权内容通常是收到了权利人的“通知”，该“通知”应符合《信息网络传播权保护条例》中的规定或者足以使网络服务提供者准确定位侵权内容。本案中，中青文公司作为权利人在起诉前并未依照《信息网络传播权保护条例》的上述规定针对百度移动终端搜索和百度手机助手的涉案侵权文档和涉案侵权 APP 向百度公司发出“通知”，百度公司不能够准确定位涉案侵权文档和涉案侵权 APP。即使中青文公司与百度公司在 2013 年就百度文库案发生诉讼，但由于系不同的网络用户实施的直接侵权行为，故不能当然认定百度公司就移动终端搜索和百度手机助手中的侵害信息网络传播权行为系明确知道，故中青文公司主张百度公司主观上存在“明知”的过错不能成立，法院对此不予支持。

认定网络服务提供者对于网络用户利用其网络服务实施的侵权行为是否应知，其核心在于确定网络服务提供者是否尽到了应尽的合理注意义务。关于网络服务提供者应尽的注意义务，应在坚守诚信善意之人注意义务基本标准的基础上，充分考虑网络服务提供者系为他人信息传播提供中介服务的特点，在促进网络行业健康发展与保护权利人合法权益之间寻找合适的平衡点，不能操之过严，也不能失之过宽；认定应知的前提是侵权事实明显，即当存在明显侵权行为的事实或者情况，网络服务提供者从中应当能够意识到侵权行为的存在时，就可以认定其有过错。

本案中，涉案三本图书在百度移动端中的搜索结果显示，百度公司均系与特定的来源网站设立了链接，在此种情况下，百度公司应当负有比全网抓取搜索链接更高的注意义务。涉案三本图书的 APP 在百度手机助手中的下载量较大，特别是《高效能人士的七个习惯》的下载量超过 10 万次，文字作品的下载量达到上述程度时应当引起百度公司的合理注意，尤其是考虑到中青文公司与百度公司之间已经就百度文库中的涉案图书发生过诉讼，即使针对的是百度公司不同的服务产品，百度公司在前诉发生后对其经营管理的服务是否涉嫌侵权亦应引起足够的重视。不可否认，百度公司没有事先审查的义务，但百度公司也未提供充分证据证明其已经采取合理、有效的技术措施但仍难以发现网络用户实施侵害信息网络传播权行为。综合考虑涉案图书的知名度、搜索结果的有限性、侵权 APP 的数量及下载次数、百度公司所应当具有的管理能力，基于诚信善意之人的注意义务标准，一审法院关于百度公司具有“应知”的过错，构成帮助侵权的认定正确，法院予以支持。

【裁判结果】

百度公司赔偿中青文公司经济损失共计 26 万元。

【案号】

(2016) 京民终 247 号

五、手机浏览器 APP 转码网络小说引发的纠纷

【基本案情】

晋江公司享有作品《网游之金庸江湖》全球范围内的信息网络传播权。晋江公司诉称，动景公司经营的 UC 浏览器未经许可将涉案小说缓存在自己的服务器上直接向公众提供，用户在使用 UC 浏览器手机 APP 客户端阅读涉案小说过程中，“智能阅读”功能可以使用户在阅读 VIP 收费章节时，通过点击“优化目录”即实现转码阅读，且呈现为新的排版格式。动景公司的涉案行为侵害了晋江公司对涉案小说享有的信息网络传播权。一审法院认为，缺乏证据证明动景公司经营的 UC 浏览器实施了将涉案小说上传至其控制的服务器的行为，故对晋江公司提出动景公司未经许可提供涉案小说，使用户可以在个人选定的时间或地点获得作品的直接侵害其信息网络传播权的主张，不予支持。晋江公司不服，提起上诉。

【争议焦点】

（1）动景公司的涉案行为是否构成直接侵害晋江公司对涉案小说享有的信息网络传播权。

（2）如果不能证明存在直接侵权行为，对于晋江公司指控的动景公司的涉案行为，是否应当继续进行请求权基础的寻找，即选择适用法律对其行为进行定性，判断是否构成间接侵权。

【裁判推理】

UC 浏览器的“智能阅读”功能如何实现用户通过点击“优化目录”即可呈现涉案小说目录列表并可优化阅读版面这一结果，决定着对于动景公司经营的 UC 浏览器在这一过程中是否存在通过有线或者无线方式向公众提供涉案小说而使之可以在个人选定的时间和地点获得涉案小说的行为，决定着动景公司是否构成侵害信息网络传播权，即所谓直接侵权的认定。

本案中，动景公司称其经营的 UC 浏览器的“智能阅读”功能提供的是搜索链接和优化阅读版面服务。考虑到针对涉案小说 VIP 收费章节，“智能阅读”亦提供“换源”功能供用户选择其他链接资源进行阅读的情形，可以认定动景公司提供了对包括晋江文学城网站在内的他人网站涉案小说的搜索链接

服务。动景公司经营的UC浏览器在“智能阅读”功能实现的过程中并未将涉案小说缓存在自己的服务器上直接向公众提供。故，不能认定其侵害了晋江公司对涉案小说享有的信息网络传播权。

在网络环境下，为了平衡著作权人与网络服务提供者之间的利益，法律对网络服务提供者的行为进行了规范。与提供作品内容的直接侵害作品信息网络传播权的行为相对，基于为作品在网络上传播而提供技术服务的网络服务提供者所涉及的侵权行为，在理论界称为间接侵权。在本案一审中，晋江公司主张动景公司的涉案行为侵害其对涉案小说享有的信息网络传播权，一审法院并未涉及间接侵权相应事实的审查与认定。当根据证据无法证明构成侵害信息网络传播权，即构成直接侵权行为时，法院是否应当释明，进而进行下一步的请求权基础寻找，即认定动景公司的涉案行为是否构成间接侵权，成为涉及侵害作品信息网络传播权纠纷案件中不能回避的问题。

在案件审理中，如果权利人能够明确所针对的具体涉案行为及指控侵犯的权利，确定其请求权的依据，会使审理更加清晰。但是，当权利人未明确或者难以明确时，鉴于当时的《侵权责任法》第36条第2款和第3款与2010年《著作权法》第48条第1项是不同的请求权基础，出于诉讼经济原则的考虑，为了使当事人的纠纷得到一次性解决，建议法官在案件审理时进行释明，尽可能地对涉案行为可能涉及的直接侵权和间接侵权情形一并进行审理。

虽然《最高人民法院关于民事诉讼证据的若干规定》第35条赋予了法官进行释明的义务，但法官未依据该条进行释明的情况下应如何处理，法律却并未规定。虽然实务中曾经出现过发回重审的在先判例，但是由于新修订的《最高人民法院关于适用〈中华人民共和国民事诉讼法〉的解释》第247条在关于重复起诉的构成条件的规定中，明确了当由诉讼请求、原因事实及法律依据加以特定的诉讼标的与前诉不同时，当事人另行起诉并不会构成重复起诉。因此，在一审法院没有明确对其他请求权基础涉及的要件事实进行审理的情况下，当事人可以再行提起诉讼。故对本案有关间接侵权涉及的要件事实，法院不予审查和认定。

【裁判结果】

驳回晋江公司的全部诉讼请求。

【案号】

（2016）京73民终1107号

六、影视APP提供链接行为不等于侵犯信息网络传播权

【基本案情】

腾讯公司享有电视剧《宫锁连城》的信息网络传播权，其将涉案作品授权乐视网使用，在乐视APP平台上播放。易联伟达公司经营快看影视APP。点击进入快看影视APP首页，点击“专题”内的“宫锁连城”，显示的第一个来源是乐视网（还有其他几大视频网站来源），点击播放第一个乐视网来源的电视剧，播放时页面地址栏显示乐视网的网址，可随机选择正常播放。比较快看影视APP与乐视APP上《宫锁连城》的提供和播放方式：1. 在乐视APP上播放涉案作品时有前置广告，在对涉案作品暂停播放时也有广告，而在快看影视APP上播放或暂停播放涉案作品时却并未显示任何广告；2. 在乐视APP上播放涉案作品时显示乐视网的水印，但在快看影视APP播放时却没有乐视网的水印；3. 在乐视APP上播放涉案作品分为标清、流畅、极速三种观看模式，而在快看影视APP播放时却显示高清、标清、流畅三种模式；4. 在快看影视APP中显示的集数布局与乐视APP存在不同，并将涉案作品设置在“专题”板块中。腾讯公司通过以上对比，证明快看影视APP对涉案影视作品进行了选择、编辑、整理、专题分类、缓存等服务，具有主观过错。腾讯公司起诉易联伟达公司侵犯其信息网络传播权。

【争议焦点】

（1）信息网络传播行为应采用何种认定标准。

（2）易联伟达公司的行为构成直接侵权还是间接侵权。

【裁判推理】

对于快看影视APP是否侵犯腾讯信息网络传播权，法院认为应采用服务器标准，而非用户感知标准或实质性替代标准。依据服务器标准，如果被诉行为系将涉案内容置于向公众开放的服务器中的行为，则该行为系信息网络传播行为。快看影视APP虽然在该APP界面下即可以实现对涉案作品的在线观看，但其内容播放页面中显示了乐视网相应页面的地址，且点击该地址可进入乐视

网页面，故上诉人仅提供了指向乐视网中涉案内容的链接，并非将涉案内容置于网络中传播。其虽然通过破坏技术措施设置链接，但该行为不构成对涉案作品信息网络传播权的直接侵犯。

对于易联伟达公司是否构成间接侵权，快看影视 APP 所链接的是乐视网的视频，乐视网已合法取得腾讯的授权，易联伟达公司的行为也自然不能称为共同侵权行为。

本案涉及影视作品的深层链接。包括深层链接在内的超链接是互联网的基本元素。超链接最终使万维网形成了一个网络，可以说，没有超链接就没有网络。因此，在对深层链接行为是否纳入著作权控制的行为作出法律评判时，必须持非常慎重的态度。

要注意的是，易联伟达公司的深度链接是对采取了禁链措施的乐视网进行破解以实现链接目的，属于对合法的版权技术保护措施的破坏。因腾讯未单独针对破坏技术措施行为提出侵权诉请，故对于易联伟达公司破坏技术措施行为本身是否侵权，法院不予审理。

【裁判结果】

驳回腾讯公司全部诉讼请求。

【案号】

（2016）京 73 民终 143 号

七、视频软件“盗链”行为的侵权风险

【基本案情】

乐视公司享有《道士下山》《老严有女不愁嫁》《顾家乐的幸福生活》三部影视作品的信息网络传播权。千杉公司经营的电视猫视频（MoreTV）软件，未经乐视公司授权，通过互联网向公众传播、提供上述作品。同时，千杉公司在播放上述作品的过程中，去除播放页面的广告及播放前的贴片广告；针对《道士下山》这一作品，破坏会员收费机制，跳过收费环节。乐视公司诉称，千杉公司的上述行为，破坏了业内通用的商业模式，扰乱了社会经济秩序，侵犯了其享有的著作权，构成不正当竞争行为。

【争议焦点】

（1）千杉公司的涉案解析行为，是一种非法的盗取行为，抑或是网络中

合法、普通的链接行为。

（2）千杉公司是否构成对乐视公司涉案作品信息网络传播权的直接侵害。

（3）千杉公司的涉案行为是否构成不正当竞争行为。

【裁判推理】

根据《老严有女不愁嫁》《顾家乐的幸福生活》《道士下山》对作品著作权人的署名，以及乐视公司获得独占专有信息网络传播权的一系列完整的授权证明，法院认定乐视公司对上述作品享有独占专有信息网络传播权。

千杉公司通过破解视频资源 URL 链接地址参数的方式，达到获取可用链接以向其用户提供视频播放的目的。由此，可以认定千杉公司的涉案解析行为是一种非法的盗取行为。该盗取行为显然不同于网络中的合法、普通链接行为。同时，法院对千杉公司提出的其行为系“深度链接”亦不认可。“深度链接”非法律和技术概念，由于其中包含“链接”字样，该说法易与合法、普通的链接混淆。法律绝不保护非法行为，故该行为不能适用作为网络服务提供者所享有的相应免责条款和作为网络服务提供者承担责任的条件。受信息网络传播权控制的行为是“提供行为”，而“上传到网络服务器”的行为不是唯一的提供行为。随着网络技术和经营模式的不断发展，受信息网络传播权控制的提供行为也随之不断更新、变化、变换。

不可否认，千杉公司的涉案行为没有将涉案作品存储在其服务器上，但其行为显然是将他人的服务器作为其向用户提供视频资源的存储来源，达到了向用户提供视频资源的目的。用户通过电视猫软件获取涉案作品最重要的前提，是千杉公司破解、盗取乐视公司视频资源的绝对链接地址的行为。该破解、盗取行为显然具有违法性，对乐视公司构成了直接损害，其实施的行为与该损害后果有着直接的因果关系，千杉公司存在利用乐视公司享有合法权利的作品获取利益的主观故意。千杉公司的涉案行为符合侵权行为的构成要件，其行为使用户最终实现了通过网络在任意时间、地点获取作品的目的、作用。在此应当强调的是，千杉公司的涉案行为对涉案作品所对应的绝对 URL 地址达到了实际的有效获取和控制，从而达到对涉案作品进行提供与传播的直接控制，以最终提供给用户，进而产生损害的后果。这种实际获取、控制及提供的过程，给乐视公司造成了直接的损害，构成了对乐视公司涉案作品信息网络传播权的直接侵害，即属直接侵权。

如果将千杉公司的涉案行为仅仅界定在链接服务的提供上，则根据法律及相关司法解释的规定，千杉公司的行为只可能构成间接侵权行为，应当注意到，间接侵权行为存在的前提是直接侵权行为。本案中，被千杉公司“链接”的网站正是享有信息网络传播权的乐视公司，即不存在直接侵权的前提。在这种情况下，因不存在直接侵权，千杉公司的行为本质上符合侵权行为构成要件，却不具有法律上的可责性，这显然不符合法律规定。

在乐视公司主张千杉公司侵犯其涉案作品信息网络传播权的同时，还就千杉公司的涉案行为提起了构成不正当竞争行为的诉请。就此，法院认为，千杉公司通过其电视猫软件所提供的，已经不仅仅是一种软件开发服务，其目的意在向用户提供视频资源。双方的服务在对象、目的、途径、平台上具有一致性，致使二者实际上在争取互联网用户方面存在竞争关系，具有直接冲突的竞争利益，符合反不正当竞争法调整的竞争关系。千杉公司的行为从根本上全面损害了乐视公司基于涉案作品应当获取的正当利益；此外，千杉公司不正当地抢夺了乐视公司的客户资源，其行为违反了诚实信用原则，扰乱了正当的市场经营秩序，构成不正当竞争，应承担相应的法律责任。

综上，千杉公司电视猫软件针对《道士下山》等乐视公司享有独占专有信息网络传播权的影视作品实施的盗取行为，侵害了乐视公司对上述作品的信息网络传播权；同时，千杉公司绕开乐视公司会员收费机制、广告播放环节以及占用其带宽资源的行为，也构成不正当竞争行为。

【裁判结果】

千杉公司立即停止涉案著作权侵权行为及不正当竞争行为。

【案号】

(2015) 朝民（知）初44290号

第六节　直播类手机APP引发的著作权法律问题

目前，网络直播成为互联网领域的一种新兴业态。在网络直播引发的纠纷中，既有未经许可直播体育赛事、文娱节目的情形，也有主播在直播中使用他人享有著作权的音乐作品、文字作品、视听作品片段的情形。此时，需要明确未经允许使用他人作品提供网络直播服务侵犯了著作权中何种权项。在2010年《著作权法》中，广播权和信息网络传播权均无法涵盖网络直播，应当将此种情形纳入“其他权利”兜底条款的保护范围。在2020年《著作权法》中，广播权的概念得以扩展。广播权，即以有线或者无线方式公开传播或者转播作品。网络直播属于一种对作品的广播行为。

在侵权行为发生时，需要明确手机APP在网络直播服务中扮演的角色，即要区分直接传播作品的行为和为直接传播作品提供帮助的技术服务行为。对于网络实时转播行为，实施转播的主体通常在其服务器上不存储作品内容，依据“服务器标准”，此种情况下不能认定手机APP运营商有侵权行为。在手机APP网络直播引发侵权纠纷时，APP运营商需要证明其仅提供搜索链接服务，并未采取技术手段直接截取权利人的数据流，也未采取其他人为处理措施，整个侵权过程都是由用户直接访问APP并发出指令完成的，APP仅向用户提供了平台服务。反之，如果手机APP直接进行了网络直播服务，而非用户自主搜索后跳转至第三方链接启动“转播”进行观看，则APP的行为属于直接传播作品，其需要承担直接侵权的责任。

网络实时直播具有极大的商业价值，因其即时性的特点，使得很多网络用户选择在特定日期观看直播节目。在权利人明确禁止转播的情况下将其直播的节目进行网络同步转播，不仅严重侵犯了权利人的正版授权价值，造成重大的经济损失，还违背了公认的商业道德，损害了其他经营者的合法权益，属于不正当竞争行为。在一些案例中，曾认定体育赛事等节目的直播不能构成作品，而适用《反不正当竞争法》第2条对未经授权的网络转播行为进行规制。体育赛事具有强烈的商业属性，经营者有权自行选择体育赛事的直播平台，未经许可的实时转播行为实际上破坏了经营者的商业模式，严重损害其经济利益。

以反不正当竞争法规制非法转播行为存在一个缺陷，其必须以“竞争关系”为适用前提。部分没有经营视频网站的权利人因无法与网络实时传播的行为主体构成“竞争关系”而没有诉讼主体资格，也就无法维护自身合法权益。不过反不正当竞争法的规制路径也存在优势，著作权人通常只能基于一项独立的作品提起一个独立的诉讼，而互联网实时转播的内容往往会涉及多个独立的作品，因此适用不正当竞争法更能便捷维权。但是，适用《反不正当竞争法》第2条也容易引起实务中对“诚实信用原则”的自由裁量权过大这一问题，因此需要有更加明确的裁判规则指引。

一、APP直播电视节目的侵权风险

【基本案情】

《2015年春晚》是中央电视台和央视国际公司花费巨大的人力、物力和财力制作、摄制并传播的电视节目，2015年2月18日，央视国际公司发现乐视公司在其经营的乐视网及手机客户端“乐视视频hd”的直播频道中向用户提供中央电视台拍摄制作的《2015年春晚》的网络实时直播。央视国际公司认为，乐视公司的行为严重侵犯了其合法权益，极大贬损了《2015年春晚》的正版授权价值，给央视国际公司造成重大的经济损失，故请求法院判令乐视公司赔偿央视国际公司经济损失及合理费用共计300万元。

【争议焦点】

（1）央视国际公司是否有权就《2015年春晚》提起本案诉讼。

（2）网络实时转播行为是否属于信息网络传播权、广播权抑或其他权利的范围。

【裁判推理】

从独创性的角度分析，通过互联网呈现给观众的《2015年春晚》，既非对现场表演活动的简单、机械录制，亦非仅对机位设置、场景选择、镜头切换等的简单调整，其所呈现的连续画面反映了制片者的构思，融入了创作者的创造性智力劳动，因此相比录像制品，其具有更高的独创性特征，应当认定为系以类似摄制电影的方法创作的作品。本案中，根据《2015年春晚》的署名，中央电视台作为制作者应当享有著作权，有权将其享有的上述权利授予他人使用。本案授权书的显示，中央电视台已将《2015年春晚》通过信息网络向公众传播、广播（包括实时转播）的权利授予央视国际公司独占享有，因此央视国际公司有权就其所获得的授权提起本案诉讼。

通常而言，网络实时转播是将电视台或广播电台直播的节目信号进行采集并转换为数字信号后，通过网络服务器实时提供给网络用户观看或收听的行为。用户虽然可以通过网络直接观看节目，但与信息网络传播权所控制的行为不同，网络实时转播行为采用了非交互式的传播方式，用户只能在网络服务提供者指定的某个特定时间获得作品，而无法基于个人意愿自由选择获得作品的时间。同时，该行为的传播途径并非我国2010年《著作权法》规定的广播权所控制的无线广播、有线转播及公开播放广播等方式，故其亦无法为广播权所调整。鉴于乐视公司的行为无法通过著作权的某个具体权项进行调整或扩大解释进行适用，而该行为又侵犯了央视国际公司所享有的通过信息网络向公众传播、广播（包括实时转播）的权利，故应适用《著作权法》第10条第1款第17项的规定对央视国际公司进行保护。乐视公司未经许可，通过网络实时转播《2015年春晚》的行为，侵犯了央视国际公司就《2015年春晚》享有的著作权人的其他权利，乐视公司应当向央视国际公司赔偿损失。

【裁判结果】

法院判决被告乐视网公司赔偿央视国际公司经济损失及合理支出共计12万元。

【案号】

（2017）京73民终840号

二、主播在直播中播放音乐片段的责任承担

【基本案情】

依据音著协与歌曲《恋人心》的词曲作者签订的音乐著作权合同，音著协可对歌曲《恋人心》行使著作权提起诉讼。2018年2月14日，网络主播冯某某在斗鱼公司经营的斗鱼直播平台编号为71017的直播间进行在线直播，其间冯某某播放了歌曲《恋人心》，时长约1分10秒（歌曲全部时长为3分28秒）；歌曲在播放时显示词曲作者为张超。播放该歌曲前，主播冯某某与观看直播的用户互动说：“一起安静听歌。”在时长为1分10秒播放歌曲《恋人心》的过程中，主播冯某某不时与观看直播的用户进行解说互动，感谢用户赠送礼物打赏，并哼唱了该歌曲歌词中的“长江水”三个字。直播结束后，此次直播视频被主播制作并保存在斗鱼直播平台上，观众可以通过登录斗鱼直播平台随时随地观看和分享。音著协向法院起诉请求：斗鱼公司在其经营的斗鱼直播平台上停止使用涉案

歌曲《恋人心》并赔偿音著协涉案歌曲著作权使用费及合理费用。

【争议焦点】

（1）被诉侵权行为的是否侵权。

（2）斗鱼公司是否应承担侵权责任。

【裁判推理】

《著作权法》第10条第1款第12项规定，信息网络传播权，即以有线或者无线方式向公众提供作品，使公众可以在其个人选定的时间和地点获得作品的权利。在斗鱼直播平台上存储的涉案视频中存在未经权利人许可播放《恋人心》歌曲的内容，公众能够在个人选定的时间和地点通过登录斗鱼直播平台进行浏览、观看、分享，属于未经许可对涉案歌曲实施的信息网络传播权行为，侵害了权利人对涉案歌曲享有的信息网络传播权。

本案中，斗鱼公司主张，主播为涉案视频的作者，斗鱼公司通过合同转让行为取得涉案作品的有关著作权，合同转让行为不构成侵权，斗鱼公司没有参与涉案视频的创作，也没有提供任何内容，而是由主播制作、上传并保存于平台上，斗鱼公司仅提供信息存储服务，并事前进行合理审查，事后采取合理措施，在整个过程中，斗鱼公司均未获益且没有获益可能。

根据本案查明的事实，凡在斗鱼直播平台上进行直播的主播均要与斗鱼公司签订直播协议，协议第6条约定，主播在斗鱼平台直播期间产生的所有成果的全部知识产权、所有权及相关权益，由斗鱼公司享有。由上述约定可知，主播与斗鱼公司之间虽然并无劳动或劳务关系，但主播系为斗鱼公司创作涉案视频，斗鱼公司作为涉案视频的权利人享有相关权利，亦应对因涉案视频产生的法律后果承担相应责任。斗鱼公司为涉案视频这一成果的权利人，涉案视频存储于斗鱼公司的服务器中，在斗鱼公司的控制下向公众传播，斗鱼公司应当对涉案视频存在侵权内容承担责任。最后，关于获益问题，斗鱼公司否认其与主播之间存在分成情形，法院认为，斗鱼公司作为涉案视频的权利人，在涉案视频中存在侵权内容的情况下，应当对该行为承担侵权责任，至于其与主播之间就涉案视频是否存在收益分成，不影响侵权行为的认定，也不影响侵权责任的承担。

法院认为，斗鱼公司直接提供了包含涉案歌曲《恋人心》的涉案视频，侵害了音著协享有的信息网络传播权。

【判决结果】

被告斗鱼公司赔偿原告音著协经济损失2000元、因诉讼支出的合理费用3200元。

【案号】

(2018) 京0491民初935号

三、直播平台帮助侵权的认定

【基本案情】

台湾电影金马奖是我国台湾地区主办的电影奖项，由电影事业发展基金会主办，后基金会与新浪公司签订《第51、52届金马奖转播权协议书》，同意新浪公司在大陆地区进行非独家播映，此外还授权电影网一家进行转播。

2016年5月，电影事业基金会授权新浪公司在大陆地区可以单独以自己名义对侵犯第52届金马奖颁奖典礼及星光大道著作权的行为采取法律手段。后在虎牙直播网站的搜索栏中输入“金马奖”，显示两个名为“第52届金马奖颁奖典礼”的直播视频。进入其中一个直播页面，正在直播第52届金马奖颁奖典礼，直播间观众人数在200人左右。

新浪公司认为虎牙直播作为中国最大的直播平台之一，华多公司对其直播内容理应具有较高的审查义务，其主播的上述行为会严重影响新浪公司的直播观看数量，给新浪公司造成较大损失，故将华多公司诉至法院。

【争议焦点】

(1) 华多公司对涉案网络实时转播行为是否系明知。

(2) 广州华多公司对被诉侵权行为是否系应知。

(3) 华多公司是否应当就被诉侵权行为承担侵权责任。

【裁判推理】

本案中，新浪公司于2015年11月20日13点49分和2015年11月21日11点25分，通过电子邮件方式向华多公司的邮箱发送权利预警函，两次发送内容相同，主要为：新浪公司拥有第52届金马奖颁奖典礼在中国大陆地区的网络实况的转播权，除电影网外，任何网站传播该作品均构成侵权，直播时间为2015年11月21日，新浪公司有权开展权利保护工作。新浪公司认为，华多公司在接到侵权预警函后，未采取合理措施预防侵权行为发生，可以认定其主观上对侵权行为的发生是明知的。

法院审理认为，《最高人民法院关于审理侵害信息网络传播权民事纠纷案件适用法律若干问题的规定》第 13 条规定，网络服务提供者接到权利人以书信、传真、电子邮件等方式提交的通知及构成侵权的初步证据，未及时根据初步证据和服务类型采取必要措施的，人民法院应当认定其明知相关侵害信息网络传播权行为。依照《信息网络传播权保护条例》第 14 条的规定，通知书应当包含下列内容：“（一）权利人的姓名（名称）、联系方式和地址；（二）要求删除或者断开链接的侵权作品、表演、录音录像制品的名称和网络地址；（三）构成侵权的初步证明材料。”

新浪公司系在涉案网络直播行为尚未发生时发送权利预警函，以提示特定主体如其经营的网络平台存在特定行为将构成侵权。对于尚未发生的侵权行为，要认定网络服务提供者在接到权利预警函后未采取必要措施构成对相关侵权行为的明知，函件内容应当符合对侵权通知书内容的形式要求，即至少应当包括权利人的姓名（名称）、联系方式和地址，足以使网络服务提供者准确定位未来出现的侵权内容的信息以及包括权属材料在内的侵权初步证明材料。

本案中，新浪公司向华多公司两次发送的权利预警函中仅声称其系权利人，并未包含新浪公司合法享有权利的初步证明材料，亦未告知华多公司第 52 届金马奖颁奖典礼进行直播的准确时点。一方面，这可能将不适当地增加广州华多公司定位未来侵权内容的成本和难度；另一方面，在权属判断尚存疑的情况下，广州华多公司缺乏足够的信息，供其得出法律风险可控且需立即采取措施的判断。因此，上述权利预警函不属于合格通知。华多公司收到后未采取动态监控、关键词屏蔽等措施，不构成对涉案网络直播行为的明知。

根据《最高人民法院关于审理侵害信息网络传播权民事纠纷案件适用法律若干问题的规定》第 9 条，人民法院应当根据网络用户侵害信息网络传播权的具体事实是否明显，综合考虑以下因素，认定网络服务提供者是否构成应知：“（一）基于网络服务提供者提供服务的性质、方式及其引发侵权的可能性大小，应当具备的管理信息的能力；（二）传播的作品、表演、录音录像制品的类型、知名度及侵权信息的明显程度；（三）网络服务提供者是否主动对作品、表演、录音录像制品进行了选择、编辑、修改、推荐等；（四）网络服务提供者是否积极采取了预防侵权的合理措施；（五）网络服务提供者是否设置便捷程序接收侵权通知并及时对侵权通知作出合理的反应；（六）网络服务提供者是否针对同一网络用户的重复侵权行为采取了相应的合理措施；（七）其他相关因素。”在案证据并未显示华多公司对涉案作品进行了选择、编辑、修改、推荐等主动行为，新浪公司所主张的系华多公司在收到权利预警函后未采取合理措施防止侵权行为发生的不作为。

据此，法院认为，由于在案证据未显示涉案主播存在重复侵权被投诉的情况，华多公司没有理由提前对涉案主播进行关注。同时，虎牙直播平台系以游戏直播为主的弹幕式互动直播平台，主要提供热门游戏直播、电竞赛事直播与游戏赛事直播和手游直播等。

本案被诉侵权事实系涉案主播在“游戏英雄联盟”频道对第52届金马奖颁奖典礼进行网络直播，实时观看人数最高时段为200人左右。虽然涉案金马奖颁奖典礼具有较高知名度，但被诉侵权行为发生在游戏频道，吸引观众流量并不大，考虑到直播平台同时段直播行为的数量巨大，涉案金马奖颁奖典礼的直播并不足以明显到引起广州华多公司的注意。

通常而言，通知是在已经发生侵权的情况下由权利人向网络服务提供者发出的，但不能否认的是，亦存在不少权利人基于其获知的信息以及具体网络服务内容、特点，预判将发生侵权的情况，在这种情况下，不应排除权利人通过预警等方式行使救济的权利。

本案中，新浪公司未提供权属材料，也未对平台协助行为划定合理的范围。从发送渠道看，涉案网站首页显示有版权投诉指引，新浪公司应当知道华多公司公开的具体版权投诉方式以及广州华多公司有专门的版权投诉负责部门，但其仍然选择通过商务合作邮箱发送权利预警函。从发送时间看，其系在第52届金马奖颁奖典礼举办前一天及当天向广州华多公司发送权利预警函。这意味着，如华多公司版权投诉负责部门在涉案直播行为发生前收到了函件，那么，其需要在相当短的时间内采取有效措施，方能防止侵权行为的发生，而新浪公司未向法院说明其发送时间的选择存在合理理由。可见，新浪公司发送的权利预警函不符合要求，难以要求华多公司因此承担相应的协助义务。

此外，虽然直播行为具有实时性，但涉案平台经登录后可进行在线举报，在线举报可以作为接受侵权通知的渠道，而“需经注册登录”这一举报前提符合行业的一般认知，并不构成便捷性的障碍。新浪公司作为主张权利方，尤其是在已经有预警意识的情况下，积极了解涉案平台的具体规则或者进一步向平台获取便捷投诉渠道并非难事，其未选择积极关注侵权动态、利用举报功能，而仅通过权利预警函将义务全部负担于平台，不甚合理。据此，法院认为，华多公司对被诉侵权行为不构成应知。

【裁判结果】

华多公司不构成帮助侵权行为，驳回新浪公司的诉讼请求。

【案号】

(2019) 京73民终3019号

第七节　短视频行业的著作权保护

近年来，我国互联网普及率不断提高，带动我国短视频行业快速发展。数据显示，2019年，我国短视频行业市场规模为1006.5亿元，较上年同比增长115.5%；2020年，我国短视频行业市场规模为1500亿元，较上年同比增长50%。与此同时，与短视频有关的著作权法律问题也日益增多，引起社会广泛关注，主要集中在以下几个方面：

首先，短视频是否构成著作权法意义上的作品。根据《著作权法实施条例》第4条第11项对电影作品和以类似摄制电影的方法创作的作品（2020年修订《著作权法》统一称为“视听作品”）的定义，其是指摄制在一定介质上，由一系列有伴音或者无伴音的画面组成，并且借助适当装置放映或者以其他方式传播的作品。而对于短视频来说，判断其是否构成视听作品，关键因素不在于视频时长，而在于是否有独创性表达。视频的长短与创作性的判定没有必然联系，只不过视频越短，其创作难度越高。

客观而言，视频时间过短，有可能很难形成独创性表达，但是只要短视频能较为完整地表达制作者的思想感情，则就具备成为作品的可能性。比如，某短视频的编排、选择及呈现给观众的效果都与其他用户的短视频完全不同，体现了制作者的个性化表达，可构成视听作品。司法实践中的观点认为，虽然时长短可能限制作者的表达空间，但表达空间受限并不等于表达形式非常有限而成为思想范畴的产物；相反地，在十余秒的时间内亦可以创作出体现一定主题，且结合文字、场景、对话、动作等多种元素的内容表达。

其次，网络服务提供者是否应对用户制作的侵权短视频承担责任。若网络服务提供者对于被控侵权短视频是否侵权不存在明知或应知的主观过错，且在收到权利人的通知后及时删除被控侵权短视频，则可认定网络服务提供者的行为符合“避风港”的要件。在此情形下，网络服务提供者不构成侵权，不应承担责任。需要明确的是，“通知—删除”规则的设置目的，是平衡网络环境下著作权人和网络服务提供者的利益，既有利于网络平台的健康发展，又有利于对著作权人的权利保护。

短视频的制作通常会使用海量的背景音乐或其他作品片段，难免会有侵害音乐录音制作者权或著作权中的复制权、发行权、信息网络传播权等的情况。因此，短视频制作者在使用他人作品时，应当加强版权意识，取得相关权利人的许可；而网络信息服务提供者也应加强平台治理，及时发现并采取必要措施，以免陷入侵权纠纷中。

2021 年以来，围绕短视频平台算法推荐业务产生的纠纷出现。算法推荐技术的应用使得短视频平台能够快速精准地定位短视频的潜在兴趣者，与此同时，这也使得短视频平台对于侵权内容的注意义务更大，企业应当关注到自身商业模式中的侵权风险。在技术过滤手段日益精进的情况下，平台型企业应加强知识产权保护意识，通过技术手段积极防范侵权。

一、短视频平台直接侵权与间接侵权的司法判定

【基本案情】

腾讯公司系游戏《王者荣耀》的开发者，该游戏在市场上享有极高的知名度。腾讯公司发现，由阳光文化公司运营的西瓜视频上出现了大量《王者荣耀》游戏视频，腾讯公司认为阳光文化公司在西瓜视频首页游戏栏下设有《王者荣耀》游戏专区，并在其平台显著位置推荐《王者荣耀》游戏短视频，鼓励、引诱用户大量上传游戏短视频，在腾讯公司向其通知投诉后仍未停止，侵犯了信息网络传播权，构成不正当竞争。

【争议焦点】

(1) 涉案游戏运行过程中形成的连续画面的性质及其权属的问题。

(2) 阳光文化公司是否侵犯涉案游戏运行过程中形成的连续画面的著作权。

【裁判推理】

本案中，腾讯公司主张阳光文化公司侵害了涉案游戏运行过程中形成的连续画面所构成类电影作品的著作权。《著作权法实施条例》第4条第11项规定，电影作品和以类似摄制电影的方法创作的作品，是指摄制在一定介质上，由一系列有伴音或者无伴音的画面组成，并且借助适当装置放映或者以其他方式传播的作品。

判断游戏运行过程中形成的连续画面是否符合以类似摄制电影的方法创作的作品构成要件，一般综合考虑以下因素：1. 是否具有独创性；2. 是否可借助技术设备复制；3. 是否由有伴音或无伴音的连续动态画面构成；4. 因人机互动而呈现在游戏画面中的视听表达是否属于游戏预设范围。

涉案游戏《王者荣耀》是一款多人参与的大型在线网络游戏，此类游戏的创作，通常是游戏策划创作人员对游戏背景、主线情节、游戏规则等进行整体设计，美术设计人员对游戏场景、角色形象、动画特效等进行设计，程序员根据游戏需要实现的功能编写具体代码。游戏的创作综合了策划、美术、程序、音频等多种岗位的分工合作，与电影创作过程中需综合编剧、导演、摄影、美工、音乐、造型设计等的工作非常类似，是受著作权法保护的多种作品的复合体。涉案游戏《王者荣耀》运行过程中，用户登录后按照游戏的规则进行操作，在终端设备上呈现出"一系列有伴音或者无伴音的画面"组成的连续画面。该连续画面中呈现的游戏背景、战斗主题、场景画面、角色形象、特效、道具、武器、音乐等均由游戏创作者预设，前述内容的取舍、选择、安排、设计均体现了创作者独特的思想个性，具有独创性，且能以某种有形形式复制。

虽然涉案游戏《王者荣耀》的故事情节性较弱，但故事情节并不是电影及类电影作品的必要条件。电影是一门综合视觉与听觉的现代艺术，随着产业技术、行业理念的发展，电影的创作方法及表现手法不断推陈出新，电影类型也日益多样化。对于电影及类电影作品的界定不应过于狭窄，应回到"活动影像”（motion picture）这一本源，围绕是否具备“一系列有伴音或者无伴音的画面”这一核心特征进行判定。

另外，在涉案游戏《王者荣耀》运行过程中，玩家的操作只是单纯调用资源库内容，游戏运行过程中形成的连续画面是重现游戏创作者的预设内容。同一玩家或不同玩家的不同选择虽然会导致游戏运行过程中形成的连续画面存在些许差别，但这些连续画面之间总是有实质部分的画面、音乐、人物形象、游戏进程是相同的，且重复出现。因此，这些画面及其组成部分均来源于游戏资源库，并没有超出游戏创作者的预设范围。

综上，涉案游戏《王者荣耀》运行过程中形成的连续画面符合前述判断标准，可以认定为类电影作品，其著作权应由游戏开发者腾讯公司享有。

随着技术的发展与商业理念、模式的变化，大型网络公司在经营中往往存在混合经营情况。不少门户网站既是内容提供商也是网络服务提供商，网络平台公司可能既构成直接侵权，又构成间接侵权，需要根据情况具体分析此时平台公司的身份与法律地位。

第一，《最高人民法院关于审理侵害信息网络传播权民事纠纷案件适用法律若干问题的规定》第 4 条规定，有证据证明网络服务提供者与他人以分工合作等方式共同提供作品、表演、录音录像制品，构成共同侵权行为的，人民法院应当判令其承担连带责任。虽然阳光文化公司不是视频上传者，但是阳光文化公司与游戏用户签订《游戏类视频节目合作协议》约定，一方负责制作视频，一方负责商业运营，双方共享收益。显然，阳光文化公司与上传视频的游戏用户属于以分工合作的方式共同提供涉案视频。此时，阳光文化公司构成直接侵权。

第二，《最高人民法院关于审理侵害信息网络传播权民事纠纷案件适用法律若干问题的规定》第 7 条规定，网络服务提供者在提供网络服务时教唆或者帮助网络用户实施侵害信息网络传播权行为的，人民法院应当判令其承担侵权责任。网络服务提供者以言语、推介技术支持、奖励积分等方式诱导、鼓励网络用户实施侵害信息网络传播权行为的，人民法院应当认定其构成教唆侵权行为。网络服务提供者明知或者应知网络用户利用网络服务侵害信息网络传播权，未采取删除、屏蔽、断开链接等必要措施，或者提供技术支持等帮助行为的，人民法院应当认定其构成帮助侵权行为。第10条规定，网络服务提供者在提供网络服务时，对热播影视作品等以设置榜单、目录、索引、描述性段落、内容简介等方式进行推荐，且公众可以在其网页上直接以下载、浏览或者其他方式获得的，人民法院可以认定其应知网络用户侵害信息网络传播权。

本案中，作为网络服务提供者的阳光文化公司，明知《王者荣耀》游戏是一款现象级的高热度游戏，仍然通过奖金、流量扶持等方式诱导、鼓励网络用户上传《王者荣耀》游戏视频，同时对用户上传的《王者荣耀》游戏视频进行选择、编辑和推荐。作为网络服务提供者，阳光文化公司虽然对平台上的内容没有主动审查义务，但此时其行为已经超出一般网络服务的范畴，属于上述司法解释规定的教唆、帮助行为，构成间接侵权。

【裁判结果】

阳光文化公司立即停止侵权，并赔偿腾讯公司480万元及合理费用16万元。

【案号】

(2020）粤73民终574－589号

二、短视频平台之间的信息网络传播权争议

【基本案情】

微播视界公司是抖音平台的运营者。2018年5月12日，在汶川特大地震十周年之际，抖音平台用户“黑脸V”（系谢某注册）响应人民网的倡议，使用给定素材，制作并在抖音平台上发布《5·12，我想对你说》短视频（以下称《我想对你说》短视频）。微播视界公司从谢某处获得《我想对你说》短视频的信息网络传播权等权利。百度公司系伙拍小视频手机软件的开发者。伙拍小视频手机软件上传播了《我想对你说》短视频，但未显示抖音水印。抖音提起侵犯信息网络传播权之诉。

【争议焦点】

(1）涉案视频是否构成作品。

(2）伙拍APP是否承担责任。

【裁判推理】

在判定《我想对你说》短视频的“创作性”时，法院考量如下因素：第一，视频的长短与创作性的判定没有必然联系。客观而言，视频时间过短，有可能很难形成独创性表达，但有些视频虽然不长，却能较为完整地表达制作者的思想感情，具备成为作品的可能性。在此情形下，视频越短，其创作难度越高，具备创作性的可能性越大。第二，《我想对你说》短视频体现出了创作性。该视频的制作者响应党媒平台的倡议，在给定主题和素材的情形下，其创作空间受到一定的限制，体现出创作难度较高。虽然该短视频是在已有素材的基础上进行创作的，但其编排、选择及呈现给观众的效果，与其他用户的短视频完全不同，体现了制作者的个性化表达。第三，《我想对你说》短视频唤起观众的共鸣，该短视频带给观众的精神享受亦是该短视频具有创作性的具体体现。抖音平台上其他用户对《我想对你说》短视频的分享行为，亦可作为该视频具有创作性的佐证。故法院认定《我想对你说》短视频具备著作权法的独创性要求，构成类电影作品。

关于被告对《我想对你说》短视频是否构成侵权。首先，法院认为，按照双方认可的行业惯例和技术呈现，《我想对你说》短视频从抖音平台上下载后应当加载有抖音平台和用户 ID 的水印，而在伙拍小视频手机软件上传播的被控侵权短视频上未显示上述水印，可以推定上述水印已被消除。但上述水印的性质并不是原告主张的技术措施，被控侵权短视频系案外人上传，消除水印的行为人不是被告，被告仅为网络服务提供者。其次，现有证据无法证明被告对于被控侵权短视频是否侵权存在明知或应知的主观过错，且在收到原告的通知后，被告及时删除了被控侵权短视频，法院认定被告的行为符合进入“避风港”的要件。在此情形下，无论伙拍小视频手机软件的涉案用户是否构成侵权，被告作为网络服务提供者，均不构成侵权，不应承担责任。

同时，法院强调，“通知—删除”规则的设置目的，是平衡网络环境下著作权人和网络服务提供者的利益，既有利于网络平台的健康发展，又有利于对著作权人的权利保护，因此对于“通知—删除”规则的适用，应本着诚实信用原则，最大化地发挥规则的善意。本案中，原告在能够获取公开投诉渠道的情况下，应当按照最经济、最直接的方式进行维权。作为平台服务的提供者，仅依赖避风港原则是不够的，被告有责任通过更加积极有效的管理履行平台义务。

【裁判结果】

驳回原告微播视界公司的全部诉讼请求。

【案号】

(2018) 京0491民初1号

三、短视频搬运引发的侵权纠纷

【基本案情】

井某某系快手APP用户，其于2015年4月在快手APP上传、发布了名为《这智商没谁了》的视频（以下称涉案视频），并获较高点击量。快手公司称，根据《快手网服务协议》《知识产权条款》等约定以及井某某的授权，快手公司合法取得涉案视频在全球范围内的独家信息网络传播权。华多公司在其运营的补刀小视频APP安卓端和IOS端（以下称补刀APP）中上传并发布了涉案视频，且在快手公司向其发出律师函要求下线视频后仍未做处理。据此，快手公司认为华多公司侵犯其著作权，诉至法院。

【争议焦点】

(1) 涉案视频是否构成作品。

(2) 如构成作品，快手公司是否享有涉案视频的著作权。

(3) 在前述两项成立的情况下，华多公司是否侵害快手公司的著作权。

【裁判推理】

根据《著作权法实施条例》第4条第11项对以类似摄制电影的方法创作的作品（以下称类电影作品）的定义，涉案视频虽仅持续18秒，但其在该时间段中所讲述的情景故事，融合了两名表演者的对话和动作等要素，且通过镜头切换展现了故事发生的场景，已构成具有独创性的完整表达。据此，结合涉案视频以数字化视频的形式发布在快手APP上的事实，涉案视频系摄制在一定介质上，由一系列有伴音的画面组成，并通过网络传播的作品，属于类电影作品。

对于华多公司提出的涉案视频时间很短故不构成作品的辩称，法院认为，虽然时长短的确可能限制作者的表达空间，但表达空间受限并不等于表达形式非常有限而成为思想范畴的产物；相反地，在十余秒的时间内亦可以创作出体现一定主题且结合文字、场景、对话、动作等多种元素的内容表达。因此，华多公司此项抗辩意见缺乏事实依据。

结合快手公司提交的情况说明、井某某身份证复印件、后台注册信息中井某某的身份证照片以及涉案视频中显示的表演者，井某某即为涉案快手 APP 用户。根据井某某向快手公司出具的授权书中的授权条款，快手公司获得涉案视频的独家信息网络传播权，有权提起本案诉讼。

华多公司未能提交涉案视频系由用户上传的相关证据，且虽称涉案视频用户系以第三方账户登录，但亦未提交证据说明系何第三方账户，难以合理解释若确系用户在其经营的补刀 APP 中发布视频却无法提供有效用户信息之情形。据此，法院认为涉案视频应为华多公司自行上传并发布。华多公司未经快手公司许可，在补刀 APP IOS 端发布涉案视频，使公众可以在个人选定的时间和地点获得涉案视频，侵害了快手公司对涉案视频依法享有的信息网络传播权，应当承担赔偿经济损失等侵权责任。

【裁判结果】

被告华多公司赔偿原告快手公司经济损失 10 000 元及合理开支 13 460 元。

【案号】

(2017) 京 0108 民初 51249 号

四、短视频配乐的侵权风险

【基本案情】

音未公司经授权书授权的方式取得了音乐 *Walking On the Sidewalk*（以下称涉案音乐）的录音制作者权。Shawn James Seymour 为涉案音乐的作曲者和表演者。“Lullatone” 是来自美日的夫妻二人组的组合名称，Lullattone 是 Shawn James Seymour 夫妇的“个人音乐计划”。

2019 年 1 月 8 日，音未公司发现自由自在公司、春雨听雷公司未经许可擅自使用涉案音乐作为背景音乐，制作名为“20180804 期2018 最强国产手机大测评”的商业广告推广短视频，并将该视频上传至“酷燃视频”，通过自媒体账号“Bigger研究所第一季”传播，该视频播放近600 万次，转发近4 万次，评论超5 万次，点赞近3 万次。音未公司认为自由自在公司、春雨听雷公司侵害涉案音乐录音制作者权中的复制权、发行权、信息网络传播权三项权能，故诉至法院。

【争议焦点】

(1) Lullatone 公司是否为涉案作品的录音制作者。

(2) 原告是否获得了录音制作者的有效授权。

(3) 侵权事实的认定。

【裁判推理】

针对第一个争议焦点，应认定 Lullatone 公司是涉案作品的录音制作者。通过互联网发表的作品，作者署非真名的，主张权利的当事人能够证明该署名与作者之间存在真实对应关系的，可以推定其为作者。本案中，二被告均认可“Lullatone”是来自美日的夫妻二人组的组合名称，Lullattone 是 Shawn James Seymour 夫妇的“个人音乐计划”，故法院对于“Lullatone 组合”为涉案作品作者、享有著作权予以确认。结合 Shawn James Seymour 为 Lullatone 公司 CEO 及其展示了音序器中的音轨文件的事实，法院确认 Lullatone 公司为录音制作者。

针对第二个争议焦点，需要根据 Lullatone 公司给音未公司的授权书确定授权期限与授权内容。春雨听雷公司和自由自在公司提出证据，授权书中的授权期限为2018 年1 月1 日至2018 年6 月1 日。法院认为，该授权书落款日期为2018 年12 月26 日，结合经过公证的授权书中关于授权期间为2019 年1 月1 日至2019 年6 月30 日的描述，法院对于音未公司“上述期间描述系笔误、依照协议内容是授权期限自协议生效之日起6 个月、应为2019 年1 月至2019 年6 月”的主张，予以采信。

对于授权及维权一节，法院认为，依照授权书及公证认证文件，可以认定北京音未公司获得了涉案音乐作品 *Walking On the Sidewalk* 的录音制作者权，其有权在中国大陆地区内以自己名义提起诉讼，理由如下：录音录像制作者对其制作的录音录像制品，享有许可他人复制、发行、出租、通过信息网络向公众传播并获得报酬的权利。使用他人作品应当同著作权人订立许可使用合同，许可使用合同包括许可使用的权利种类、许可使用的权利是专有使用权或者非专有使用权。Lullatone公司作为涉案乐曲的录音制作者，其有权将其享有的录音制作者权中的复制权、发行权、出租权、信息网络传播权等权利中的一项或几项以专有使用权或者非专有使用权的形式授权给他人。授权书中授权音未公司自行或授权第三方使用，以及授权音未公司在中国大陆地区内以自己名义或授权第三方，针对侵犯创作人、表演者基于授权音乐享有的著作权、邻接权及其他知识产权、人身权及其他民事权利的行为，采取维权手段，以要求侵权方停止侵权和/或支付赔偿款项。应当认为，音未公司有权以自己的名义对侵犯涉案音乐作品录音制作者权中的复制权、发行权、信息网络传播权的行为提起诉讼。

针对侵权行为的认定，春雨听雷公司在庭审中认可其制作了涉案视频并将其上传至“酷燃视频”及新浪微博上，法院对此不持异议。该行为包含复制行为及信息网络传播行为，因信息网络传播行为在实施过程中必然经过复制过程，存在复制行为，故上述侵犯信息网络传播权的行为可以吸收前置的复制行为，由此法院认定春雨听雷公司在制作短视频使用未经授权的涉案音乐并将其上传至网上的行为侵犯了涉案作品录音制作者权中的信息网络传播权权能。另外，上述行为并不存在发行行为，故音未公司主张侵犯发行权权能的主张，法院不予采纳。

【裁判结果】

被告春雨听雷公司侵犯了原告音未公司对涉案音乐享有的录音制作者权，赔偿原告经济损失及合理支出共计7000元；驳回原告其他诉讼请求。

【案号】

（2019）京0491民初22014号

五、APP提供影视资源图片集的侵权风险

【基本案情】

优酷网络公司经授权取得电视剧《三生三世十里桃花》（以下称涉案剧集）的信息网络传播权。优酷网络公司发现在授权期内，蜀黍科技公司在其

开发运营的“图解电影”平台上的剧集栏目中提供涉案剧集的连续图集，基本涵盖了涉案剧集的主要画面和全部情节，侵害了其信息网络传播权。据此，优酷网络公司向法院提起诉讼，请求法院判令被告赔偿经济损失及合理费用共计50万元。

【争议焦点】

(1) 原告是否享有涉案剧集的信息网络传播权。

(2) 被告实施的被控侵权行为是否构成对原告信息网络传播权的侵犯。

(3) 被告是否实施了提供作品的行为，或仅提供信息存储空间服务。

【裁判推理】

涉案剧集属于以类似摄制电影的方法创作的作品（以下简称类电影作品），根据涉案剧集片尾标明的制作单位名录，出品单位是涉案剧集的著作权人。原告基于著作权人的授权获得涉案剧集专有的信息网络传播权，权利来源链条清晰完整，原告享有涉案剧集的信息网络传播权，有权就涉案剧集主张权利。

对于将他人类电影作品进行截图制作图片集的行为是否属于提供该类电影作品，被告主张，其改变了涉案剧集作品原有的表现形式，提供的为图片集而并非视频本身。对此，法院认为，《著作权法》第10条第12项规定的“以有线或者无线方式向公众提供作品”的行为，不应狭隘地理解为向公众提供的是完整的作品，因为著作权法保护的是独创性的表达，只要使用的作品具有独创性表达的部分，均在作品信息网络传播权的控制范围。本案中，涉案图片集过滤了涉案剧集的音效内容，截取了涉案剧集中的382幅画面，其截取的画面并非进入公有领域的创作元素，而为原涉案剧集中具有独创性表达的部分内容，因此提供涉案图片集的行为构成提供作品的行为。

本案中，虽被告提交其对外公示的《版权与免责声明》显示，该软件或网站具有用户发布和存储信息的功能，有权删除侵害他人知识产权或其他合法权益的内容，公布了通知删除的联系方式。但是，其提交的后台记录仅载明被控侵权内容上传者的用户名、注册邮箱、注册时间、上传终端手机IMEI号等信息，显示的用户名为网络昵称，并非用户真实姓名；注册邮箱不确定为实名账户注册；手机IMEI号仅是手机序列编号，可用于识别移动设备，但不能据此锁定设备使用者。因此，被告提供的证据不足以证明涉案图片集为真实用户所上传，应承担举证不利的后果，即推定涉案图片集由被告直接上传。

即使涉案图片集由网络用户上传，从网站设置来看，被告网站名称为“图解电影”，网站首页明确标明“十分钟品味一部好电影”，可见，被告向公众表明，网站作品目的为提供影视资源图片集。被告在明知影视类作品具有较大市场价值，通常不会授权给普通用户的情况下，仍设置网站专供普通用户提供影视资源图片集，吸引、教唆其实施上传行为，且与用户之间存在关于涉案图片集利益分享等紧密关系，具有明显的主观故意，被告构成与用户分工合作、共同提供涉案图片集的行为。因此，法院对被告关于其仅为信息存储空间服务提供者、不承担侵权责任的抗辩意见不予采纳。

【裁判结果】

被告蜀黍科技公司向原告优酷网络公司赔偿经济损失 3 万元；驳回原告其他诉讼请求。

【案号】

（2019）京 0491 民初 663 号

六、平台有效阻断措施的判定

【基本案情】

虎牙公司于 2020 年 2 月与欧洲著名电竞公司 ESL Gaming GmbH 达成合作，取得 ESL PRO LEAGUE 第 11 季赛事的中文直播权，在虎牙公司运营的虎牙直播平台进行赛事直播。虎牙公司于 2020 年 2 月 24 日与 3 月 17 日发现斗鱼公司运营的斗鱼直播平台中有主播直播 ESL PRO LEAGUE 第 11 季赛事，对此虎牙公司先后发函警告，斗鱼公司均未采取措施，故虎牙公司将斗鱼公司诉至法院。

【争议焦点】

（1）ESL PRO LEAGUE 第 11 季赛事直播是否具有独创性，是否构成类电影作品。

（2）斗鱼公司行为是否侵害虎牙公司享有的著作权。

【裁判推理】

ESL PRO LEAGUE 赛事是射击类电脑游戏《反恐精英：全球攻势》的竞技赛事之一，其比赛直播画面是否具有独创性，应当从以下方面来认定：

首先，电子竞技作为具有统一的竞赛规则，通过人与人之间的智力和体力对抗，团队配合，最终决出胜负的一种比赛形式，与传统的竞技项目区别之一是对战的场合在互联网上，但整个比赛过程与传统体育联赛一样具有对抗性和观赏性。虎牙公司主张权利的 ESL PRO LEAGUE 第 11 季赛事直播作为一种竞技项目的直播，是将该赛事的游戏画面同时投放到观众的屏幕，以参赛选手的电脑画面情况为主要内容，同时加入主播解说的连续影像画面，不同于经过艺术加工的电影作品，属于纪实类作品。该类纪实类作品的内容均源于实际发生的事件和画面，独创性劳动主要体现在如何在各种现实素材中进行选择并加以运用。通常情况下，采用何种角度进入游戏、何时进行画面切换等操作，带给观众的直观视觉感受显然可能存在个性化差异。

电子竞技类直播节目的制作包括了电子竞技过程中的角色切换、画面选择、解说和文字编排等，能够反映制作者独特的构思，体现游戏精彩的个性选择和安排，具有智力创造性，是制作者的个性选择与智力成果的体现。因此，涉案赛事直播节目的制作存在较大的创作空间，并不属于因缺乏个性化选择空间进而导致表达有限的情形，其连续动态画面和声音可以通过多种途径予以保存，具备有形复制的属性。

综上所述，法院认为虎牙公司主张权利的 ESL PRO LEAGUE 第 11 季赛事直播具有独创性。

在法律适用过程中，判断某一客体是否属于著作权法保护的特定类型作品时，既要考虑该客体是否符合作品的一般定义，也要考虑该作品是否符合特定类型作品的表现形式和传播利用方式。

就本案而言，涉案赛事节目是当今世界上最具观赏性和最具对抗性的电子竞技赛事项目之一，涉案赛事直播为向观众传递游戏进展的连续的画面，呈现电子竞技的对抗性、故事性，在直播过程中有选择地选取和切换画面。为了全方位捕捉游戏精彩画面，还会进行游戏画面的加工、剪辑、同步字幕及解说，将视听画面内容通过互联网对外实时传送。

涉案直播节目的画面由一帧帧连续的画面组成，根据比赛进程的不可预知性以及游戏对战画面的多样性，使得在具体时间点上每一帧画面和声音存在直播画面个性化选择的多种可能性，表现为有伴音的连续画面，符合以类似摄制电影的方法创作的作品的客观表现形式、传播利用方式。

综上所述，涉案赛事直播画面构成我国著作权法保护的以类似摄制电影的方法创作的作品。

《民法典》第1194条规定，网络用户、网络服务提供者利用网络侵害他人民事权益的，应当承担侵权责任。未经授权情况下通过网络直播传播他人作品的行为并不属于2010年《著作权法》规定的有名权利，亦无相关司法解释对该行为予以明确规定，但该行为明显具备可非难性，且产生了损害后果，应当给予否定性的法律评价。虎牙公司主张斗鱼公司侵害了应当由著作权人享有的其他权利，于法有据，法院予以支持。

斗鱼公司抗辩其系网络服务提供者，尽到了“通知—删除”的义务，对原告不构成著作权的侵权。法院认为，应结合本案情况，从以下几点分析：

首先，根据斗鱼平台的《用户注册协议》和《斗鱼直播协议》约定可知，斗鱼直播平台上注册用户均要确认签署《用户注册协议》，协议明确约定了用户使用斗鱼软件过程中产生并储存于斗鱼网络数据库的任何数据信息等衍生物，用户不享有所有权，直播、上传、发布的游戏衍生内容由斗鱼及其关联公司等免费地、非独家地、可许第三方地使用，可见主播虽然与斗鱼公司之间不存在劳动或劳务关系，但主播实质上与斗鱼公司存在较为深入的合作关系，斗鱼公司对涉案主播创作完成的直播视频享有著作权利。

其次，按照斗鱼直播平台的功能设置，直播过程中可能存在观众向主播打赏的情况，对于打赏赠送的虚拟货币可以兑换人民币，主播根据斗鱼公司结算要求及规则申请结算相关收益，斗鱼公司要收取一定比例的技术服务费。因此，涉案视频系被告与主播合作的营利活动的直接成果，且最终各项权益亦部分归属于斗鱼公司。故法院认为斗鱼公司对于被诉侵权直播视频并非仅仅提供了信息存储空间服务等网络技术服务。

最后，根据《斗鱼用户阳光行为规范》，斗鱼公司在收到相关侵权告知函后，有权立即采取一切必要措施，包括冻结账户、封号、关闭直播权限、删除相关内容等。虎牙公司此前曾就斗鱼直播平台出现涉案赛事直播向被告发出侵权告知函，但在涉案赛事整个赛季的直播过程中，斗鱼直播平台上就涉案赛事的直播侵权事实不断发生，且侵权时间几乎与原告的直播同步，反复侵权的时间长达整个赛季。斗鱼公司对侵权事实的发生应当知晓，在虎牙公司多次投诉后，斗鱼公司未对侵权房间或主播采取立即有效的阻断措施。从斗鱼公司提交的房间处理后台记录看，大多是事后对主播进行扣分处理，并未按照《斗鱼用户阳光行为规范》的规定，直接作出删除、屏蔽违规内容，或采取其他有效的必要措施。

综上可知，斗鱼公司作为被诉侵权直播视频的权利人以及斗鱼直播平台的经营者，对于被诉侵权直播视频上传于斗鱼平台供公众浏览和传播持默许和鼓励态度。故法院认为斗鱼公司对于被诉侵权直播视频并非仅仅提供了信息存储空间服务等网络技术服务，应当对于被诉侵权直播视频中传播案涉权利作品的行为承担侵权责任。

【裁判结果】

斗鱼公司赔偿虎牙公司经济损失 100 万元及合理开支 60 178.4 元；驳回虎牙公司的其他诉讼请求。

【案号】

（2021）粤 73 民初 5852 号

七、短视频模板的著作权保护

【基本案情】

剪映 APP 是一款视频编辑软件，能够为用户提供多种素材、音乐、特效等，协助用户对短视频进行编辑。微播公司、脸萌公司系剪映 APP 的运营者。2020 年，制作人阿宝在剪映 APP 上发布了“为爱充电”短视频模板，用户可通过替换模板中的可更换素材形成自己的短视频。微播公司、脸萌公司经制作人授权取得该短视频相关著作权，其主张看影公司、小影公司擅自在其运营的 Tempo APP 上传“女生节，为爱充电”短视频模板，用户可以点击播放该短视频，亦可以替换素材嵌入模板进行编辑、下载及分享，看影公司、小影公司的行为侵害了其对涉案短视频模板享有的信息网络传播权、复制权、改编权及汇编权，遂诉至法院，请求判令两公司停止侵害、消除影响，并赔偿经济损失。

【争议焦点】

（1）短视频模板是否构成视听作品。

（2）二被告的行为是否构成侵权。

【裁判推理】

涉案短视频模板的展现具备连续动态效果的表现形式，符合视听作品的形式要件。本案关键在于对涉案短视频模板独创性的判定，因短视频依托平台制作，具有创作门槛低、录影时间短、主题明确、社交互动性强、便于传播等特点，是一种新型的视频形式，上述特点一般会使短视频制作过程简化。基于著作权人和社会公众之间利益平衡的考虑，在判断其是否具有独创性时，应采取不宜过宽的判断标准。一方面，短视频模板必须由作者独立创作完成，不能复制或剽窃他人作品；另一方面，短视频模板必须是作者创造性的智力成果，是作者思想或情感内容的表达，可以体现作者的个性。基于短视频的创作和传播有助于公众的多元化表达和文化的繁荣，故对于短视频是否符合创作性要求进行判断之时，对于其创作高度不宜苛求，如果能体现出制作者的个性化表达，可以认定达到构成视听作品所应具备的独创性。

判定短视频模板的独创性时，法院考量如下因素：

第一，涉案短视频模板系由制作者独立创作完成。短视频模板本身属于短视频，与短视频相比其特别之处在于用户可以将其中两张人物图片替换后通过该短视频模板生成自己的短视频。涉案短视频模板的创作路径并不是制作者完全独立从无到有创作，而是在已有成果的基础上进行创作，其选择的音乐、贴纸、图标、特效、动画等部分元素虽来源于剪映 APP 的素材，但使用公开元素与是否独立创作完成并不矛盾。判断涉案短视频模板是否符合“独立完成”的要求，应以该短视频模板与上述元素间是否存在能够被客观识别的差异为条件。本案制作者将上述元素进行选择与编排制作出的短视频模板与既有各个独立的元素存在客观明显的差异，且没有证据证明在发布前存在相同或近似的短视频内容，故应当认定该短视频模板由制作者独立创作完成。

第二，涉案短视频模板体现出了创作性。具体创作性表达体现在剧情的安排和画面的组合上，其以“女生节表达爱意”为主题，塑造了女生面对追求从面临选择、内心犹豫、作出决定、开始追求、情感积累、恋爱达成后幸福满溢、甜蜜温馨的情感故事。在画面的组合上，该短视频构成了一个有机统一的视听整体，其中包含了制作者多方面的智力劳动，制作者根据想要表达的思想主题，奠定风格基调，寻找合适的背景音乐、图片，再根据音乐的节奏点搭配不同的贴纸、特效、滤镜、动画等元素，并结合主观需要协调多种元素的排列方式、大小、顺序和持续时间，整个创作过程存在智力创造空间。虽然该短视频是在已有元素的基础上进行创作，但其编排、选择及呈现给观众的效果，与其他短视频不同，在音乐、动画、特效、滤镜等效果整体搭配上有一定的设计感，具有独特的选择、安排与设计，体现了制作者的个性化表达。因此，应当认定涉案短视频模板符合创作性的要求。

对于二被告认为时长过短影响短视频创作性的抗辩意见，法院认为，视频时间的长短与创作性有无的判定没有必然联系，涉案短视频模板能较为完整地表达制作者的思想感情，时长较短不影响创作性的判定。

综上，法院认为，“为爱充电”短视频模板具备著作权法的独创性要求，构成视听作品。

判断二被告是否侵权应从构成要件及具体侵权性质两方面进行分析。

第一，“接触 + 实质性相似”构成要件分析。经对比，涉案短视频模板和被控侵权短视频模板除可自由替换的两张照片外，其他不可编辑部分的内容基本相同。而作为可任意替换的人物图片不是该视频模板的核心要素，也并非该短视频模板的独创性所在，因两短视频模板在个性化的选择、设计与排列上相同，故涉案短视频模板和被控侵权短视频模板在整体上构成实质性相似。综上，涉案短视频模板发布于 2020 年 2 月 27 日，而被控侵权短视频晚于涉案短视频模板的发布时间，且二被告与二原告同属于提供视频交互服务的互联网公司，二被告具有接触到涉案短视频模板的合理机会，二被告提供被控侵权短视频的行为符合著作权侵权“接触 + 实质相似”的构成要件。

第二，被控侵权行为侵犯了原告的信息网络传播权。关于信息网络传播权。法院认为，信息网络传播权，即以有线或者无线方式向公众提供作品，使公众可以在其个人选定的时间和地点获得作品的权利，其是由权利人享有的专有权利，凡是未经权利人许可，亦无法定或约定除外情形的，实施受该专有权利控制的信息网络传播行为，构成侵权。本案二被告在其运营的 APP 上共同或分别提供被控侵权短视频，使得用户可以在其个人选定的时间和地点播放、下载、制作及分享短视频，该行为构成对二原告涉案作品信息网络传播权的侵害。关于复制权。本案侵权行为发生在互联网领域，将作品置于信息网络中，其前提是将作品上传至网络服务器或数据库。数字化作品的传播范围与复制件数量已无关联，区分数字环境中复制权与信息网络传播权两项权利的关键点在于作品上传完成后所处的状态，本案中，涉案作品被置于网络传播状态，此时作品复制行为被信息网络传播行为吸收，被诉行为只构成侵犯信息网络传播权。因此，二原告的该项侵权主张不能成立。

【裁判结果】

判令被告停止侵权，赔偿损失。

【案号】

（2020）浙0192民初8001号

第八节　手机应用商店提供侵权应用引发的著作权法律问题

手机应用商店是手机APP在线提供或销售的平台，即第三方APP开发商开发出应用程序，上传至手机应用商店供手机用户免费使用或付费下载。手机应用商店运营商以广告获利或通过用户付费下载来获得与第三方APP开发商的利润分成。在向网络用户提供APP时，手机应用商店运营商可能会因为APP涉嫌侵犯他人权利而陷入著作权纠纷。

手机应用商店对于其提供的APP是否存在著作权瑕疵具有一定的审查义务，但是我国现行法律尚未对此作出明确规定。发生著作权纠纷时，手机应用商店的审查义务是由其在作品传播过程中所承担的角色决定。手机应用商店为用户提供服务时其角色类似于网络服务提供者，但是又与传统网络服务提供者具有一定区别。二者相同点在于都为用户提供了信息存储空间，使上传的软件或作品可供第三人搜索和下载，都能够控制软件或作品的上传和删除。而两者区别在于：1. 服务商所起的作用不同。传统网络服务提供者一般仅提供信息存储空间，供用户上传信息，对于上传的信息并不严格审核，直接行使信息网络传播权的是用户而非服务商；但手机应用商店在上传应用程序前对程序的审核具有较为严格的控制，第三方APP开发商将开发的应用提交到手机应用商店，再由手机应用商店进行规范审查，只有在内容和功能上都符合规范的应用才能被确认上线。2. 获利方式不同。传统的信息存储空间上的作品多是由个人用户免费上传，用户不从中获利，网络服务提供者也免费提供公众使用，运营商一般依靠广告收入获利，而鲜少从特定作品中直接获利；但手机应用商店上的应用多由第三方开发商开发，具有鲜明的营利目的，多数软件是供用户付费下载的，手机应用商店运营商也从软件下载收益中获得利润分成。[①] 因此，基于运营商实施了 APP 上线的限制、管理和直接获利等特点，应当在著作权纠纷中对手机应用商店运营商施以更高的注意义务或审查义务。

对于手机应用商店的注意义务要求主要考量以下两个方面：1. 对所发布程序的控制和管理。若上线前手机应用商店对应用程序采取了符合其自身需求的选择与筛查，并且为第三方开发者设定了一定的限制或门槛，对整个传播过程具有很强的控制力和管理能力，那么就可以认定其与一般的信息存储空间网络服务存在差别。苹果公司对其应用商店的管理模式正是如此。苹果公司对其应用商店上发布的应用程序都有明确的审查程序，或者参与应用程序的开发过程，或者对应用程序进行挑选并决定分销模式。事实上，苹果公司与第三方应用程序开发商共同实施了应用程序的上传行为，对于软件的权利归属显然“明知”或“应知”，因此在著作权纠纷中二者更可能构成共同侵权。2. 实际获得的利益。在著作权纠纷案件中，如果手机应用商店确实因为侵权软件的传播获得利益，而非供用户免费下载，那么手机应用商店的注意义务显然应当提高，并且法院可以根据应用商店的软件下载量判断侵权获利数额进而确定对权利人的赔偿金额。苹果手机应用商店的管理和营利方式决定了其应当承担更高的注意义务和法律责任。

在手机应用商店提供侵权软件引起的著作权纠纷中，侵权行为可能是直接侵权或间接侵权。必须明确的是，并不是所有应用商店的运营商对所有的应用都负有审查义务。APP 涉及内容广泛、种类繁多，手机应用商店仅对于特定作品类应用具有审核能力和义务。特定作品类应用与作品本身并无实质差异，仅存在形式不同，但平台运营商对于其内容具有审核能力。若特定作品类应用的内容或程序侵犯了他人著作权，鉴于该软件的上传步骤由手机应用商店直接实施，平台对软件的上传又具有较高的控制和管理能力，以及因软件下载获取利

---

① 李五平：《手机 App 应用平台下的著作权保护》，载《法制博览（中旬刊）》2014 年第 11 期，第 92－93 页。

益，可以推定平台与上传者构成共同侵权，且平台构成直接侵权。反之，如果应用商店仅提供信息网络存储空间，对上传软件的筛选和处理并未参与，侵权作品是在审核通过后新增的，手机应用商店对 APP 的进一步信息或内容的发布并无“应知”的情况，则对于该特定侵权作品不可能知晓，即不会构成直接侵权。但是，尽管不构成直接侵权，在满足一定条件下（如不能通过避风港原则免责等），手机应用商店仍可能成立间接侵权。如果应用商店能够举证证明其仅作为应用程序的提供者，并且确已进行合理的预防侵权手段，在收到侵权通知后及时删除含有侵权作品的应用程序，且对用户上传的侵权软件或侵权作品并未参与和控制，可认定其尽到了合理注意义务，不需要承担责任。

一、应用商店 APP 引发的信息网络传播权纠纷

【基本案情】

君和天下公司经中作华文公司授权，享有《好妈妈胜过好老师》的信息网络传播权及可以自己名义单独提起相关诉讼的权利。卓易讯畅公司经营的豌豆荚网站上提供这本书的下载阅读，故君和天下公司提起侵权诉讼。

【争议焦点】

（1）君和天下公司是否有权提起本案诉讼。

（2）卓易讯畅公司是否应承担法律责任。

【裁判推理】

根据《著作权法》第 11 条的规定：如无相反证明，在作品上署名的公民、法人或者其他组织为作者。本案中，涉案图书上署名作者尹某某，其于 2011 年 11 月与中作华文公司签订了有效期为 5 年的合同，将涉案图书的独家信息网络传播权授予中作华文公司，并授权中作华文公司针对第三方的侵权行为有权采取诉讼等法律手段。2012 年 12 月 1 日，中作华文公司出具授权委托书，授予君和天下公司授权期限内（2012 年 12 月 1 日至 2015 年 12 月 31 日）非独家的信息网络传播权，并授权君和天下公司对涉案图书的著作权侵权事宜以自己名义单独提起相关诉讼并获得经济损失赔偿。故君和天下公司享有涉案图书的非独家信息网络传播权，并有权对侵权行为提起侵权之诉。

卓易讯畅公司称其仅为搜索链接服务提供者，其行为并未侵犯君和天下公司的信息网络传播权。对此法院认为，首先，网络服务提供者主张其仅为被诉侵权的作品提供了搜索链接、信息存储空间等服务的，应举证证明。本案中，相关证据尚不足以证明卓易讯畅公司仅提供了搜索链接服务，涉案图书软件链接自网易应用中心。其次，即使卓易讯畅公司并未直接提供涉案图书，根据查明事实，在卓易讯畅公司网站搜索涉案图书名称，并出现搜索结果后，点击搜索结果仍出现卓易讯畅公司网页，该网页显示下载软件的名称为涉案图书书名，类别为“安卓应用 > 阅读”，该页面对涉案图书及作者进行了推荐，且网络用户可以直接从该网页下载涉案图书软件。最后，涉案图书系公开出版的具有较高知名度的畅销图书，卓易讯畅公司应当知晓涉案图书系有明确著作权归属的文字作品。综合上述情况可以认定，卓易讯畅公司应知其所链接的网站侵害了涉案图书的信息网络传播权，卓易讯畅公司对搜索结果进行了编辑、整理、推荐，具有主观过错。卓易讯畅公司应为其主观过错承担帮助侵权的责任。

【裁判结果】

卓易讯畅公司赔偿君和天下公司经济损失及合理开支共计 5500 元。

【案号】

（2014）一中民终 1237 号

二、应用商店的注意义务边界

【基本案情】

在苹果公司经营的应用商店中，欧某某上传了其开发的应用程序。该程序中包含原告李某某享有著作权的文字作品《李可可抗诉记》。李某某将苹果公司诉至法院，认为侵犯了其信息网络传播权。

【争议焦点】

（1）苹果公司是否应负有较高的注意义务，对于第三方侵权行为是否属于应知。

（2）如何确定赔偿数额。

【裁判推理】

苹果公司通过包括《已注册的 APPLE 开发商协议》和《IOS 开发商计划许可协议》等一系列协议，基本控制了该平台上应用程序开发的方向和标准。苹果公司对在应用商店上发布的应用程序采取了符合其自身需求的选择与挑选，无须受到第三方开发者的限制，具有很强的控制力和管理能力，与一般的信息存储空间网络服务存在差别。苹果公司在与开发商的协议中，约定了固定比例的收益，该收益是直接从最终用户处获得，确实存在收费的情形，并且对所有程序开发商均收取了费用。因此作为图书类的应用程序，苹果公司在可以明显感知涉案应用程序为应用程序开发商未经许可提供的情况下，仍未采取合理措施，故可以认定苹果公司并未尽到上述注意义务，具有主观过错，其涉案行为构成侵权。

原告未提交实际损失的相关证据，但鉴于本案涉案作品的传播使用方式，法院参照有关稿酬标准的相关规定，以涉案作品的字数为基础，结合涉案作品的创作难度、市场价值、苹果公司具体的行为方式、侵权范围和主观过错程度等因素，酌情确定权利人的经济损失数额，并对李某某因本案支出的合理费用酌情予以考虑。苹果公司提供了优路科技公司的声明及其附件，用于证明通过网络传播作品在业界的许可费情况，但上述证据并不足以证明业内通行的作品许可使用收费标准，且收费的具体数额也与许可的内容、时间等相关，具有个案的特点。因此，苹果公司提出的应按照许可费用或者应用程序的实际收益和下载次数等确定赔偿数额的主张，法院不予支持。

【裁判结果】

苹果公司未履行注意义务，构成侵权，应承担法律责任。

【案号】

（2015）民申 1295 号

三、手机应用商店什么情况下不需要承担责任

【基本案情】

君和天下公司享有小说《失恋 33 天》独家著作财产权，被告腾讯公司经营的腾讯应用中心商店中有网络用户上传的手机应用程序，其中包含了《失

恋33天》。原告起诉腾讯公司侵犯其信息网络传播权。

【争议焦点】

涉案被诉侵权APP是否系腾讯公司自行上传，即腾讯公司是内容提供者还是服务提供者。

【裁判推理】

腾讯公司提交的公证书显示，腾讯公司的应用宝是一个互联网开放平台，APP的开发者可以在注册后向该开放平台上传APP；在应用宝的首页也设立了“侵权投诉指引”栏目；腾讯公司一审时也提交了君和天下公司主张侵权的APP的开发商的身份信息及注册资料，提交了涉案侵权内容的上传者信息。上述证据能够证明涉案APP系第三方上传至腾讯公司设立的互联网应用开放平台，原告主张腾讯公司虚构第三方上传没有证据支持，对其该项主张不予采信。因此腾讯公司对于涉案内容和平台来说，是存储服务提供者。

腾讯公司作为信息存储空间的服务提供者，通常而言，面对网络用户上传至其服务器空间的海量信息并不具有主动审查能力，我国现行的法律法规也并不要求网络服务提供者承担超出其能力范围的审查义务。但是如果侵权事实具体、明显，能够为腾讯公司所知晓，则应及时移除侵权内容并承担侵权赔偿责任。本案中，君和天下公司并未向被告发出书面权利通知，而且腾讯公司在网站公布了名称、联系方式及网络地址，在诉讼后及时删除了涉案APP，且君和天下公司不能证明腾讯公司改变了上传者提供的涉案APP作品，也不能证明腾讯公司从服务对象提供的作品中直接获得了经济利益。因此，腾讯公司作为信息存储空间的网络服务提供者尽到了合理的注意义务，且已在诉讼后自行删除了侵权APP。综上，腾讯公司不承担损害赔偿责任。

【裁判结果】

驳回原告诉讼请求。

【案号】

（2014）深中法知民终745号

本章结语

伴随着移动互联网技术的不断进步，手机移动应用行业发展迅速。与手机移动应用行业有关的著作权法律纠纷呈现出以下几种类型。第一种是围绕手机移动软件引发的软件侵权纠纷，主要有软件盗版、抄袭引发的纠纷。第二种是围绕移动应用软件运行期间其页面上呈现的内容引发的版权纠纷。从涉及的纠纷案由来看，原告在很多著作权侵权案件中也提起了不正当竞争案由。这其中既有将他人作品制作成 APP 进行传播引发的纠纷，也有涉及手机游戏软件的纠纷。既有对单个 APP 的诉讼，也有对 APP 应用市场提起的诉讼。从涉及的法律问题来看，既有涉及计算机软件的保护问题，也有涉及新兴商业模式带来的著作权侵权风险。尤其是在算法推荐、技术过滤等技术发展的背景下，避风港原则与红旗标准的适用受到更多因素的制约。在个案中，需要准确把握涉案的 APP 是直接侵权还是间接侵权，对其提供的服务是内容服务还是存储空间或链接服务予以准确界定。法院在审理过程中，会根据当事人申请，根据行为保全的适用条件作出诉前或诉中禁令。在侵权认定问题上，对于信息网络传播行为的认定，法院以服务器标准为准，兼顾用户感知标准与实质替代标准。

针对本章所述第一类纠纷，即手机 APP 之间的抄袭和演绎，实务中的处理思路一般如下：首先，确定涉诉 APP 中的哪些内容构成作品，能够受到著作权的保护。在这一步，应当注意排除实用功能、思想、有限表达、公有领域表达等内容。其次，根据著作权下各项具体权利的特点和性质，分析涉诉应用程序具体侵犯了哪一项权利。

应当注意的是，当涉及手机 APP 之间的抄袭和演绎时，“接触 + 实质性相似”原则的具体应用有所不同。判断手机 APP 是否构成抄袭时，除考虑涉案 APP 在发布之前是否有可能接触原软件外，还要判断是否构成实质性相似，此时应以用户体验为依据，即用户在使用过程中是否能观察到软件之间的雷同之处过多，在整体感知上超过了借鉴的范围。判断手机 APP 的演绎行为时，要注意与非精确复制行为进行区分。虽然都是对原软件进行了修改，但非精确复制行为在整体上依旧保留了原软件的大部分特点，两者极易混淆，而演绎行为的修改程度更大，已达到不致混淆的程度。

与此同时，在分析手机APP之间的抄袭和演绎情形时，常会从市场影响、商业利益等角度，判断涉诉行为是否构成不正当竞争，这就需要以《反不正当竞争法》的内容为基础进行考量。

本章第二节至第七节介绍了手机APP中提供的涉及不同作品类型的服务或内容所引发的信息网络传播权纠纷或其他著作权纠纷。第二节的案例表明，对于网络服务提供者是否构成直接侵权，司法判定时较为容易。但是，对于间接侵权，“过错”的认定是难点。第三节指出，在因移动APP存储他人作品而引起的信息网络传播权类纠纷中，不及时、有效地采取必要措施的网络服务提供商是间接侵权人，上传没有获得著作权人许可的作品的用户是直接侵权人。实务中，争议焦点依然是对网络服务提供商的过错和所应当采取的必要措施的认定。针对有声阅读APP侵权类纠纷，第四节指出，首先应当明确与音频作品的著作权相关的多方主体和涉及的具体权利内容。一般来说，音频作品是由文字翻录而来的，文学作品的初始文字创作者享有著作权，引发侵权纠纷的是上传行为，侵权音频作品上传者侵犯的是著作权人的复制权和信息网络传播权，而APP运营商为侵权音频作品提供了存储空间，同样构成间接侵权。但在实务中，这一点需要著作权人的有力举证。网络链接技术的运用，在提升信息传播效率的同时，也引发众多视频APP链接他人作品类著作权纠纷。对此，在第五节中，我们了解到，首先要明确信息网络传播行为的认定标准，法院采取的是服务器标准。在运营商涉及直接侵权的情况下，深层链接行为不属于信息网络传播行为，视频APP仅在其网页中设置深层链接的行为不侵犯信息网络传播权，但是视频APP设置深层链接播放他人作品的行为属于不正当竞争的行为。从另一角度看，视频APP链接他人作品可能导致运营者构成信息网络传播权的间接侵权，对此，需要结合运营商的注意义务及对避风港原则的适用进行考量。第六节介绍了网络直播APP类著作权纠纷，需要明确APP运营商是直接传播了作品还是仅为传播作品提供技术服务，这影响到侵权责任的判断。最后一点是判断涉诉网络直播行为是否构成不正当竞争。对于短视频APP类著作权纠纷，第七节展示的思路是从独创性的角度出发，判断原告涉案视频是否构成作品，再结合被诉平台对避风港原则的适用情况判断其侵权责任。

本章第八节通过三个案例，介绍了当手机应用商店运营商因手机应用程序涉嫌侵权而陷入著作权纠纷的情况，并指出应用商店运营商在作品传播过程中扮演的角色不同，其所应当承担的注意义务的程度不同。另外，相较于传统网络服务提供者，应用商店运营商在提供应用程序时的控制、管理更加严格，并可直接从应用下载中获利；相应地，应用商店运营商的注意义务程度也会更高。

在手机应用商店提供侵权软件引起的著作权纠纷中，应用商店运营商可能构成直接侵权或间接侵权，这其中涉及判断应用商店运营商对哪些作品类应用具有审核能力和义务，以及判断运营商的行为是否遵循了“避风港”原则，这些都需结合具体案情作出进一步分析。

一般而言，手机移动应用商店或者应用市场是开放性的平台，其所提供的服务属于技术性服务。应用商店中上架的移动应用 APP 如果侵犯他人的知识产权，应用商店运营商是否需要承担连带责任则取决于其是否有过错。有无过错的重要评判标准是运营商是否履行了与其所具备的管理能力、预防侵权能力相匹配的注意义务。如果应用商店通过收费下载业务获得了直接的经济利益，那么，其对 APP 的侵权风险应进行更加积极的防控，在 APP 程序上线前进行严格审核。应用市场应当设置行之有效的侵权投诉处理渠道，及时处理侵权投诉。

第二章　移动应用行业涉及的商标法律问题

商标是区分商品或服务来源的标志。随着智能手机的普及和手机应用行业的发展，越来越多的消费者通过手机应用软件在互联网上进行商品或服务选择。手机应用标识是移动互联网环境下的一种新型商业标识，与商标的功能与性质基本相同，通常由文字、图案和颜色组成。比如腾讯公司的社交软件“微信”，其标识为汉字“微信”加绿色图案，苹果公司的应用商店标识为英文字母“App Store”加蓝色图案。这些标识既有区别服务来源的功能，也体现各自的品牌特色与定位，对手机应用程序的开发商和运营商具有很高的商业价值。

手机应用标识是移动互联网环境下一种新的商标使用形式，随着手机应用的下载与使用越来越普遍，与此相关的商标侵权纠纷也日渐增多。诸如将他人注册商标用于手机应用标识，或抢注他人未注册的知名手机应用标识类案件频频出现。作为手机应用程序商务活动中必备的宣传要素，手机应用标识承载着企业商誉和用户信赖。因此，商标权纠纷的成败很大程度上影响着商标识别功能和品质保障功能是否能较好地得到保护。

本章主要介绍手机应用标识在与他人在先申请注册商标近似的情况下是否构成侵权的判断，其中包括商标抢注情形、注册商标专用权行使以及驰名商标相关的法律判断。

如前所述，手机应用标识（或已经注册为商标）与传统的商标在功能与性质上基本相同，因此其仍应在相关法律规定的范围内使用，相关纠纷的解决和侵权行为的判断标准也同样适用于传统商标纠纷的解决路径。但与传统商标不同的是，手机应用标识属于互联网环境下的产物，依托网络而存在，因此相关纠纷还涉及手机应用程序的开发者、上传者以及作为第三方平台的应用商店管理者等多方主体，在适用法律时应充分考虑其特殊性，与时俱进地解决新型商标权纠纷。

第一节 手机 APP 商标被抢注引起的法律问题

商标抢注是第三人以“搭便车”等不正当竞争为目的，抢先注册他人已经在先使用的未注册商标的行为。将他人已为公众熟知的驰名商标在非类似商品或服务上申请注册的行为，以及将他人享有在先权利的企业名称和字号、作品、外观设计等作为商标申请注册的行为等，也属于商标抢注。

本节主要讨论知名手机 APP 商标被抢注引起的法律问题，包括手机 APP 商标未注册时第三人在其相关种类抢注，以及 APP 商标已经注册但第三人在非类似商品或服务上抢注两种情形。知名手机 APP 商标被抢注，通常是第三人非以实际使用为目的申请注册商标，在 APP 运营商尚未意识到申请商标重要性的情况下捷足先登。此种情况下，APP 运营商可以向国家知识产权局申请无效或撤销（连续三年不使用）注册商标。在机构改革之前，受理商标业务的机构是国家工商行政管理总局商标局和商标评审委员会。

证明抢注商标与知名手机 APP 商标（被抢注商标）相同或近似，是实务中第一个法律难点。判定商标相同或近似的原则是以相关公众的一般注意力为标准，既要进行整体比对，又要对商标的显著部分进行比对。接下来，需要证明抢注商标核定使用的种类与手机 APP 所在的领域或申请注册的种类类似。以《类似商品和服务区分表》为参考，APP 运营商需要证明被抢注商标核准注册的商品或服务种类或已经实际使用的领域与抢注商标申请注册的种类类似。商标法上的“类似商品”，指的是在功能、用途、生产部门、销售渠道、消费对象等方面相同，或者相关公众一般认为其存在特定联系、容易导致混淆的商品。

此外，需要证明手机 APP 商标在先使用且已经具有一定知名度。手机 APP 运营商需要证明被抢注商标在其申请注册的种类或长期使用的领域已经产生了一定知名度，即在 APP 中明确使用该商标，并且 APP 用户已将该商标与 APP 紧密联系起来，在 APP 运营的领域产生了一定知名度。最为重要的是，申请人要证明第三人申请注册商标违反了商标法有关“以其他不正当手段取得注册”或者《商标法》第4条对于“不以使用为目的的恶意注册”的规定。在判定“抢注行为”是否成立时，既要考虑被抢注商标的使用情况、知名度，抢注商标的申请注册时间、使用情况和知名度，又要考虑商标法的立法精神和商标的标识商品或服务来源的作用。如果商标注册行为确实具有明显的复制、抄袭他人高知名度商标的故意，扰乱了正常的商标注册管理秩序，违反了公序良俗原则，则该行为应当予以制止。

实践中，有些投机取巧的申请人采取在多个类别上大量注册知名未注册商标，逼迫在先商标权利人购买其商标或更换原有商标。此种抢注行为不利于商标管理，更不利于稳定市场秩序。鉴于此，一方面，手机APP运营商要高度重视商标注册，不仅要在商品投入生产使用前及时申请注册商标，而且要充分使用和维护其注册商标；另一方面，还要在商标抢注行为发生后，积极采取无效、异议等手段进行维权。

一、手机移动应用引发的抢注风波

【基本案情】

原告吴某某因商标无效宣告请求行政纠纷一案，不服被告国家工商行政管理总局商标评审委员会（以下称商标评审委员会）作出的商评字〔2017〕第0000095262号“关于第9881749号‘微信×××’商标无效宣告请求裁定”（以下称争议商标），向法院提起行政诉讼，腾讯公司作为第三人参加诉讼。

腾讯公司于2011年1月推出微信后，在各媒体上对其微信产品进行了广告宣传，微信用户迅速发展，为相关公众所熟知。台福公司在腾讯公司推出微信后不久即于2011年8月、2013年5月和2015年1月先后将微信作为自己的商标申请注册。争议商标原注册人在争议商标获准注册后不久，即2015年2月就向国家工商行政管理总局商标局提出将争议商标转让给吴某某的申请。经腾讯公司提出申请，商标评审委员会对争议商标予以无效宣告。

原告吴某某不服，提起行政诉讼，请求法院撤销被诉裁定，责令商标评审委员会重新作出裁定。被告商标评审委员会和第三人腾讯公司请求法院驳回吴某某的诉讼请求。

【争议焦点】

争议商标的申请注册，是否构成修改前的《商标法》第 41 条第 1 款规定的“以其他不正当手段取得注册”的情形。

【裁判推理】

修改前的《商标法》第 41 条第 1 款规定，已经注册的商标，违反本法第 10 条、第 11 条、第 12 条规定的，或者是以欺骗手段或者其他不正当手段取得注册的，由商标局撤销该注册商标；其他单位或者个人可以请求商标评审委员会裁定撤销该注册商标。依照商标法立法宗旨，商标的注册应当是以具有使用意图为前提，才能发挥商标的本身价值。若申请人以囤积商标进而通过转让等方式牟取商业利益为目的，大量申请注册他人具有较高知名度的商标，显然违背了商标的内在价值，亦将影响商标的正常注册秩序，甚至有碍于商品经济中诚实守信的经营者进行正常经营。根据上述规定，如果商标注册行为具有明显的复制、抄袭他人高知名度商标的故意，扰乱了正常的商标注册管理秩序，有损于公平竞争的市场秩序，违反了公序良俗原则，则该行为属于“以其他不正当手段取得注册”，应当予以制止。

根据腾讯公司提交的证据，通过腾讯公司的使用和推广，“微信”作为一款具有即时通信功能的软件，从 2011 年 1 月开始使用，至今已经具有极高知名度。在争议商标申请注册日之前，“微信”已经被各大媒体进行宣传，具有一定的知名度，且具有相当数量的用户。争议商标的原注册人台福公司的法定代表人刘某某与原告吴某某作为夫妻，从 2011 年 8 月至 2017 年 7 月，在明知“微信”具有较高知名度的情形下，仍注册了包括争议商标在内的多个含有“微信”字样的商标，并转让至吴某某名下，前述系列商标注册行为具有明显的复制、抄袭他人高知名度商标的故意，扰乱了正常的商标注册管理秩序，有损于公平竞争的市场秩序，违反了公序良俗原则。参照修改前的《商标法》第 41 条第 1 款关于以其他不正当手段取得商标注册的立法精神，吴某某的前述系列商标注册行为应当予以禁止，故争议商标应当予以撤销。

【裁判结果】

驳回原告吴某某的诉讼请求。

【案号】

（2018）京行终 3313 号

二、手机 APP 商标被抢注的认定

【基本案情】

本案涉及第 15942255 号“快手 G”商标（以下称申请商标），申请人为一笑公司，指定使用服务为第 41 类教育等服务上。2015 年 10 月 12 日，国家工商行政管理总局商标局作出《商标部分驳回通知书》。一笑公司不服，向国家工商行政管理总局商标评审委员会提出复审。2016 年 4 月 28 日，商标评审委员会作出商评字〔2016〕第 39218 号《关于第 15942255 号“快手 G”商标驳回复审决定书》，决定申请商标在复审服务上的注册申请予以驳回。一笑公司不服被诉决定，向北京知识产权法院提起行政诉讼。

北京知识产权法院认为：申请商标与各引证商标未存在明显的特征区分，故申请商标与引证商标构成使用在相同或类似服务上的近似商标。一笑公司提交的证据尚不足以证明申请商标在复审服务上已具有较高知名度，并与一笑公司建立唯一、特定的对应关系，亦不足以证明申请商标经使用已消除了相关公众误认的可能性。商标审查遵循个案审查原则，其他商标获准注册的事实依据和本案不同，不能成为本案申请商标获准注册的当然依据。北京知识产权法院依照《行政诉讼法》第 69 条的规定，判决驳回一笑公司的诉讼请求。一笑公司不服原审判决，向北京市高级人民法院提起上诉，请求撤销原审判决及被诉决定，责令商标评审委员会重新作出决定。

【争议焦点】

申请商标与引证商标是否构成《商标法》第 30 条所规定的近似商标。

【裁判理由】

《商标法》第 30 条规定：“申请注册的商标，凡不符合本法有关规定或者同他人在同一种商品或者类似商品上已经注册的或者初步审定的商标相同或者近似的，由商标局驳回申请，不予公告。”商标近似是指商标文字的字形、读音、含义或者图形的构图及颜色，或者其各要素组合后的整体结构相似，或者

其立体形状、颜色组合近似，易使相关公众对商品或服务的来源产生误认或者认为其来源与注册商标的商品或服务有特定的联系。

本案中，申请商标由汉字“快手”及图形构成，其中“快手”二字为其认读部分。引证商标一由汉字“快手”及图形构成，其认读部分亦为“快手”二字；引证商标二由文字“快手 TV”构成；引证商标三为英文“FASTHAND”，可翻译为“快手”。申请商标和引证商标一、引证商标二的汉字部分完全相同，与引证商标三的含义相同。据此，申请商标与各引证商标未存在明显的特征区分，构成近似商标。因此，若将申请商标与引证商标同时使用在同一种或类似服务上，依据相关公众的一般注意程度，容易对服务来源产生误认或者认为其来源之间有特定的联系，故申请商标与各引证商标构成使用在相同或类似服务上的近似商标。一笑公司关于申请商标与各引证商标不构成近似商标的上诉主张不能成立。

一笑公司所提交的证明申请商标经过持续实际使用已具有一定知名度的证据，多为手机 APP 商品或服务上的宣传使用证据，或者为一笑公司自身的宣传使用证据，尚不足以证明申请商标在复审服务上已具有较高知名度，并与一笑公司建立唯一、特定的对应关系，亦不足以证明申请商标经使用已消除了相关公众误认的可能性。因此，一笑公司关于申请商标经过长期使用已在短视频服务行业中具有相当的知名度和影响力的上诉主张不能成立，法院不予支持。

一笑公司主张其他相同或近似的商标均已获准注册，应坚持审查一致的标准，但是商标审查遵循个案审查原则，各个商标案件的事实情况存在差异，其他商标能否获准注册，要结合引证商标与申请商标的近似程度及各自使用的商品或服务类别、各商标的使用情况等综合考虑，其他商标获准注册的事实依据和本案不同，不能成为本案申请商标获准注册的当然依据。因此，法院对一笑公司的该项上诉主张亦不予支持。

【裁判结果】

一审驳回一笑公司的诉讼请求。二审驳回上诉，维持原判。

【案号】

（2017）京行终 722 号

第二节 手机APP名称侵犯他人商标专用权法律问题

手机APP名称与他人在先注册的商标相同或相似，容易引起相关公众混淆的，可能构成对他人商标专用权的侵犯。在判断应用名称是否侵犯他人商标专用权时，主要明确以下几点：

首先，商标专用权的定义。根据《商标法》第3条的规定，经商标局核准注册的商标为注册商标，商标注册人享有商标专用权，受法律保护。具体来说，商标专用权是法律赋予商标注册人的排他性权利，包括对注册商标的使用权和基于这种使用产生的排他权。在申请注册的类别范围内，商标权利人依法对该注册商标享有商标专用权，包括排他性使用和授权他人使用的权利。商标权的保护要建立在合法的基础上，即商标是经正当手段申请注册，且仅保护商标性使用行为。反之，基于商标权相对保护原则，对“恶意抢注”行为和对已经具有一定知名度的在先使用商标提起的侵权诉讼可能无法适用商标权进行保护。

其次，商标侵权判断是否应以商标性使用为前提。商标的使用行为可以分为商标性使用行为和非商标性使用行为。《商标法》第48条是对商标性使用行为的列举式规定，即“商标的使用，是指将商标用于商品、商品包装或者容器以及商品交易文书上，或者将商标用于广告宣传、展览以及其他商业活动中，用于识别商品来源的行为”。而第59条第1款是对非商标性使用行为的规定，即“注册商标中含有的本商品的通用名称、图形、型号，或者直接表示商品的质量、主要原料、功能、用途、重量、数量及其他特点，或者含有的地名，注册商标专用权人无权禁止他人正当使用”。

商标侵权诉讼中判断被控侵权行为是否属于商标性使用，是为了确定被控行为是否属于商标法的调整范畴，或者是否进入了商标权的权利控制范围。如果将非商标性使用行为也列入商标侵权行为，则会造成商标权的滥用。因此，商标性使用行为应当作为商标侵权判断的前提，商标性使用应发挥其“守门人”的角色，帮助明确商标侵权纠纷的界限。

此外，需明确什么是手机 APP 的商标性使用行为。商标的基本功能是标识商品或服务的来源，手机 APP 的使用是否构成商标性使用，第一步需要判断 APP 名称是否属于“商标”，即是否符合以下三点：1. 具有显著性，即具备商标指示来源的功能；2. 具备长期或准备长期使用的特点，即在使用期限上具有连贯性与持续性；3. 具备代表性，即对 APP 的所有商业活动均以该名称作为品牌，运营商使用和维护以及相关公众对 APP 的使用均基于该名称。本节案例的“全民突击”“微信”APP 名称等均经过运营商长期宣传，在相关公众中产生明确的指示作用，属于商标性使用。

再次，需明确手机 APP 名称对在先注册商标构成侵权的条件。《商标法》第 57 条明确规定了侵犯商标专用权的三个考量要素，即标识是否近似、商品或服务是否类似以及混淆性可能。具体判断时，应当以其提供服务的主要内容为判断依据，并基于相关公众的一般认识，判断商标用于两类服务是否存在混淆的可能性。在类别相同的情况下，以下两种情形构成侵权：一是 APP 名称与注册商标相同；二是 APP 名称与注册商标近似，容易使相关公众产生误认（即满足混淆性要件）。

手机 APP 名称具有较强的识别性，能够使相关公众区分提供 APP 的市场主体，并且便于运营商的宣传推广。但如果 APP 名称作为商标使用（进行商标性使用行为）时与在先注册的商标相混淆，不仅有碍于发挥商标的区分作用，也有可能损害在先注册商标对应商品或服务的商誉，造成经济损失。

最后，需要考虑手机 APP 名称是否已经成为某类应用的通用名称。在商标侵权判断中，注册商标的显著性越高，将其注册为 APP 名称后造成混淆的可能性就越小。但是，对于本身具有显著性的商标，如果商标文字因成为某类应用的通用名称而失去显著性，则其不能发挥识别商品或服务来源的作用，将注册商标作为 APP 名称使用也就不能构成商标性使用行为，商标侵权不能成立。

在实务中，法院会在衡量各因素后对侵权行为是否成立作出判定，若不成立则会进一步判断是否构成不正当竞争。APP 运营商是否具有不正当竞争的意图，需要考虑其对应用名称的使用意图及使用情况。如果在先注册商标已经具有一定的市场地位，且经过长期、大量努力后取得一定的知名度，此时其他 APP 经营者出于“搭便车”的意图，故意将其登记注册为自己的 APP 名称，并在相同或类似的商品或服务上使用，造成相关公众混淆或误认，则该行为违反《反不正当竞争法》第2条规定的诚实信用原则，构成不正当竞争。

一、商标是否属于通用名称的认定

【基本案情】

腾讯科技公司、腾讯计算机公司认为掌娱公司使用“唱吧炫舞”作为其游戏软件的名称并在其官方微信、微博上对游戏进行宣传的行为，侵犯了腾讯公司的“QQ炫舞”“炫舞”的商标权，故将其起诉至法院。

【争议焦点】

(1) 腾讯科技公司、腾讯计算机公司“炫舞”“QQ炫舞”系列注册商标是否含有本商品或服务的通用名称。

(2) 被诉行为是否构成侵犯腾讯科技公司、腾讯计算机公司“炫舞”“QQ炫舞”系列注册商标专用权的行为。

【裁判推理】

“炫舞”“QQ炫舞”系列注册商标核定使用在“教育信息；培训；安排和组织会议；(在计算机网络上) 提供在线游戏、娱乐；计算机游戏软件”上，掌娱公司主张腾讯科技公司、腾讯计算机公司的注册商标中含有本商品的通用名称“炫舞”，但其仅提出“炫舞”多次在出版物中使用、“炫舞”多次在音乐舞蹈类游戏名称中使用及商标局核准注册了多个含有“炫舞”文字的商标。

首先，掌娱公司仅提交百度百科中关于“炫舞”的查询结果等证据，尚不足以证明自己所主张的内容。

其次，即便上述情况均属实，亦与“炫舞”是否构成“提供在线游戏”等服务和“计算机游戏软件”商品的通用名称无关。掌娱公司未能举证证明依据法律规定或者国家标准、行业标准“炫舞”已经属于商品或服务的通用名称，亦未能举证证明“炫舞”已被相关公众普遍认为能够指代一类商品或服务的某一名称而成为约定俗成的通用名称。

故腾讯科技公司、腾讯计算机公司的权利商标相对于核定使用商品或服务具有显著特征，未构成《商标法》第59条第1款规定的情形。

掌娱公司对于“炫舞”的使用是否属于商标意义上的使用，应以相关公众的判断为依据。如果相关公众认为被诉行为对“炫舞”的使用具有区分服务来源的作用，则该使用方式属于商标意义上的使用。否则将无法得出这一结论。之所以首先强调被诉行为是否属于商标法意义上的使用行为，是因为只要存在相关公众将“炫舞”作为商标识别的情形，便不能排除腾讯科技公司、腾讯计算机公司的注册商标权益被损害的可能性。因此，被诉行为构成商标法意义上的使用行为，是认定是否构成侵权的前提。

本案中，被诉行为有如下表现形式：1. 用户查找、下载及安装游戏应用APP过程中出现的文字“唱吧炫舞”；2. 游戏界面内显示的文字“唱吧炫舞”；3. “唱吧炫舞”游戏官方网站及微信公众号内表述的文字“唱吧炫舞”；4. 掌娱公司官方网站及微信公众号内表述的文字“唱吧炫舞”。针对3和4，“炫舞”的出现并非属于利用网络媒体使相关公众认识到其为服务商标，亦非其所指示的商品区别于其他同类商品的来源，而仅仅系针对该游戏本身的宣传介绍，故不属于商标意义上的使用；针对1和2，相关公众基于何种目的进行“炫舞”关键词搜索以及其对搜索出的APP出于何种判断而做出选择，直至下载、安装与使用，对于其对被诉内容的理解具有直接影响。相关公众对“炫舞”的搜索目的、选择APP的判断依据，取决于其对“炫舞”的认知，而这一认知通常源于其对于“炫舞”“QQ炫舞”商标使用行为的被动接受，而非其对该系列商标的主动获取。因腾讯科技公司、腾讯计算机公司在实际经营中将“炫舞”主要用于（在计算机网络上）提供在线游戏服务和计算机游戏软件商品。因此，相关公众对于“炫舞”的认知亦在这一范围内，即相关公众会用“炫舞”来区分（在计算机网络上）提供在线游戏服务与其他（在计算机网络上）提供在线游戏服务，相关公众会用“炫舞”来区分计算机游戏软件商品与其他计算机游戏软件商品。这一认知意味着在上述服务和商品上“炫舞”标识已具有实际上的识别作用，属于商标意义上的使用。故在1和2中，相关公众会将腾讯科技公司、腾讯计算机公司认知为游戏软件及在线游戏提供者，或掌娱公司与游戏软件及在线游戏提供者存在某种关联。

本案中，掌娱公司使用“唱吧炫舞”提供的在线游戏服务及游戏软件商品，与腾讯科技公司、腾讯计算机公司权利商标核定使用的第41类及第9类服务或商品属于相同或类似的服务或商品，当事人对此均无异议；由于“唱吧”与“炫舞”在“唱吧炫舞”中为两个并列词汇，对相关公众而言即又唱又跳（舞）的含义。而“唱”与“跳（舞）”均为艺术或娱乐的表现形式，无法区分孰轻孰重。掌娱公司提出的因案外人开发的“唱吧”手机软件具有一定知名度因而“唱吧”与“炫舞”同时使用时“唱吧”的显著性要强于“炫舞”的理由亦不能成立。故在“唱吧炫舞”中“唱吧”与“炫舞”均为显著识别部分。权利商标为“炫舞”或其显著识别部分为“炫舞”，“唱吧炫舞”中完整包含了权利商标中的“炫舞”。

因此，在被诉行为中使用的“唱吧炫舞”与权利商标标志构成近似，两者构成使用在同一种或类似商品、服务上的相同或近似商标。

游戏软件商品及提供在线游戏服务的经营模式是，游戏的经营者与提供下载服务的网络平台合作，消费者通过网络平台下载、安装游戏应用 APP，之后消费者或线下使用该游戏软件商品，或在线接受游戏服务。通常而言，提供下载服务的网络平台上会提供众多游戏应用 APP 供消费者选择，平台会将游戏应用 APP 按照功能、用途等进行不同的分类，也会按照游戏应用 APP 上线的时间及下载的次数，按照“最新”“最热”进行排名。但无论怎样分类或排名，对于某一游戏产品已有一定认知的相关公众而言，输入关键字快速检索出游戏应用 APP 列表的方式最为简单。关键字的选择即由相关公众对于某一游戏已有一定认知的范围所决定。

本案中，使用“炫舞”文字进行搜索的网络平台用户，其最初目的通常是搜索与“炫舞”相关的游戏应用 APP，这一商业机会系基于腾讯科技公司、腾讯计算机公司对于“炫舞”“QQ 炫舞”系列商标的大量使用而产生。虽然一部分网络平台用户会选择由腾讯科技公司、腾讯计算机公司经营的“炫舞”系列游戏应用 APP 进行下载、安装，但仍会有部分用户可能选择掌娱公司经营的“唱吧炫舞”游戏应用 APP 进行下载、安装，从而可能使原本属于腾讯科技公司、腾讯计算机公司的用户转而使用掌娱公司提供的商品和服务。故被诉行为中对于“唱吧炫舞”的使用会使相关公众将其与腾讯科技公司、腾讯计算机公司的“炫舞”“QQ 炫舞”系列商标相混淆。

【裁判结果】

掌娱公司构成对腾讯科技公司、腾讯计算机公司“炫舞”“QQ 炫舞”系列注册商标专用权的侵犯，应承担侵权责任。

【案号】

(2018) 京73民终991号

二、APP名称仿冒行为的认定

【基本案情】

腾讯科技公司与腾讯计算机公司共同起诉称,《全民突击》(以下称腾讯游戏)是两公司开发的腾讯首款全3D射击手游,自上线运营以来,凭借强大的开发运营推广能力,迅速在手游市场取得了骄人业绩和市场口碑。腾讯科技公司享有"全民突击"和"全民突袭"在第9类、第41类商品和服务上的商标权。腾讯计算机公司系该游戏运营商,经腾讯科技公司合法授权,获得上述商标的使用权,有权对商标侵权等行为提起诉讼。浩歌通途公司和优游共赢公司开发并推广了一款名为《全民突袭》(以下称被告游戏)与腾讯游戏同类型的手游,在游戏名称上恶意抄袭模仿腾讯游戏的产品名称,与腾讯科技公司和腾讯计算机公司"全民突袭""全民突击"中文注册商标分别构成相同和近似。故诉至法院,请求判令浩歌通途公司和优游共赢公司立即停止使用涉案商标的行为。

【争议焦点】

浩歌通途公司是否侵害腾讯科技公司和腾讯计算机公司的注册商标专用权。

【裁判推理】

根据《商标法》第57条的规定,未经商标注册人的许可,在同一种商品上使用与其注册商标近似的商标,或者在类似商品上使用与其注册商标相同或者近似的商标,容易导致混淆的,属于侵犯注册商标专用权的行为。

根据法院查明的事实,腾讯科技公司对第13744836号、第13759185号"全民突袭"商标在第9类计算机游戏软件、计算机程序(可下载软件)、计算机外围设备等商品,第41类在计算机网络上提供在线游戏等服务上享有注册商标专有使用权;腾讯科技公司对第13744856号、第13759155号"全民突击"商标在上述商品和服务项目上亦享有注册商标专有使用权。腾讯计算机公司经授权亦对上述商标享有权益。

浩歌通途公司主张，“突袭”文字使用在游戏名称中其本意系对游戏内容的概况性描述，其不是在商标法意义上使用“全民突击”“全民突袭”文字，并未侵害“全民突袭”商标权。对此法院认为，浩歌通途公司既将“全民突袭”作为游戏名称，又在游戏运行的开始界面突出显示，该种使用方式能起到区分服务来源的作用，属于商标意义上的使用行为。浩歌通途公司及优游共赢公司通过多家游戏平台宣传、提供下载涉案游戏时均突出使用“全民突袭”文字商标，属于未经许可，在与他人注册商标核定使用的相同类别商品上使用与该注册商标相同的商标的行为，侵害了原告的“全民突袭”商标的专用权。另外，被告的《全民突袭》游戏名称与原告的“全民突击”商标相比仅有一字之差，字形、读音相近，含义基本相同，整体上未形成明显区别，易使相关公众产生混淆误认，浩歌通途公司与优游共赢公司在射击类手游上使用“全民突袭”商标的行为亦侵犯了腾讯科技公司和腾讯计算机公司对“全民突击”商标的专有使用权。对于浩歌通途公司所提《全民突袭》游戏名称与“全民突击”商标不近似，“突袭”与“突击”均是描述游戏内容与特点，两者有明显区别，并未侵犯“全民突击”商标权的主张，法院亦不予支持。

另外，关于被告所提“突袭”游戏在射击类游戏中享有极高知名度，已经成为该类游戏的代名词或象征，“全民突袭”“全民突击”商标均缺乏显著性，不能区分商品来源的主张。法院认为，腾讯科技公司和腾讯计算机公司的“全民突袭”“全民突击”商标核定使用在第 9 类计算机游戏软件、计算机程序（可下载软件）、计算机外围设备等商品，第 41 类在计算机网络上提供在线游戏等服务上，两商标系合法有效的注册商标，受商标法的保护。

【裁判结果】

被告侵犯了原告的注册商标专用权。

【案号】

（2016）京 73 民终 696 号

三、将他人商标作为企业字号使用引发的纠纷

【基本案情】

原告腾讯科技公司诉称，原告是领先的中国互联网综合服务提供商。微信

(wechat) 是原告于2011年推出的移动社交软件，在社会上具有较高的知名度。原告是第9085979号、第9085995号、第11140797号“微信及图”注册商标的持有人。被告广东微信公司将与原告注册商标相同的文字作为企业的字号，在相同或者类似商品上突出使用；在其办公环境及官方网站上突出使用“广东微信”，前述行为容易使相关公众产生混淆，对原告商标权造成侵害，故提起诉讼。

【争议焦点】

广东微信公司在其经营场所等处使用“广东微信”字样是否侵犯腾讯科技公司第9085979号注册商标专用权。

【裁判推理】

本案原告持有第9085979号“微信及图”商标注册证书，目前该商标仍处于注册有效期内，故原告享有该商标专用权。结合原告开发的“微信/wechat”这一即时通信应用获得的广泛市场占有率和较高的知名度对本案第9085979号注册商标知名度的辐射作用，被告广东微信公司将与原告注册商标近似的“广东微信”文字作为企业字号在其办公场所、官方网站上突出使用，容易使相关公众产生误认，侵害了原告对第9085979号注册商标享有的专用权。

由于广东微信公司的行为构成商标侵权及不正当竞争，根据相关法律规定，应承担停止侵权、赔偿损失等民事责任。由于腾讯科技公司因被侵权所受损失以及广东微信公司因侵权所获得的利益均无法确定，法院根据相关法律规定，综合考虑腾讯科技公司注册商标知名度、广东微信公司的经营规模以及腾讯科技公司为制止侵权支付的合理开支等因素，酌定赔偿8万元。

【裁判结果】

被告赔偿原告经济损失8万元。

【案号】

(2016) 粤06民终3137号

四、不正当抢注有一定影响的未注册商标的司法判定

【基本案情】

爱思美科技公司于2006年4月27日申请第5319381号“Gmail”商标，

指定使用的服务类别为第 38 类。商标局对被异议商标初步审定公告后，谷歌公司以“Gmail”是该公司的电子邮箱服务商标为由提出异议。2014 年 3 月 17 日，商标局裁定对被异议商标不予核准注册。2014 年 4 月 22 日，爱思美科技公司提出复审。商评委 2015 年 11 月 25 日裁定被异议商标不予核准注册。爱思美科技公司不服，诉至法院。

【争议焦点】

（1）谷歌公司在电子邮件服务上是否已经在先使用“Gmail”商标，并在中国大陆地区相关公众中具有一定影响。

（2）爱思美科技公司是否以“不正当手段”抢注谷歌公司商标。

【裁判推理】

根据相关规定，生效的人民法院裁判文书或者仲裁机构裁决文书确认的事实，可以作为定案依据。但是如果发现裁判文书或者裁决文书认定的事实有重大问题的，应当中止诉讼，通过法定程序予以纠正后恢复诉讼。本案中，谷歌公司所提交的生效的民事裁定书中已经确认，在被异议商标申请注册日前，谷歌公司在电子邮件服务上已经在先使用“Gmail”商标，并在中国大陆地区相关公众中具有一定影响，并且爱思美科技公司并未举证证明上述裁定所认定事实存在重大问题，故本案可以认定上述事实。

谷歌公司是域名“gmail. com”现注册人，该域名注册于 1995 年 8 月 13 日。谷歌公司于 2004 年 4 月 1 日开始在其网站上使用 gmail 电子邮箱名称提供电子邮箱服务，随后在较短的时间内进行了大量宣传，直至被诉侵权行为发生的 2009 年 7 月 3 日，谷歌公司在五年多的时间里一直持续使用该电子邮箱名称、提供邮箱服务并进行相关宣传活动，具有较高知名度，可以认定谷歌公司的 gmail 电子邮箱服务在被诉侵权行为发生时已构成知名服务的特有名称。

爱思美科技公司是以“不正当手段”抢注谷歌公司商标。因爱思美科技公司亦是从事电子邮件服务等领域的经营主体，其应当知道谷歌公司在先使用并具有一定影响的“Gmail”商标，而将该商标标志申请注册在与电子邮箱服务相类似的电子邮件、卫星传送、计算机终端通信等服务上，基于经验法则与生活常识，爱思美科技公司主观上存在恶意。并且，爱思美科技公司未能举证证明其先于谷歌公司在电子邮件等服务上使用“Gmail”商标。

【裁判结果】

商评委裁定被异议商标不予核准注册的认定正确，判决予以维持。

【案号】

（2017）京行终2259号

五、近似商品中使用近似商标构成混淆的认定

【基本案情】

2013年2月至2015年6月，中科联社研究院先后注册了“小金库xiaojinku”组合商标（第9787284号）、“小金库”文字商标（第12360768号）、“积金汇小金库”文字商标（第12071358号），成为专用权人。京东世纪贸易公司作为“京东”及“京东小金库”新浪微博的注册主体，在微博中使用“小金库”“京东小金库”字样进行广告宣传。同时，京东叁佰陆拾度公司在京东商城网站的金融频道以及京东金融APP、网银钱包APP中以“京东小金库”的名义销售基金产品，并在京东商城网站对“京东小金库”进行推广宣传。中科联社研究院认为，京东世纪贸易公司和京东叁佰陆拾度公司的上述行为侵害了中科联社研究院对前述商标享有的专用权，故提起诉讼。

【争议焦点】

（1）被告对“京东小金库”的使用行为是否属于商标性使用。

（2）被告对“京东小金库”的使用行为是否构成商标侵权。

【裁判推理】

中科联社研究院作为第9787284号、第12360768号、第12071358号商标的注册人，依法享有上述商标在核定使用范围内的专用权。我国《商标法》规定，未经商标注册人的许可，在同一种商品上使用与其注册商标近似的商标，或者在类似商品上使用与其注册商标相同或者近似的商标，容易导致混淆的，属于侵犯注册商标专用权。本案中，京东叁佰陆拾度公司在其经营的京东商城网站、京东金融手机客户端以及相应的推广宣传中使用了“京东小金库”；京东世纪贸易公司在其注册的新浪微博中以“京东小金库”命名并发布含有该名称的博文，均起到了识别服务来源的作用，属于商标性使用。

判断京东叁佰陆拾度公司与京东世纪贸易公司的上述行为是否侵权，需要

判断其使用的商标是否与中科联社研究院享有权利的涉案商标构成近似，其服务的范围是否与中科联社研究院享有权利的涉案商标的核定范围类似。

关于商标近似，《最高人民法院关于审理商标民事纠纷案件适用法律若干问题的解释》规定，商标近似是指被控侵权的商标与原告的注册商标相比较，其文字的字形、读音、含义或者图形的构图及颜色，或者其各要素组合后的整体结构相似，或者其立体形状、颜色组合近似，易使相关公众对商品的来源产生误认或者认为其来源与原告注册商标的商品有特定的联系。本案中，京东叁佰陆拾度公司及京东世纪贸易公司使用的“京东小金库”与中科联社研究院享有权利的涉案商标相比，在读音、字形、整体视觉效果上均存在明显差异。同时，“小金库”一词并非由中科联社研究院臆造或独创，其本身具有固定含义，因此该词汇在作为商标使用时，尤其是在与资金、资产相关的服务中，显著性较弱。这一点从中科联社研究院自身使用其商标时也是以“人民小金库”的方式可以佐证。由于“小金库”本身属于有固定含义的词汇，显著性较弱，涉案商标中的“京东”“积金汇”，或者文字、拼音与图形的组合，才是具有识别服务来源功能的主要部分，京东叁佰陆拾度公司及京东世纪贸易公司使用“京东小金库”不会构成与中科联社研究院涉案商标的混淆，因此二者之间不构成近似。

根据相关法律规定，类似服务是指在服务的目的、内容、方式、对象等方面相同，或者相关公众一般认为存在特定联系、容易造成混淆的服务。本案中，根据京东叁佰陆拾度公司提交的《小金库用户服务协议》，“京东小金库”是以自己的名义销售鹏华基金和嘉实基金的相关产品，是该公司金融业务中的一项服务内容，其行为表现为当用户把资金转入“京东小金库”后，通过购买货币基金产品达到资金的增值，同时“京东小金库”中的资金也可以在京东商城网站上购物。因此，“京东小金库”服务与第36类金融服务相类似。而中科联社研究院涉案商标注册在第35类和第36类服务类别上，根据《关于国际分类第35类是否包括商场、超市服务问题的批复》（商标申字〔2004〕第171号）中的规定，《商标注册用商品和服务国际分类》第35类的服务项目不包括“商品的批发、零售”，商场、超市的服务不属于该类的内容；该类“推销（替他人）”服务的内容是：为他人销售商品（服务）提供建议、策划、宣传、咨询等服务，故“推销（替他人）”服务应属于为他人的销售提供辅助服务的行为，而非以自己名义销售。“京东小金库”提供的服务是以自己的名义销售鹏华基金和嘉实基金的相关产品，与中科联社研究院涉案第9787284号、第12360768号商标核定使用的服务不同，不构成类似服务，但与中科联社研究院涉案第12071358号商标核定使用的服务构成类似服务。因此，“京东小金库”与第9787284号、第12360768号、第12071358号商标未构成使用在类似服务上的近似商标。

此外，京东叁佰陆拾度公司使用“小金库”一词系在京东商城网站或手机客户端内，且在京东叁佰陆拾度公司的金融业务项下；京东世纪贸易公司在“京东小金库”新浪微博的博文中使用“小金库”字样是在该微博的范围内。京东叁佰陆拾度公司及京东世纪贸易公司在上述范围内对“小金库”一词的使用，系对其“京东小金库”的简称，没有攀附其他商标的故意。同时，由于中科联社研究院自己使用涉案商标时是以亲信APP中“人民小金库”的方式，且经当庭勘验，无法显示该APP中除“人民小金库”文字介绍之外的具体服务内容。因此，中科联社研究院的涉案商标使用范围极窄，不具有知名度。故京东叁佰陆拾度公司及京东世纪贸易公司在前述范围内使用“小金库”一词不会造成相关公众对二者的混淆误认。

【裁判结果】

京东叁佰陆拾度公司在其网站、手机客户端的金融业务及相应的推广宣传中使用“京东小金库”或“小金库”字样，以及京东世纪贸易公司在新浪微博中使用“京东小金库”或“小金库”的行为，不构成对中科联社研究院涉案商标专用权的侵害。

【案号】

（2016）京73民终394号

六、新兴商业模式下判断相同或类似服务的考量因素

【基本案情】

原告睿驰公司2012年6月26日申请注册第38类第11122098号“嘀嘀”、第35类第11122065号“滴滴”商标，于2013年11月14日批准注册；原告2012年7月31日申请注册第38类第11282313号“滴滴”商标，于2014年2

月28日批准注册。

被告小桔公司通过软件信息平台向社会公众提供“嘀嘀打车”“滴滴打车”服务。被告营业执照显示的批准注册日期为2012年7月10日，被告称“滴滴打车软件已经于同年6月10日投入使用，当时原告商标尚在申请过程中”。被告网站上的发展历程介绍显示，公司“于2012年6月6日成立，经过3个月的准备和推广，同年9月9日软件正式上线”。原告商标被批准注册后进行公证时，被告经营的涉案服务处于更名阶段，由“嘀嘀打车”变更为“滴滴打车”，当时未更新完毕的相关客户端仍有使用“嘀嘀打车”的情况，对两者都有使用，后均更新为“滴滴打车”（以下统一以“滴滴打车”，表述被告服务的名称）。

原告睿驰公司认为小桔公司的行为侵犯了自己所享有的上述商标权，故提起侵权诉讼。

【争议焦点】

被告“滴滴打车”服务与原告注册的第35类、第38类商标中的服务是否相近。

【裁判推理】

在通常情形下，确认是否侵犯注册商标的专用权，应参考被控侵权行为使用的商标或标识与注册商标的相似度，两者使用商品或服务的相似度，以及两者共存是否容易引起相关公众主观上对来源的混淆误认。就本案而言：

1. 从标识本身的相似度来看，“滴滴打车”服务使用的图文组合标识将其营业内容“打车”给予明确标注，并配以卡通图标，具有较强的显著性，与原告的文字商标区别明显。原告认为上述组合标识中文字“滴滴（嘀嘀）”二字最为显著，加上其他内容也不足以形成一个新的显著的标识，仍构成混淆。但文字“滴滴（嘀嘀）”为象声词和常用词，“嘀嘀”形容汽车喇叭的声音，在日常生活中通常被指代汽车，“滴滴”的发音等同于前者，两者在被告服务所属的出租车运营行业作为商标使用的显著性较低，而被告的图文标识因其组合使用具有更高的显著性。

2. 从原被告标识所使用的服务类别的相似度来看，“滴滴打车”的服务对象是乘客和司机，服务内容为借助移动互联网及软件客户端，采集乘客的乘车需求和司机可以就近提供服务的相关信息，通过后台进行处理、选择、调度和对接，使司乘双方可以通过手机中的网络地图确认对方位置，通过手机电话联络，及时完成服务，起到了方便乘客和司机，降低空驶率，提高出租车运营效率的作用。睿驰公司认为该服务过程中包含了第 35 类和第 38 类商标中的内容，被告则认为其服务性质不属于上述两类服务类别，应属于第 39 类运输类服务。

法院认为：

1. 第 35 类商标分类为商业经营、商业管理、办公事务，服务目的在于对商业企业的经营或管理提供帮助，对工商企业的业务活动或商业职能的管理提供帮助，服务对象通常为商业企业，服务内容通常包括商业管理、营销方面的咨询、信息提供等。睿驰公司列举“滴滴打车”提供服务过程中的相关商业行为，或为小桔公司针对行业特点采用的经营手段，或为该公司对自身经营采取的正常管理方式，与该类商标针对的由服务企业对商业企业提供经营管理的帮助等内容并非同类。

2. 第 38 类服务类别为电信，主要包括至少能使二人之间通过感觉方式进行通信的服务，设定范围和内容主要为直接向用户提供与电信相关的技术支持类服务。该类别中所称提供电信服务需要建立大量基础设施，并取得行业许可证。“滴滴打车”平台需要对信息进行处理后发送给目标人群，并为对接双方提供对方的电话号码便于相互联络。上述行为与该商标类别中所称“电信服务”明显不同，并不直接提供源于电信技术支持类服务，在服务方式、对象和内容上均与原告商标核定使用的项目区别明显，不构成相同或类似服务。因此，睿驰公司所称其商标涵盖的电信和商务两类商标特点，均非小桔公司服务的主要特征，而是运行方式以及商业性质的共性。原被告的服务类别不相同、不相似。

3. 从混淆可能性来看，原告对其商标的实际使用情况亦是判断被告的使用是否对其造成混淆服务来源的参考因素。从原告提交的证据可以看出，其此前主营的软件为教育类，嘀嘀汽车网主要提供汽车行业新闻及销售推广；其提供的车主通项目与“滴滴打车”的服务并不类似，且尚未实施，其称立项时间为 2014 年 1 月，当时被告服务已经上线超过 1 年。因此，原告现有证据不能证明其在注册商标核定使用的范围内对注册商标进行了商标性使用，也未在与“滴滴打车”同类服务上使用。被告的图文标识则在短期内显著使用获得了较高知名度和影响力，市场占有率高，拥有大量用户。从两者使用的实际情形看，亦难以构成混淆。

因此，法院认为被告对“滴滴打车”图文标识的使用，未侵犯原告对第11122098号、第11122065号“嘀嘀”和第11282313号“滴滴”注册商标享有的专用权。原告的诉讼请求不能成立。

【裁判结果】

驳回原告的诉讼请求。

【案号】

（2014）海民（知）初字第21033号

七、应用市场是否对应用名称仿冒行为承担责任

【基本案情】

友际无限公司于2012年注册了“糗百”商标，并就“糗事百科Android版客户端软件v1.0”进行了计算机软件著作权登记，运营糗事百科APP。

百度手机助手系百度公司运营的应用展现、下载及管理的开放平台。2018年，友际无限公司发现百度手机助手上有一款名为糗百神器的APP。友际无限公司认为百度公司明知涉案APP侵犯其商标权，却并未采取任何措施，应当承担商标侵权和不正当竞争责任，故诉至法院。

【争议焦点】

百度公司应否就涉案APP中存在的商标侵权行为承担责任。

【裁判推理】

首先，百度公司在其运营的百度手机助手网站首页明确表示百度手机助手是为广大应用开发者、提交者提供应用展示、下载及应用管理的开放平台，其不直接上传应用，对应用内容不进行修改、编辑或整理；百度公司作为网络服务提供者仅向第三方开发者开放接口，其对第三方开发者或上传者上传的应用软件中是否存在侵权问题不负有事先审查义务。

同时，该网站首页亦提供了“开发者提交应用”的链接，使得开发者通过点击该链接即可进入“百度开发者平台”提交应用，且“百度开发者平台”上的《开发者移动客户端服务协议》中也载明了开发者应保证其将应用组件

提交、上传至百度开发者中心前对开发作品拥有充分、完整、排他的所有权及知识产权。百度公司也已经通过在网站中发布相关文件明确告知开发者及用户，应用软件的开发者和上传者对相关侵权行为自行承担责任，已经尽到了相应的提示义务，

其次，百度公司在本案审理期间已经提交了涉案APP上传者的注册手机号、邮箱等信息，且友际无限公司未举证证明百度公司系涉案APP的开发者或上传者，亦未举证证明百度公司对涉案APP进行过编辑、整理或推荐以及百度公司应知或明知涉案APP存在侵权。同时，百度公司在收到友际无限公司涉案侵权律师函的当天即对其所投诉的涉案APP进行了下线处理，其已经采取了必要措施。

因此，在案证据可以认定涉案APP系由案外人第三方提供，百度公司在本案中系网络开放平台服务提供商，百度公司对于涉案APP中存在的商标侵权行为不存在过错，其依法不应当承担侵权责任。

【裁判结果】

百度公司不就涉案APP中存在的商标侵权行为承担赔偿责任。

【案号】

（2021）京73民终1481号

第三节　知名手机APP的驰名商标引起的法律问题

根据商标被公众所熟知的程度，可以将其分为驰名商标和非驰名商标。驰名商标又可以分为已注册的驰名商标与未注册的驰名商标。我国在驰名商标的认定与保护上采取的是“被动认定，个案保护”的原则。2013年《商标法》第三次修订后，我国明确禁止将“驰名商标”字样用于广告宣传。商标在个案中被认定为驰名商标的，权利人即可获得高于普通商标的保护力度。驰名商标制度在争议商标的无效、撤销或者侵权行为的认定中发挥重要作用。

知名APP如“支付宝”“微信”“美图秀秀”都曾卷入商标行政纠纷、侵权纠纷中。知名APP的名称及图标通常被注册为APP商标，一方面是因为

APP 运营商在商业活动中通常以软件名称建立品牌，维护商誉，具有鲜明的辨识度和广泛的传播性；另一方面，对于相关公众来说，APP 名称通常能够起到帮助识别商品或服务来源的作用。

驰名商标的认定采取“被动认定、个案保护”的原则，即认定机关根据具体案件的实际情况作出认定，且只对该案有效，不延及其他案件。实践中，驰名商标应“按需认定”，一方面应根据当事人的请求作出认定，另一方面只有认定驰名商标能够有效帮助判断争议双方孰是孰非的情况下才作出认定，而对于引证商标与争议商标核定适用范围属于类似服务的情况下，没有必要进行跨类别保护，也就无须作出驰名商标的认定。

驰名商标的认定程序可以分为行政认定和司法认定。行政认定是指在商标行政程序中由行政机关根据处理案件的需要作出认定；司法认定是指在商标民事、行政案件审理过程中，由人民法院根据审理案件的需要作出认定。也就是说，只有当发生侵权纠纷或权利冲突并且有必要认定某个商标是否驰名而应受到特殊保护时，再根据商标权利人的请求，商标主管机关或法院才会作出认定。根据《商标法》第 14 条的规定，认定驰名商标应当考虑下列因素：“（一）相关公众对该商标的知晓程度；（二）该商标使用的持续时间；（三）该商标的任何宣传工作的持续时间、程度和地理范围；（四）该商标作为驰名商标受保护的记录；（五）该商标驰名的其他因素。”在案件实际审理过程中，为证明驰名商标满足上述因素，当事人需要广泛搜集并提交证据。但是，上述因素并非当事人必须满足的全部要件，在相关商标知名度相对较高的案件中，无须全面提交相关证据。驰名商标的认定应当注重引证商标本身的知名度，而非商标权利人（即当事人）的知名度。当事人为证明引证商标知名度而提交的证据应当能够形成完整的证据链。

就知名 APP 来说，APP 名称应当充分用于软件的宣传销售阶段和后续维护阶段，并提供对知名商标的保护记录和媒体报道、产品荣誉证书等。在商业活动的各个步骤、流程中证明对引证商标的实际使用有利于认定驰名商标。

我国对驰名商标采取特殊保护，在保护范围上比一般注册商标更为广泛。我国对驰名商标的保护主要表现在以下几个方面：1. 对未注册驰名商标的保护。一些驰名商标虽未在中国注册，但其权利人确实已经在长期使用中为提升该商标声誉付出巨大努力，也在相关公众中将其产品与商标形成了对应关系。

如果驰名商标被他人抢先注册，必然会给该驰名商标及其权利人造成商誉损害和经济损失。因此，《商标法》第 13 条第 2 款规定："就相同或者类似商品申请注册的商标是复制、摹仿或者翻译他人未在中国注册的驰名商标，容易导致混淆的，不予注册并禁止使用。"即在实质上赋予未注册驰名商标的权利人商标专用权。2. 放宽驰名商标维权的期限。根据《商标法》第 45 条的规定，已经注册的商标，自商标注册之日起 5 年内，在一些情形下商标所有人或者利害关系人可以请示商评委撤销该注册商标。对恶意注册的，驰名商标所有人不受 5 年的时间限制。因此，驰名商标权利人的维权期限被大大延长。3. 赋予已注册驰名商标广泛的排他性权利，提供驰名商标跨类别保护。根据《商标法》第 13 条第 3 款的规定，对驰名商标的保护不仅仅局限于相同或者类似商品，就不相同或者不相类似的商品申请注册的商标是复制、摹仿或者翻译他人已经在中国注册的驰名商标，误导公众，致使该驰名商标注册人的利益可能受到损害的，也不予注册并禁止使用，即"淡化原则"。该规定赋予了驰名商标更为广泛的排他性权利，不仅实现了驰名商标的跨类保护，而且禁止对驰名商标的淡化、弱化和丑化。

一、驰名商标的认定与保护

【基本案情】

贝某某是第 12454059 号"美图秀秀 MEITUXIUXIU"商标（以下称争议商标）的所有权人，核定使用的商品为第 3 类的洗发液；洗洁精；鞋油；研磨膏；玫瑰油；化妆品；牙膏；干花瓣与香料混合物；动物用化妆品；空气芳香剂。第 7099841 号"美图秀秀"商标（以下称引证商标）为美图网公司所有，核定使用的商品为第 9 类的磁数据媒介；电脑软件；电子字典；计算机；计算机程序；已录制的计算机程序；信息处理机；光盘；网络通信设备；带有图书的电子发声装置。美图网公司的"美图秀秀"图像处理软件自上线以来具有较高知名度。

美图网公司认为争议商标的注册使用导致消费者混淆或误认，贝某某系以不正当手段抢注他人已经使用并有一定影响的商标，因此请求宣告争议商标无效。美图网公司提出的引证商标是其在计算机程序、电脑软件商品上注册的商标“美国秀秀”。商标评审委员会认为争议商标已构成“复制、摹仿、翻译他人已经在中国注册的驰名商标，误导公众、致使该驰名商标注册人的利益可能受到损害”的情形，最终作出对争议商标的无效宣告裁定。贝某某不服，向法院提起行政诉讼。本案历经一审、二审和再审程序。

【争议焦点】

(1) 引证商标“美图秀秀”是否应被认定为驰名商标。

(2) 争议商标“美图秀秀 MEITUXIUXIU”的注册申请是否违反2013年《商标法》第13条第3款（驰名商标跨类保护）的规定。

【裁判推理】

2013年《商标法》第13条第3款规定：“就不相同或者不相类似商品申请注册的商标是复制、摹仿或者翻译他人已经在中国注册的驰名商标，误导公众，致使该驰名商标注册人的利益可能受到损害的，不予注册并禁止使用。”第14条第1款规定：“驰名商标应当根据当事人的请求，作为处理涉及商标案件需要认定的事实进行认定。认定驰名商标应当考虑下列因素：（一）相关公众对该商标的知晓程度；（二）该商标使用的持续时间；（三）该商标的任何宣传工作的持续时间、程度和地理范围；（四）该商标作为驰名商标受保护的记录；（五）该商标驰名的其他因素。”

《最高人民法院关于审理商标授权确权行政案件若干问题的规定》第13条规定：“当事人依据商标法第十三条第三款主张争议商标构成对其已注册的驰名商标的复制、摹仿或者翻译而不应予以注册或者应予无效的，人民法院应当综合考虑如下因素，以认定争议商标的使用是否足以使相关公众认为其与驰名商标具有相当程度的联系，从而误导公众，致使驰名商标注册人的利益可能受到损害：（一）引证商标的显著性和知名程度；（二）商标标志是否足够近似；（三）指定使用的商品情况；（四）相关公众的重合程度及注意程度；（五）与引证商标近似的标志被其他市场主体合法使用的情况或者其他相关因素。”

本案中，净利润数额只是引证商标知名度和美誉度的判断因素之一，对引证商标是否达到驰名的程度仍应以该商标在核定使用的商品上的显著性和知名程度为判断标准，并应考虑到互联网行业的经营特点，即软件开发和市场推广阶段的资金投入可能会大于短期内的利润回报。因此综合全案证据，在争议商标申请日之前，引证商标通过美图网公司的宣传和使用，已在中国境内为相关公众广泛知晓并享有较高的声誉，构成驰名商标。而争议商标的显著识别部分与引证商标完全相同，已构成对引证商标的复制和摹仿。争议商标核定使用的洗发液、化妆品等商品与引证商标核定使用的已录制的计算机软件、计算机程序等商品虽属不同类群组，但二者在消费群体和销售对象上存在重叠，在引证商标已构成驰名商标且争议商标的显著识别部分与引证商标完全一致的情况下，相关公众在购买争议商标核定使用的商品时，容易认为争议商标与引证商标具有相当程度的联系，进而减弱引证商标的显著性或者不正当地利用引证商标的市场声誉，致使美图网公司对已经驰名的引证商标享有的利益可能受到损害。因此，争议商标的申请注册违反了2013年《商标法》第13条第3款的规定，不应予以核准注册。驰名商标认定和保护规定的立法精神已体现在2013年《商标法》中，商标评审委员会和原审法院依据2013年《商标法》对引证商标是否构成驰名商标进行的审查认定，并无不当。

【裁判结果】

维持商标评审委员会的裁定。

【案号】

（2018）最高法行申3605号

二、恶意攀附知名商标的商标侵权行为的司法判定

【基本案情】

字节跳动公司享有“头条”与“今日头条”系列商标的注册商标权。经字节跳动公司授权，浙江今日头条公司享有上述“头条”商标和“今日头条”等商标的许可使用权，并有权就维护被许可使用注册商标权单独以自己的名义或与字节跳动公司共同提起诉讼或投诉，并获得赔偿。

字节跳动公司是综合资讯类应用“今日头条”新闻数据客户端的经营者，为用户提供个性化信息以及全新的新闻阅读模式等服务。浙江今日头条公司是“今日头条”应用相关的互联网信息服务提供者，为“今日头条”应用提供推广宣传、数据分析运营、定向信息展示等相关服务功能。两者对“今日头条”综合资讯类应用共同享有相关竞争利益，并共同享有“今日头条”经营所产

生的合法权益。

2020年4月30日，字节跳动公司旗下公司北京互动百科网络技术有限公司正式上线“头条”百科，是“今日头条”旗下的中文网络百科全书。

深圳故事公司将其所注册经营的网站命名为“头条百科”。在网站突出使用“头条”标识，如将“头条”百科标识为网站名称，在网页中突出使用“头条”百科等标识。字节跳动公司与浙江今日头条公司认为其行为构成商标侵权，故提起诉讼。

【争议焦点】

(1) 深圳故事公司实施的被诉行为是否构成侵害涉案商标专用权的行为。

(2) 深圳故事公司实施的被诉行为是否构成不正当竞争。

(3) 本案民事责任的确定。

【裁判推理】

根据《商标法》第56条、第57条的规定，判断深圳故事公司的行为是否构成商标侵权行为，应从该行为是否属于商标性使用，被诉侵权标识与涉案商标是否构成相同或近似以及两者所使用的商品或服务是否属于相同或类似等方面综合予以评判。

1. 是否构成商标法意义上的商标性使用。根据《商标法》第48条之规定，商标法意义上的使用，是指将商标用于商品、商标包装或者容器以及商标交易文书上，或者将商标用于广告宣传、展览以及其他商业活动中，用于识别商品来源的行为。由此可见，商标法意义上的使用应当符合上述要件，即从使用的方式和载体来看，其应属于上述法定的表现形式；从标识作用而言，该标识系用于识别商品服务来源。

本案中，深圳故事公司将其所注册经营的网站命名为“头条百科”。该名称由“头条”和“百科”组成，而“百科”是对天文、地理、自然、人文等全部学科的总称，在此按一般性词义理解应与其网站提供服务的属性及相关内容对应，故该网站名称中最具有标识性和显著性的部分应为“头条”文字部分。深圳故事公司在其网站首页显著位置的网站名称中，突出使用“头条”“头条百科”标识，且字样清晰、显著，具有表明其网站服务来源的作用，属于商标性使用。

2. 是否构成相同商标。《最高人民法院关于审理商标民事纠纷案件适用法律若干问题的解释》第9条第2款规定："商标法第五十二条第（一）项规定的商标相同，是指被控侵权的商标与原告的注册商标相比较，二者在视觉上基本无差别"。第10条规定："人民法院根据商标法第五十二条第（一）项的规定，认定商标相同或相近似按照以下原则进行：（一）以相关公众一般注意力为标准；（二）既要进行对商标的整体比对，又要进行对商标主要部分的比对，比对应当在比对对象隔离的状态下分别进行；（三）判断商标是否近似，应当考虑请求保护注册商标的显著性和知名度。"

经比对被诉侵权标识与涉案文字商标组成的各要素可见，二者均为"头条"文字，且文字组成、读音均完全相同，在视觉上无差别，故被诉侵权标识与上述涉案注册商标构成商标法意义上的相同商标。

3. 是否构成近似商标。认定商标近似应根据被诉侵权标识与原告的涉案注册商标在文字的字形、读音、含义或者图形的构图及颜色，或者其各要素组合后的整体结构相似，或者其立体形状、颜色组合近似，以及易使相关公众对商品的来源产生误认或者认为其来源与原告的注册商标的商品有特定的联系等方面综合评判。同时，对于显著性越强和市场知名度越高的注册商标，应给予其范围越宽和强度越大的保护，以激励市场竞争者的优胜者，净化市场环境，遏制不正当搭车、模仿行为。通常情况下，相关商标的构成要素整体上构成近似的，可以认定为近似商标；相关商标构成要素整体上不近似但主张权利商标的知名度远高于被控侵权商标的，可以采取比较主要部分决定其近似与否。

经比对，因"头条"文字为"今日头条"标识中最具显著性的部分，并且与被诉侵权标识中的"头条"文字在文字组成、读音等方面均完全相同，且在视觉上几无差别。结合现有证据，由于"今日头条"标识被使用在字节跳动公司相关手机APP软件上，并于2013年至2018年获得多项荣誉，该标识已经具有较高知名度及市场影响力。而北京知识产权法院（2017）京73民初1350号民事判决书亦对第11752793号"今日头条"注册商标作出认定，认为注册商标在其核定使用"计算机程序（可下载软件）"商品上至迟于2017年5月之前已成为在中国境内为相关公众广为知晓的商标，构成驰名商标。被诉侵权标识虽与涉案"今日头条"注册商标不完全相同，但结合涉案"今日头条"标识在其服务类别上已经具有较高知名度，极易使相关公众对商品或服务的来源产生误认或者认为其来源与两原告的"今日头条"注册商标的服务有特定的联系，故被诉侵权标识与上述涉案注册商标构成商标法意义上的近似商标。

深圳故事公司在其“头条百科”网站向消费者提供创建产品、品牌、企业家、童星等方面的电子网络名片，并提供关键词搜索、营销策划等服务，具有广告宣传、推广他人商业信息等特征，与原告注册商标的服务内容构成相同。

深圳故事公司在其网站经营活动中，突出使用“头条”“头条百科”被诉侵权标识，足以使相关公众对其服务来源产生混淆，或者认为其服务来源与两原告的服务有特定的联系，侵犯了两原告涉案注册商标的专用权。该被诉侵权行为属于《商标法》第57条第1款、第2款所规定未经许可在同一种服务上使用与涉案注册商标相同、近似商标的商标侵权行为，依法应承担相应的民事责任。

《反不正当竞争法》第6条规定：“经营者不得实施混淆行为，引人误认为是他人商品或者与他人存在特定联系：……（四）其他足以引人误认为是他人商品或者与他人存在特定联系的混淆行为。”一般而言，一项行为能否适用上述法律规定进行评价，应符合一定的构成要件，即被诉行为属于仿冒混淆行为，其仿冒的对象表现为商业标识（商业外观），且该商业标识（商业外观）在其商业领域内已具有一定的知名度，本身具有较强的可辨识度，同时该商业标识（商业外观）与其所对应的商品或服务已形成较为稳定的联系，容易造成相关公众对相关商品或服务来源的混淆及误认，而被诉侵权行为已经造成了实质性的商业损害。

当前互联网的海量信息搜索及数据分享，已成为网络用户获取信息的重要方式，而具有识别性的网络服务名称、标识等是方便网络用户搜索、吸引用户进入网站的重要因素，也是网络服务提供者向用户展示其服务来源的关键方式，故网站名称、标识的设置会直接影响网络用户的搜索结果及对服务信息的感官认知。

涉案“头条”和“今日头条”注册商标，已经在互联网信息传送等服务领域具有较高知名度和显著性，且两原告在同类互联网服务中亦具有较高知名度及商誉。深圳故事公司作为与两原告具有竞争关系的互联网服务提供者，有意将其提供网络服务的网站命名为“头条百科”，与两原告运营的今日头条APP及旗下的头条百科网站名称极为相似或相同，主观上具有明显攀附涉案商标知名度及商誉的故意。

深圳故事公司的头条百科网站在百度、360、必应等搜索引擎中均位列前三。当网络用户在使用“头条”作为关键词进行搜索时，可以从众多网站中搜索到深圳故事公司所经营的头条百科网站，客观上导致网络用户在查找或检索提供百科类网络服务网站的过程中将该“头条百科”网站结果误认为来源于两原告或者认为其来源与涉案注册商标的服务具有特定联系，进而被引流、分流，客观上增加了其网站的知名度以及点击量、使用量。深圳故事公司的客服人员在与客户沟通创建词条服务时，就其主体问题亦存在模糊回应。虽然深圳故事公司的上述行为在普通网络用户一般注意力对带有“头条”字样的网站名称难以区分的情况下，能够更加深化产生混淆的程度或可能性，但该混淆以及损害结果依然属于侵害上述注册商标权行为所产生，尚不存在除针对涉案注册商标之外的其他仿冒事实。同时，两原告亦并未提交证据证明其在涉案注册商标标识之外，存在具有一定影响力的其他商业标识，且深圳故事公司实施了仿冒行为并对其造成了损失。

《反不正当竞争法》第 8 条规定，经营者不得对其商品的性能、功能、质量、销售状况、用户评价、曾获荣誉等作虚假或者引人误解的商业宣传，欺骗、误导消费者。《最高人民法院关于审理不正当竞争民事案件应用法律若干问题的解释》第 8 条亦明确指出，以歧义性语言或者其他引人误解的方式进行商品宣传的可以认定为虚假宣传；人民法院应当根据日常生活经验、相关公众一般注意力、发生误解的事实和被宣传对象的实际情况等因素，对引人误解的虚假宣传行为进行认定。结合现有证据，两原告并未提供证据证明深圳故事公司在对其网站服务的功能、服务内容、所获荣誉等方面作出过引人误解的商业宣传，进而欺骗消费者。

依据现有证据查明的事实来看，深圳故事公司知道也应当知道涉案注册商标的情况，其主观过错明显，且其侵权行为客观上已经造成相关网络用户的实际混淆情况，其中亦存在相关网络用户对两原告网络服务内容的负面评价，在一定范围内已经造成了不良影响。

人民法院判决侵权人承担消除影响等责任形式的，应当与侵权的具体方式和所造成的影响范围相当。综合考虑深圳故事公司侵权行为涉及的领域、平台、规模，范围，对于两原告要求深圳故事公司刊登消除影响声明的方式确定为“www. toutiao. com”（今日头条）网站首页，并将刊登消除影响声明的持续期限确定为7日。

关于赔偿数额。综合考虑涉案商标的知名度、“今日头条”网络服务产品的知名度，深圳故事公司的经营规模，侵权行为的性质、持续时间、主观过错程度，两原告为制止侵权所支出的合理费用等因素确定赔偿数额的同时，知识产权损害赔偿数额的确定既要以知识产权的市场价值为指引，力求准确反映被侵害知识产权的市场价值，又要充分顾及市场环境下侵权主体及侵权行为的各类对应因素，在全方位、多层次地评估分析权利信息（包括权利主体、权利客体考量因素）和侵权信息（包括侵权主体、侵权行为考量因素）的基础上，对上述两个方面的层级进行综合评判、相互修正，最终通过规范行使自由裁量权，合理确定赔偿额度。

《商标法》第63条规定：“侵犯商标专用权的赔偿数额，按照权利人因被侵权所受到的实际损失确定；实际损失难以确定的，可以按照侵权人因侵权所获得的利益确定；权利人的损失或者侵权人获得的利益难以确定的，参照该商标许可使用费的倍数合理确定。对恶意侵犯商标专用权，情节严重的，可以在按照上述方法确定数额的一倍以上五倍以下确定赔偿数额。赔偿数额应当包括权利人为制止侵权行为所支付的合理开支。权利人因被侵权所受到的实际损失、侵权人因侵权所获得的利益、注册商标许可使用费难以确定的，由人民法院根据侵权行为的情节判决给予五百万元以下的赔偿。”

同时，1. 字节跳动公司系国内知名互联网科技公司之一，在相关互联网行业内具有较高知名度，有一定市场影响力；2. 被侵权的涉案注册商标共8个，经司法认定，涉案第11752793号“今日头条”注册商标至迟于2017年5月之前已成为在中国境内为相关公众广为知晓的驰名商标；3. 被诉侵权网站词条创建收费分别为699元和1299元；4. 被诉侵权网站多处使用“头条”标识，侵权行为的主观恶意明显；5. 深圳故事公司在知道或应当知道涉案注册商标知名度的情况下，仍持续侵权，且在被提起域名仲裁后，将域名更改成“www. toutiaobaike. cn”且有意屏蔽北京地区，具有侵权的主观故意且侵权情节严重；6. 被诉侵权网站的上线经营时间较长。

综合上述情况，损害赔偿数额的确定要以商标的市场价值为指引，故涉案权利主体和权利客体的考量因素属于较高的层级，法定赔偿数额的确定取决于对权利主体、权利客体因素及侵权主体、侵权行为因素的综合考量。据此，法院根据商标法及相关司法解释的规定，秉持严格保护的司法政策，综合考量上述因素，依法规范行使法律赋予的自由裁量权，并在确定赔偿数额时体现一定的惩罚性，确定深圳故事公司赔偿两原告经济损失及制止侵权所支出的合理费用共计300万元，彰显加大知识产权保护力度，充分保障权利人合法权益的价值导向。

【裁判结果】

深圳故事公司立即停止侵害原告字节跳动公司、浙江今日头条公司注册商标专用权的行为，并在今日头条网站首页显著位置连续7日刊登声明以消除影响，赔偿经济损失300万元。

【案号】

（2020）浙8601民初1624号

本章结语

手机APP的标识作为互联网时代的新型商标使用形式，对APP的开发商、运营商具有很高的商业价值。本章将传统商标纠纷解决路径与手机APP标识纠纷涉及的程序开发者、上传者、第三方平台三方主体相结合，主要分析了手机APP在与他人在先申请注册商标近似的情况下是否构成侵权的判断。

第一节介绍了手机APP之间商标抢注类纠纷，包括第三人在相关种类上抢注未注册的知名手机APP商标，以及第三人在非类似商品或服务上抢注已注册的APP商标两种情形。根据“在先申请”原则，APP运营商为申请无效注册商标，应当举证证明抢注商标与被抢注商标本身相同或近似、二者使用的种类类似、被抢注商标在先使用且已经具有一定知名度、第三人申请注册商标违反了商标法有关“以其他不正当手段取得注册”的规定。针对手机APP应用名称侵犯他人注册商标专用权类纠纷，第二节指出，商标专用权是法律赋予商标注册人的排他性权利，只有当涉诉侵权行为属于商标性使用行为时，才能进一步进行商标侵权判断，而当APP名称具有显著性、长期性和代表性时，便构成了商标性使用。对于在先注册商标专用权的侵权行为，以标识是否近似、商品或服务是否类似、混淆可能性三个因素进行判断。当然，如果商标文字已经成为某类应用的通用名称，那么将注册商标作为 APP 名称使用就不能成立侵权。第三节指出，基于辨识度和品牌性的考虑，知名手机 APP 应用程序的名称及图标通常被注册为软件的商标。对于驰名商标，我国明确禁止将"驰名商标"字样用于广告宣传，以避免滥用；同时确立了被动认定、按需认定的认定原则以及个案保护、特殊保护的保护原则，并依据淡化原则实现了驰名商标的跨类保护。

商标问题对于一款移动应用软件产品而言至关重要，在应用软件上线之前，应当扫清商标侵权风险。作为经营者，需要积极地在第 9 类"可下载的计算机应用软件"、第 42 类"计算机软件更新""计算机软件维护"等商品或服务上注册图文商标，此外，还可以根据其 APP 所使用的业务类型，比如购物、物流、旅游出行、房产、教育培训、投资等做好相应类别上的注册工作。申请注册的标识应当具有显著性和识别度。而且，经营者应当做好商标检索、查询与维护工作。既要避免自己侵犯他人的注册商标专用权，也要避免自己使用的 APP 标识被他人抢注。在因手机移动应用 APP 引发的商标侵权纠纷中，需要注意区分不构成侵权的正当使用行为与构成侵权的商标性使用行为。按照《商标法》第 59 条的规定，注册商标中含有的本商品的通用名称、图形、型号，或者直接表示商品的质量、主要原料、功能、用途、重量、数量及其他特点，或者含有的地名，注册商标专用权人无权禁止他人正当使用。商标注册人申请商标注册前，他人已经在同一种商品或者类似商品上先于商标注册人使用与注册商标相同或者近似并有一定影响的商标的，注册商标专用权人无权禁止该使用人在原使用范围内继续使用该商标，但可以要求其附加适当区别标识。对于竞争对手注册的商标，如果存在不以使用为目的的恶意注册、抢注、注册的标识缺乏显著特征或者含有禁止使用的文字图形等情形，市场经营者可以向国家知识产权局提出无效宣告申请。注册商标成为其核定使用的商品的通用名称或者没有正当理由连续 3 年不使用的，任何单位或者个人可以申请撤销该注册商标。注册商标专用权人不能证明此前 3 年内实际使用过该注册商标，也不能证明因侵权行为受到其他损失的，被控侵权人不承担赔偿责任。

第三章 移动应用行业涉及的不正当竞争法律问题

互联网环境下的不正当竞争纠纷在行为实施环境、行为手段与方式等方面呈现出有别于传统不正当竞争行为的特点，手机 APP 作为信息网络传播平台成为不正当竞争纠纷的多发地带。

本章围绕网络环境下的不正当竞争纠纷展开。首先对其进行类型化分析，指出适用反不正当竞争法相应条款时各要素的认定方法；然后对反不正当竞争法中的“互联网专条”规范模式提出思考与评述；随后，梳理了法院对网络不正当竞争纠纷案件的受理情况，归纳审理中的难点，总结案件的实体问题和程序性问题，给类似案件的当事人提供了诉讼提示；最后，针对典型案例中的不正当竞争行为进行了类型化、具体化的法律分析，帮助读者对手机应用行业的不正当竞争纠纷内容与规则形成更清晰的认识。

本章以争议行为对传统行业的依赖程度为标准对网络不正当竞争纠纷进行分类，涵盖了所有互联网领域的不正当竞争纠纷。具体而言，分为传统不正当竞争行为在网络环境下引发的不正当竞争纠纷、线下业务扩展到线上引发的不正当竞争纠纷以及经营互联网产品或服务过程中引发的不正当竞争纠纷。其中最后一类案件基本脱离了传统行业，在近年来数量激增，也是目前在司法裁判实践中最具有挑战性的案件。随着互联网行业的不断发展和创新，该类案件可细分的种类也在逐渐增加，竞价排名类纠纷、工具类软件纠纷、社交类软件纠纷以及网络游戏类纠纷均在此列。

《反不正当竞争法》一般条款的法律适用一直是理论界与实务界讨论和关注的话题，2022 年 3 月 17 日，《最高人民法院关于适用〈中华人民共和国反不正当竞争法〉若干问题的解释》发布。该解释重点对《反不正当竞争法》第 2 条、仿冒混淆、虚假宣传、网络不正当竞争行为等问题作出了细化规定。

该解释的出台在一定程度上使得该领域的难点更加明朗，同时其所提供的细化规定也有利于司法裁判规则的进一步规范与统一。

第一节 因内容干扰、屏蔽与链接引发的法律问题

本节主要讨论两种不正当竞争行为，即未经权利人允许，内容聚合 APP 设置深度链接聚合多个视频网站内容的行为，以及浏览器或视频 APP 通过技术手段屏蔽其他 APP 广告的行为。

内容聚合 APP，是指通过垂直搜索引擎、数据挖掘、加框链接、转码等网络技术，将分散在网络空间的影视作品整合起来，使得消费者能够通过一站式平台访问影视作品的网络服务类 APP。其中，加框链接是深度链接的一种。深度链接是指不链接到网页，而是直接链接到文章、图片、视频等的超链接方式，或者点击链接后，可在不脱离涉链网站的情况下，从被链网站下载或在线打开文件的超链接方式。而加框技术允许将页面分为几个独立的区间（每个区间称为一个框），各个框可以同时呈现不同服务器来源和不同内容的信息，设链者可以在自己控制的界面中直接呈现来自被链网站的内容，而以自己网页的内容将被链网站名称、广告等遮挡住，使用户误以为作品内容系设链网站提供。

关于设置深层链接的行为是否构成信息网络传播权侵权行为，本书第一章已述，此处不再赘述，而对于内容聚合 APP 是否构成不正当竞争，需要考虑侵权主体、侵权客体的存在，以及侵权行为和主观恶意认定。

认定侵权主体和侵权客体，首先要考虑内容聚合 APP 与被链 APP（即提供视频资源的 APP）是否存在竞争关系。按照传统理论，竞争关系的范围一般仅存在于同一商品或者服务领域的竞争者。但随着社会经济的迅速发展，尤其是互联网行业的出现和蓬勃壮大，出现了很多不同于传统经济模式的经营形态，使竞争关系可能存在于不同的领域。因此，只要侵权行为发生的双方在最终利益方面存在竞争关系，则应当认定两者存在竞争关系。内容聚合 APP 通过设置加框链接等行为聚合各大视频 APP 的视频资源，为用户提供视频服务，

导致被链 APP 的访问量、客户端下载量下降，经济利益大大受损。因此，内容聚合 APP 与提供视频资源的网站/APP 的最终利益都在于网络用户的争夺，即存在竞争关系。

其次，对于侵权行为的认定。视频 APP 的经营模式一般是支付视频资源版权费，取得版权许可，然后依靠视频前的广告费和 APP 会员费作为主要营业收入。而内容聚合 APP 采用技术手段，破坏被链视频 APP 设置的密钥等保护措施，使用户在无须支付版权许可费和网络带宽的情况下，免费获取视频资源。内容聚合 APP 能够整合提供多个 APP 的视频资源，满足用户更广泛的观看需求，实现多个 APP 的浏览效果，进而挤占了被链 APP 的市场份额，不正当地取得竞争优势，损害了权利人本应获得的合法利益。因此，存在不正当竞争行为。

最后，对内容聚合 APP 运营者主观恶意的认定。作为技术实施方，运营商应当知道实施设链技术会出现损害被链 APP 的后果，但仍实施该技术并且破解被链 APP 设置的密钥，干扰被链 APP 的正常经营活动，违反了诚实信用原则，具有主观故意。

综上所述，未经被链 APP 允许，内容聚合 APP 设置深度链接聚合多个视频网站内容的行为构成不正当竞争，应当适用反不正当竞争法进行规制，并且向权利人承担停止侵权、消除影响、赔偿损失的民事责任。

手机 APP 通过技术手段屏蔽或拦截其他 APP 或网站（即广告设置者）设置的广告，直接播放来源于其他 APP 资源的行为构成不正当竞争，需要满足以下要件：第一，APP 提供者与广告设置者存在法律所要求的竞争关系；第二，APP 提供者的行为使广告设置者的合法权益受到实际损害；第三，APP 提供者的行为违反了诚实信用原则和公认的商业道德。

屏蔽广告行为中竞争关系的存在、侵权损害的发生、违反商业道德的主观恶意等均与内容聚合行为的认定基本相同，其区别在于侵权行为的具体方式。内容聚合 APP 通过设置加框链接实现聚合网络资源，为用户提供更广泛的视频资源服务，并且附带为用户屏蔽广告，且屏蔽广告的行为五花八门。除内容聚合 APP 提供的屏蔽广告服务以外，有些屏蔽广告软件内置于浏览器，由用户选择是否开启，且面向所有网站；有些软件专门针对特定 APP 进行广告屏蔽；有些在网络用户开启其他视频 APP 前开启广告屏蔽软件即可进行“无广告浏览”……

不愿意观看片前广告又不愿意支付APP会员费的网络用户倾向于使用广告屏蔽软件，造成权利人广告费以及会员费收入的减少。虽然屏蔽广告行为可能不会造成广告设置者视频点击量或下载量的减少，但其最主要的营业收入（即广告费和会员费）将显著减少。因此，手机APP屏蔽广告的行为损害了权利人本应获得的合法利益，应当认定为不正当竞争。

在实践中，还有一些其他的不正当竞争行为样态。比如，部分APP采用分享会员账号的方式吸引用户引起不正当竞争纠纷。杭州龙魂网络科技有限公司、杭州龙境科技有限公司在其运营的“马上玩”手机客户端中通过积分有偿兑换的方式向用户提供爱奇艺VIP会员的使用权，并以此吸引用户下载使用其产品，被北京爱奇艺科技有限公司诉至法院。此类案件的争议焦点在于双方是否存在竞争关系、会员付费制度所获得的收益是否属于反不正当竞争法保护的权益、对合法取得账号进行分时租赁的行为是否具有正当性。与直接屏蔽广告行为的区别之处在于，被告合法获取了视频APP的VIP会员，然后采取分时租赁的方式吸引用户。分享会员的方式降低了原视频APP的付费会员数量，损害了会员费收入，同时利用用户免费观看视频的需求，吸引用户下载并使用被告经营的APP。尽管原告、被告具有不同的经营范围，但两者属于此消彼长的商业利益关系，其符合广义的竞争关系的判断标准。VIP会员费作为视频APP的主要营业收入，是经营者的合法权益，因此视频APP会员费收益属于反不正当竞争法保护的权益。分时租赁行为干扰了商家的正常经营，违反了反不正当竞争法规定的诚实信用原则，其行为不具有正当性。

一、内容聚合APP深度链接引起的不正当竞争纠纷

【基本案情】

爱奇艺公司系中国知名大型网络视频平台爱奇艺的合法经营者，通过该平台向网络终端用户提供在线视频的点播服务，同时向行业广告客户提供广告的制作和发布服务。用户以观看视频广告为代价获得免费的视频内容，爱奇艺公司以向广告主收取广告费作为主要营业收入，以此实现盈利。

聚网视公司开发了“VST全聚合”软件，通过其官方网站等途径提供涉案软件的下载和运营，该软件具有“视频广告过滤功能”，用户在网络机顶盒、安卓智能电视、安卓手机、安卓平板电脑中安装该软件后，可以直接通过该软件观看爱奇艺平台的视频内容，而不再需要观看视频广告。爱奇艺公司认为，这一行为降低了广告主在爱奇艺公司处投放广告的曝光率，导致爱奇艺公司网站在用户中的受关注度下降，进而导致爱奇艺公司的利益受损，故提起侵权诉讼。

【争议焦点】

聚网视公司是否实施了不正当竞争行为。

【裁判推理】

爱奇艺公司对其提供的视频采取了加密措施，聚网视公司采用破解爱奇艺公司的验证算法，取得有效密钥（Key值）生成请求播放视频的SC值，从而绕开爱奇艺公司的片前广告，实现无须观看片前广告直接获得视频播放的目的，侵害了爱奇艺公司的合法经营活动，应认定聚网视公司通过破解爱奇艺公司验证算法取得“VST全聚合软件”的密钥，实施了绕开广告直接播放爱奇艺公司视频的行为。

爱奇艺公司针对其不同的用户提供不同服务的经营模式，以此获得商业利益。对于会员用户，爱奇艺公司通过收取会员费用获取商业利益，会员因其支付的对价可不看广告直接观看视频。爱奇艺公司依托上述经营模式谋求商业利益的行为应受法律保护。聚网视公司通过技术让其用户观看爱奇艺公司视频，但其并未支付版权费等营运成本，相应的版权费等营运成本皆由爱奇艺公司承担。爱奇艺公司在支付成本的同时，还面临用户数量减少和广告点击量下降导致的商业利益的损失。作为技术实施方的聚网视公司应当知道实施该技术会出现自己得利他人受损的后果，仍实施该技术，具有主观故意，违背了诚实信用原则和公认的商业道德，侵害了爱奇艺公司合法的经营活动，其行为不具有正当性，应认定聚网视公司采用技术手段绕开片前广告，直接播放来源于爱奇艺公司视频的行为构成不正当竞争。

【裁判结果】

被告的行为构成不正当竞争。

【案号】

（2015）沪知民终 728 号

二、视频软件链接播放视频的不正当竞争风险

【基本案情】

飞狐公司、搜狐公司分别系搜狐视频网站的内容版权人和合法经营者，共同经营该网站向互联网用户提供视频在线点播服务。千杉公司提供电视猫视频软件以及电视猫视频手机版（安卓）的免费下载服务。飞狐公司、搜狐公司发现，电视猫视频软件（TV 版及安卓手机版）链接播放来源于搜狐视频网站的视频时，使用了自制的剧集简介。在视频播放时，则仅仅呈现搜狐视频网站播放视频时的正片播放框内容（包含相关水印及广告），并在缓存时标注了来源于搜狐视频网站含义的文字。对搜狐视频网站设置的片前广告、视频暂停时广告以及播放框下方的搜狐视频网站其他视频介绍、评论、链接以及商业广告条幅等，则均未呈现。因此，飞狐公司、搜狐公司向法院起诉，请求判令千杉公司立即停止所有对飞狐公司、搜狐公司实施的不正当竞争行为，并承担相应的民事责任。

【争议焦点】

千杉公司的行为是否构成不正当竞争。

【裁判推理】

《反不正当竞争法》第 2 条规定，经营者在市场交易中，应当遵循自愿、平等、公平、诚实信用原则，遵守公认的商业道德。违反本法规定，损害其他经营者的合法权益，扰乱社会经济秩序的行为属于不正当竞争。本案中，搜狐公司系通过收取广告主的广告费及用户的会员费获得收益，广告的播放量将直接影响到搜狐公司的商业利益，而用户的数量亦决定了广告播放量。被告的行为系其电视猫视频软件在链接播放来源于搜狐视频网站的视频内容时，仅向公众传播搜狐视频网站视频内容，而绕开了原告设置的片前广告、视频暂停时广告，被告的上述行为实质上是将搜狐视频网站视频内容与搜狐网设置的与视频内容共同播放的片源广告、视频暂停时广告相分离，足以使不愿意观看广告也不愿意支付原告会员费但又想观看搜狐视频网站中视频的用户转而使用电视猫

视频软件，严重损害原告的利益。上述行为同时造成其播放视频时未呈现原告在其视频播放框下设置的搜狐视频网站其他视频介绍、评论、链接等以及穿插的商业广告条幅等。被告的整体行为本质上属于不当利用他人市场成果、损害他人合法权益来谋求自身竞争优势，该种竞争行为有违诚实信用原则以及公认的商业道德，构成不正当竞争。

【裁判结果】

被告停止涉案侵权行为，赔偿原告经济损失 20 万元及合理费用 2 800 元。

【案号】

（2017）沪 73 民终 55 号

三、批量移植微信公众号文章构成不正当竞争

【基本案情】

原告腾讯公司运营微信 APP。微信公众平台依托于微信 APP 提供服务，是微信 APP 的核心功能板块之一。2018 年，微信 APP 的用户数量已经突破 10 亿，截至 2019 年 8 月 26 日，微信公众平台已经汇聚 2000 多万公众账号。

原告发现，被告广州合聚公司未经许可，非法获取微信公众平台信息内容，聚合展示于其经营的 http：//todayfocus. cn 网站及今日看点 APP 上，导致相关公众无须关注微信公众号，即可在涉案网站和 APP 上通过搜索特定词汇、公众号名称等方式获得与特定词汇相关的文章或同一公众号归集的文章。

原告认为，被告广州合聚公司的行为极大分流了微信公众平台的流量，甚至直接架空微信订阅号的服务模式，破坏了原告提供微信公众平台服务的正常经营秩序，严重违反诚实信用原则及公认的商业道德并损害了原告的合法权益，遂向法院提起诉讼。

【争议焦点】

（1）被告广州合聚公司的行为是否构成不正当竞争。

（2）如果被告广州合聚公司的行为成立不正当竞争，侵权责任如何确定。

【裁判推理】

本案涉及的不正当竞争行为难以归入反不正当竞争法明文规定的数种类型化不正当竞争行为。而综合案件事实来看，原告主张对微信公众平台享有合法

权益，认为被告广州合聚公司的行为侵犯了其合法权益。依据权益保护路径，涉案不正当竞争行为之认定，需要依次考虑原告是否存在值得保护的竞争利益、原被告之间有无竞争关系、被告的竞争行为是否使原告竞争利益受损，即“竞争利益—竞争关系—竞争损失”是判断涉案不正当竞争行为的主要步骤。

1. 关于竞争利益。竞争利益之产生，或源于经营者的持续性劳动，即劳动创造价值，或基于经营者不断投入经营成本，从而形成相应的收益。如果这些收益具备了合法、稳定、归属明晰等权利所应有的特点，足以被市场竞争者识别，就形成了受法律保护的竞争利益。

原告经营微信公众平台需要投入经营成本，也需要支配人力、物力、财力来维护平台的正常运行。微信公众平台实质上是信息传播平台，公众号经营者通过信息流吸引商业广告，进而产生收益，而这些广告收益与原告对平台的设立、维护、发展状况密不可分。平台投入资源和服务越多，经营状况越好，越具有影响力，收益亦随之增多。平台与公众号经营者订立服务协议，并在协议中约定收益分配方案。因此，平台收益来自微信公众号流量创造的商业收益。

原告作为平台经营者，与公众号经营者之间关于收益的分配系债权债务关系，但该收益因微信用户数量巨大，平台影响力显著而变得稳定。收益具体数额由原告与公众号经营者约定，市场竞争者不一定知晓，但对于原告是固定、必然享有收益的一方主体，市场竞争者应当是广泛知晓的。所以，原告对微信公众平台享有的收益，具备了合法、稳定、归属明晰等特点，有一定的权利属性，是值得法律保护的竞争利益。

2. 关于竞争关系。只有存在竞争关系，才能认定构成不正当竞争。如果双方无竞争关系，说明双方市场行为属于自由竞争范畴，无干预或禁止之必要。双方产品或服务有替代关系，是判断竞争关系的主要因素。如果双方产品或服务的时间、空间、消费对象或相关市场活动相同，一方产品或服务的供应，会减少对方产品或服务的供应，则双方产品或服务有替代关系，可以认定双方存在竞争关系。

微信公众平台为公众号经营者提供发布文章或信息的平台，通过聚合各公众号内容，从而聚集网络流量，并通过发布商业广告获得收益。被告广州合聚公司经营的今日看点网站及 APP 亦是聚合其他主体发布的文章或信息，并通过网络流量吸引商业广告，从而获得收益。如果被告广州合聚公司聚合的文章或信息不是来源于原告的微信公众号，则双方提供的服务不存在替代关系，一方无权禁止另一方经营信息聚合平台，法律亦不能强行干预，属于自由竞争范畴。与之相反，如果双方平台聚合的内容相同或实质性相似，就会形成替代关系，一方向消费者提供服务，必然会减少另一方向消费者提供服务的数量，此情况下，原告与被告广州合聚公司之间就存在竞争关系。

在案证据显示，被告广州合聚公司经营的“今日看点”网站及APP从原告平台的微信公众号中“移植”了5583篇文章，聚合171个微信公众号，并产生点击量83 273 289次。据此不难认定，今日看点网站及APP的“移植”行为，已在涉案文章范围内对原告的服务产生替代效果，双方在本案中有竞争关系。

3. 关于竞争损失。虽然存在竞争利益、竞争关系，但若一方在市场竞争中实施的竞争行为没有给另一方经营者造成损害，亦无救济的必要。存在竞争损失，是构成不正当竞争的另一要件。

被告广州合聚公司“移植”微信公众号文章的行为，已在涉案文章范围内对原告经营的服务产生替代效果，这必然会减少原告微信公众平台的网络流量，进而影响原告的商业广告收益，对原告造成损失。

综合前述分析，原告对微信公众平台享有应受法律保护的竞争利益，被告广州合聚公司“移植”微信公众平台涉案文章使得双方存在竞争关系，且该“移植”行为对原告竞争利益造成了损害，应当认定被告之行为构成不正当竞争。

被告广州合聚公司抗辩称，今日看点网及APP转载的部分文章已获得相关微信公众号经营者的授权，系合法、有权使用，故不构成不正当竞争。从相关证据形成时间来看，部分微信公众号经营者的同意转载文章的授权时间不明确，是否形成于本案审理过程中，需要被告广州合聚公司进一步举证证实，部分微信公众号经营者并未明确作者同意转载授权的表示。且被告广州合聚公司提交的证据仅涉及少部分微信公众号，即使相关证据真实、合法，能证明其“移植”部分涉案文章前已获得微信公众号经营者的许可，也不能从整体上否认被告广州合聚公司具有利用微信公众平台的影响力，实施不正当竞争行为的恶意。

被告广州合聚公司的不正当竞争行为，给原告造成竞争利益损害，原告主张被告停止不正当竞争行为具有法理上的依据。鉴于被告已关闭今日看点网站、下架今日看点 APP，故原告的停止不正当竞争行为之诉讼请求，已无事实依据，法院不予支持。

关于损害赔偿数额的确定。本案中，原告因被告广州合聚公司的不正当竞争行为遭受了广告收益损失，故应当以该损失作为确定损害赔偿数额的依据。

原告认为其广告收益损失包括两部分：一是直接广告收益损失，即在微信公众号文章底部投放广告的收益损失；二是朋友圈、小程序等其他广告收益损失。涉案文章来源于微信公众号，双方竞争关系限于微信公众平台与今日看点之间，被告不正当竞争行为对原告造成的损失应当仅考虑微信公众平台的广告收益，对于朋友圈、小程序等其他广告收入损失与涉案不正当竞争行为不存在相当因果关系，不能作为计算损失的依据。

关于直接广告收益损失，原告主张按照微信公众号平台的 CPM 广告收费标准计算广告收益，符合网络平台盈利模式，切合商业实际。根据微信软件程序发布的收费标准，微信公众号单次广告投放最高标准为 40 元/千次曝光，最低收费标准为 25 元/千次曝光。涉案文章在今日看点网站的点击量为 83 273 289 次，以此计算，微信公众平台遭受的广告收益损失为 208 万元至 333 万元。由于该广告收益由原告与微信公众号经营者共享，原告提供的相关协议并未载明收益分配方案，法院以平均分配计算原告的广告收益，即该收益在 104 万元至 166 万元。法院取平均值，认定今日看点网上的侵权行为造成原告广告收益损失为 135 万元。

前述广告收益损失仅涉及今日看点网站上的文章，尚未包括今日看点 APP 上的文章。因此，原告的损失还应当考虑今日看点 APP 上的侵权行为，即被告广州合聚公司承担的损害赔偿金额不能少于 135 万元。

最终赔偿数额的确定，法院还考虑如下因素：

1. 原告的微信公众平台具有极高知名度和影响力，已成为自媒体时代重要的信息传播平台，吸引了大量公众号运营方开设公众号，广泛传播文字、图片和视频等内容，并产生了非常可观的网络流量，形成巨大商业价值。

2. 被告广州合聚公司侵权情节严重，涉案文章多达 5583 篇，涉及微信公众号数量 171 个，且通过网站及手机 APP 两种渠道传播，传播速度快，受众广。

3. 部分涉案文章明确显示来源于微信公众号，表明被告广州合聚公司系故意、有目的地实施侵权行为，主观恶意明显。基于这些因素，法院酌情确定被告广州合聚公司赔偿原告经济损失200万元。

另外，本案专业性强，案情复杂，法律关系厘清难，诉讼代理人工作量巨大，原告就本案支付了鉴定费21 200元、律师费10万元、公证费82 255元，共计203 455元，这些费用均有票据支持，属于维权合理开支，原告主张其中的20万元，予以全部支持。

至于原告提出的刊登声明、消除影响之主张，因涉案不正当竞争行为并未对原告商誉造成损害，且今日看点网站及APP已关闭，侵权行为给原告造成的不良影响将会随着本案审理终结及裁判文书上网而被逐渐消除，故对原告的该主张，法院不予支持。

【裁判结果】

被告合聚公司赔偿原告经济损失200万元及合理开支20万元。

【案号】

（2020）粤0104民初46873号

四、浏览器屏蔽视频广告构成不正当竞争

【基本案情】

腾讯公司经营的腾讯视频网站为用户提供视频在线观看服务。腾讯公司通过购买影视作品版权，提供“免费+广告”及会员制的影视播放服务。世界星辉公司世界之窗浏览器向终端用户提供“广告过滤”功能，用户使用该功能后可以有效屏蔽腾讯公司网站播放影片时的片头广告和暂停广告。据此，腾讯公司认为前述世界星辉公司通过世界之窗浏览器所实施的行为损害了其权益，故将世界星辉公司诉至法院。

【争议焦点】

广告屏蔽行为是否违反《反不正当竞争法》第2条。

【裁判推理】

《反不正当竞争法》第2条规定：“经营者在市场交易中，应当遵循自愿、平等、公平、诚实信用的原则，遵守公认的商业道德。本法所称的不正当竞

争，是指经营者违反本法规定，损害其他经营者的合法权益，扰乱社会经济秩序的行为。”法院对《反不正当竞争法》第 2 条的适用应持十分慎重的态度，以防止因不适当扩大不正当竞争范围而妨碍自由、公平竞争。一般而言，只有在该行为违反公认的商业道德时，才宜将其认定为不正当竞争行为。同时，因反不正当竞争法保护的是健康的社会经济秩序，而健康的社会经济秩序通常有利于社会总福利，因此，在判断某类行为是否违反《反不正当竞争法》第 2 条时，亦可通过其是否有利于社会总福利进行量化分析。上述两种判断方法可以相互验证。

本案中，被诉行为的外在形式上表现为，“被诉浏览器向用户提供‘强力拦截页面广告’功能，用户在勾选该功能后，可以不再观看腾讯视频中的视频广告，同时 VIP 用户付费按钮也相应消失”。一审判决中在对被诉行为进行描述时未记载“VIP 用户付费按钮也相应消失”这一特征，但因该特征与视频广告相互依存，如果广告被过滤，则该按钮必然消失。因此，其应被看作被诉浏览器广告过滤行为的组成部分，而非单独的行为。一审判决虽然描述不够准确，但不影响被诉行为的性质认定。对于公认商业道德的确认，最为直接的依据是相关的法律、法规或规范性文件。

对于视频广告过滤行为的性质，虽然相关法律、法规并无明确规定，但在 2016 年 9 月 1 日施行的由国家工商行政管理总局公布的《互联网广告管理暂行办法》中对此有所涉及，其第 16 条规定，“互联网广告活动中不得有下列行为：（一）提供或者利用应用程序、硬件等对他人正当经营的广告采取拦截、过滤、覆盖、快进等限制措施”。这一禁止性规定足以说明主管机关已将此类行为认定为违反公认商业道德的行为。虽然前述条款同时规定了适用前提，即该广告应为正当经营的广告，本案所涉视频广告符合该条件。腾讯视频的经营必然需要支出相应成本，尤其是其所购买影视剧的成本更为高昂。世界星辉公司提交的证据显示，其六部热播电视连续剧的购买价格已达 5.59 亿元。世界星辉公司显然并无义务在用户不支付任何对价的情况下免费向其提供视频，在本案并无证据证明其所附加广告违反现有相关规定的情况下，其采用广告方式回收成本属于正当经营活动。

基于此，被告世界星辉公司向用户提供具有过滤广告功能的被诉浏览器的行为违反了上述规定，相应地，其亦违反了公认的商业道德。退一步讲，即使不考虑这一规定，仅仅依据常识，同样可以得出相同的结论。本案中，被诉行为对视频广告的过滤使得免费视频加广告这一经营行为不能依据其意愿原样呈现，被诉行为显然属于一种主动采取措施直接干涉、插手他人经营的行为。而在市场经营中，经营者的合法经营行为不受他人干涉，他人不得直接插手经营者的合法经营行为，此为最为基本且无须论证的商业道德。这一商业道德与健康的经济秩序之间亦有着简单且直接的逻辑关系，试想，如果合法的经营活动可以被其他经营者随意干涉，经营者难以自行决定其如何经营，而在其经营活动受到干涉及破坏时亦无法得到保护，则必将使得经营者对自己的经营活动无法预期，并进而导致合法有序的市场竞争秩序无法形成。实际上，所有经营者均不会对此持否定态度。道理很简单，如果该商业道德不被接受，则必然意味着每个经营者的经营行为可能时刻面临风险，且无法得到保护，这显然是任何经营者均不愿意看到的。

此外，需要强调的是，这一商业道德与经营行为是否发生在互联网领域，以及其是否符合用户的现阶段需求均并无关系。虽然互联网环境下的竞争行为确实可能存在传统非互联网环境下所不具有的特殊性，但该特殊性更多地体现在经营行为的具体表现形式上，而非其所应遵循的商业道德。也就是说，多数情况下，互联网环境下的竞争行为所应遵循的商业道德均可以在传统竞争领域找到答案，对于本案所涉这一最为基本的商业道德更是如此。

至于用户需求这一因素，同样不会影响经营行为的正当性认定。也就是说，对于不具有正当性的行为并不会因为其符合用户需求而具备正当性。否则，用户天然希望一切产品或服务免费这一需求将会使得经营者采取任何措施将其他经营者的收费产品或服务变成免费的行为均被认定具有正当性，而这一结论显然是荒谬的。退一步讲，即便需要考虑用户需求，被诉行为亦并非真正符合用户的长期需求。用户需求与用户利益密切相关，虽然用户更容易看到现阶段的利益，比如世界星辉公司所强调的无须观看广告而直接观看腾讯视频这一利益，但并不代表着用户仅在意现阶段的利益，而忽视长期利益。只不过因为现阶段需求更为直观，而相关竞争行为对于用户利益的长期影响需要进行专业分析测算，这通常是用户无法做到的，因此较难纳入用户的考虑范畴。

对于理性的用户而言，如果其充分知晓对于其现阶段需求的满足可能带来的长期后果，例如因这一行为所增加的视频平台的成本最终会转嫁到消费者头上，则相信用户的需求应会有所变化。此外，需要强调的是，经营者当然可以基于用户需求对自己的产品和服务进行改善，却不能以此为由直接插手其他经营者的正常经营。也就是说，世界星辉公司完全可以为满足用户需求对其提供的全部产品及服务做到真正的免费，例如删除包括导航栏在内的任何可能导致用户不满的附加服务，但其无权以此为由要求腾讯对其提供的视频做到真正的免费，而不附加任何广告。综上，无论从上述任一角度分析，均可得出被诉行为已违反公认的商业道德这一结论。

前文中已提到，符合公认商业道德的竞争行为通常应有利于社会总福利，因此，在具体案件中可以通过分析被诉行为对社会总福利的影响从而对其是否违反公认商业道德进行验证。需要指出的是，一审判决虽也提及社会公共利益，但其将消费者利益等同于社会公共利益，这一理解显然是错误的。反不正当竞争法中所考虑的社会公共利益（或社会总福利）既包括消费者利益，亦包括经营者利益。而其中的经营者，则不仅包括本案双方当事人，亦包括其他同业或相关经营者。

基于此，下文中对于社会总福利的分析同时涉及上述各个主体。虽然视频广告过滤功能看似有利于消费者利益，但其至多限于现阶段利益，对于长远利益则可能存在以下两方面的不利影响：

其一，就短期来看，视频网站的主要商业模式可能因此而产生变化，从而对消费者利益产生影响。目前，视频网站的商业模式主要包括两种：免费视频加广告模式；收费模式。其中，免费视频加广告的模式是视频网站最为主要的商业模式，在这一模式下，用户需要支付一定时间成本观看广告，但无须支付经济成本。视频网站之所以允许用户免费观看视频，并非因为视频网站不具有营利目的，而是因为广告收入可以在一定程度上抵销网站购买视频的费用以及其他经营成本，故如果法院对于提供具有视频广告过滤功能浏览器的行为的合法性予以确认，则很可能意味着视频网站难以获得广告收入，从而使得其主要商业模式由免费视频加广告变为收费模式。这一变化将使得用户观看视频所支付的对价由原来的可选择性地支付时间成本或经济成本变为只能支付经济成本，这一变化很难说对用户有利。这一分析结论与腾讯公司提交的经济学分析报告中的结论相契合。在以十年为期且屏蔽率上限为 30% 这一设定条件下，该报告得出的结论为：相较于“维持现状”（即屏蔽率 13%），“立即放开”

广告过滤功能，消费者利益仅仅会在第一年上涨约5%，但自第二年开始一直处于下降趋势，其中第二年比“维持现状”下降约7%。之后呈逐年下降态势，在第七年会降至最低点20%，直至第十年。

其二，就长期来看，这一情形可能导致视频网站丧失生存空间，相应地，其必然会最终影响到消费者利益。在市场经济中，经营者对于其商业模式的选择不能脱离消费者的接受程度，消费者难以接受的商业模式很难使得经营者的经营活动得以维系。对于视频网站而言，虽然免费视频加广告的商业模式并非视频网站可以采用的唯一方式，但就目前情形看，消费者对于收费模式的接受程度有限，视频网站的收入相当部分仍来源于广告。如果视频网站无法使用免费视频加广告这一模式，而网络用户较难接受收费模式，则在未来一段时间内，将很可能出现整个视频网站行业难以维系的局面。虽然用户在互联网上获得视频的渠道不仅仅来源于视频网站，但这一情形的出现，必然会使得用户在互联网上获得视频内容的机会大大减少，从而客观上导致用户的利益受到损害。上述分析结论与腾讯公司提交的艾瑞咨询公司报告可相互印证。该报告中记载，在现有视频网站（而非仅涉及腾讯视频）的收入结构中，以2017年为例，其广告收入约占总收入的一半，而用户付费仅占24.8%，并非如世界星辉公司所称用户付费已超出广告收入。而在广告收入中，贴片广告则占63.8%，亦并非如世界星辉公司所述仅占广告收入的一小部分。由此可见，至少在相当长的一段时间内，视频广告的过滤对于视频平台的利益会产生重大损害。虽然世界星辉公司认为，广告被过滤后，免费用户会转为付费用户，但本案不可忽视的一个事实是，被诉浏览器在屏蔽腾讯视频的免费视频广告时，其附带的效果是同时屏蔽了VIP用户按钮。这也就意味着，即便确如世界星辉公司所说，存在免费用户转向付费用户的可能，但被诉行为亦已切断了这一通道。

退一步讲，即便不考虑上述情形，腾讯公司提交的《2015年中国在线视频用户付费市场研究报告》显示，付费用户的第一需求为去广告。这一事实说明，如果一旦广告可以被无偿屏蔽，则不仅现有的免费用户不会转向付费用户，更有相当数量的以去广告为目的的付费用户会转为免费用户。也就是说，广告过滤功能所影响的不仅是视频网站的免费视频服务，同时亦会对收费视频服务产生影响。在广告过滤功能对视频平台现有的两个商业模式均有实质影响的情况下，其对于视频平台利益的影响是显而易见的。世界星辉公司认为，在考虑以下因素的情况下，其广告过滤功能并不会损害视频网站及腾讯公司利益：现阶段PC端视频相较于手机端的用户较少、被诉浏览器的市场占有率较低及设置方式不明显等。但要指出的是，在考虑广告过滤功能对视频网站或腾讯利益的影响时，不能仅考虑本案的现实情形，而是应考虑该功能被认定具有正当性后可能产生的后续影响。

如果从这一角度出发，则世界星辉公司所提出的上述因素均不具有考虑的价值。具体而言，如果被诉浏览器的广告过滤功能被确认具有正当性，则意味着不仅被诉浏览器可以具有这一功能，其他所有浏览器均可以采用这一功能。因此，被诉浏览器的市场占有率在这一问题上将不具有考虑的价值。不仅如此，在浏览器过滤广告具有正当性的情况下，必然意味着广告过滤软件亦具有正当性，而该过滤软件既可以针对PC端视频，同样可以针对手机端APP。因此，现阶段PC端视频的用户占比亦不具有考虑价值。同样的道理，因其正当性的认定与设置方式无关，则浏览器完全可以将广告过滤功能设置为默认选项，因此，本案中的设置方式亦不具考虑价值。可见，世界星辉公司所主张的上述考虑因素均不能说明广告过滤功能对视频网站及对腾讯利益不具有实质影响。

腾讯公司提交的经济分析报告亦佐证了广告过滤功能对于视频网站利益的损害。在以30%为广告拦截覆盖率上限，并设定25元为用户付费价格上限，且综合考虑视频平台的收入结构的情况下，该报告得出的结论为：如果"立即放开"广告过滤，视频平台将一直处于亏损状态。需要指出的是，虽然该分析报告是以十年为期进行的分析，但并不意味着视频行业仅在该十年处于亏损状态。在广告过滤功能与亏损状态具有直接关系的情况下，只要广告屏蔽率维持在30%，该亏损状态将一直持续。

值得一提的是，腾讯公司提交的经济分析报告不仅分析了放开广告过滤功能的情况下对社会总福利的影响，同时亦提供了禁止广告过滤功能情况下的相应分析数据，其结论为：相较于"维持现状"，如果"立即禁止"广告过滤行为，则消费者福利仅在第一年会短暂下降约5%，但在第二年则会相较于"维持现状"上升5%。在第七年直至第十年基本处于高15%的状态。而对于视频平台而言，则其约在第三年达到收支平衡，此后将处于持续盈利状态。由此可知，至少上述分析结果说明禁止广告过滤功能反而有利于消费者福利及视频平台福利。

视频广告过滤功能不仅对于消费者利益及视频平台利益均具有明显损害，其亦不会必然导致广告投放者及浏览器经营者利益的增加。对于广告投放者而言，如果其在视频平台的广告无法被用户观看，其必然会寻求其他渠道投放广告，这一情形很可能会增加成本，却并不会增加收益。经济分析报告中亦认为，广告过滤软件使得广告投放渠道减少，广告主对于广告机会的争夺更加激烈，投放的成本更高，对消费者来说这些成本最终会被包含在商品价格中，由消费者买单。即便对于最可能获益的浏览器经营者，就长期而言，亦并非必然对其有利。因浏览器的利益来源于用户量，如果允许广告过滤功能的存在，则不仅世界星辉公司的浏览器会采用这一功能，其他经营者同样会采用这一功能。这一情形使得该功能几乎不会对于各浏览器的用户量有所影响，相应地，亦并不会为各浏览器带来利益，但其却会增加开发该功能的成本，因此，并不利于浏览器经营者的利益。基于上述分析可知，无论是从消费者、视频平台、广告投放者，还是浏览器经营者角度进行分析，广告过滤功能的放开只可能会损害社会总福利。

因此，世界星辉公司有关广告过滤功能的运用会增加社会福利，使整个社会从中获益的主张不能成立，法院不予支持。综上可知，被诉行为不仅有违公认的商业道德，且此类行为如长期存在亦会对社会总福利具有明显损害，因此，被诉行为属于《反不正当竞争法》第 2 条所禁止的行为。

虽然被告主张其仅提供过滤广告的功能，并未实施过滤行为，但法院认为，是世界星辉公司而非用户真正导致视频广告被过滤这一后果的产生。而对世界星辉公司而言，其显然亦希望用户知晓其广告过滤功能，其不仅将“广告过滤”选项置于用户设置时必然会进入的第一级子目录中，同时“强力拦截页面广告”选项“添加规则”按钮所对应的亦是官方论坛中的相关功能介绍。据此，世界星辉公司并未直接实施过滤行为并不影响对其行为正当性的认定。腾讯公司的相关理由成立，法院予以支持。

关于其他一些理由是否成立的问题。

有关视频广告过滤功能并非行业惯例的理由是否成立。一审判决认为视频广告过滤功能的采用属于浏览器的行业惯例，但该结论的得出依据仅为腾讯公司与世界星辉公司所经营的两个浏览器具有该功能。无论这一结论是否客观，仅就这一认定方法而言，显然不具说服力。就客观事实而言，腾讯公司在二审程序中所提交的证据显示，Chrome、Safari、Firefox、IE 等七款市场占有率较高的浏览器均不提供视频广告过滤功能。基于此，依据现有证据不能认定该功能的采用属于浏览器行业的惯例，一审判决中有关行业惯例的认定有误，应予以纠正。腾讯公司的相关理由成立，应予以支持。

腾讯公司有关视频广告过滤功能的设置具有针对性的理由是否成立。二审庭审中，世界星辉公司明确认可被诉浏览器的视频广告过滤功能需要针对具体的 URL 进行单独设置，且亦认可本案涉及的腾讯视频有其具体对应的 URL 地址。由此可见，被诉浏览器的广告过滤功能需要单独针对腾讯视频进行设置。世界星辉公司虽然主张该广告过滤功能还会设定其他甄别因素，但这一情形并不影响其针对具体视频所作的设置。腾讯公司有关该功能具有针对性的理由成立，应予以支持。退一步讲，即便涉案过滤视频广告行为并不具有针对性，其与公认商业道德的认定亦无必然联系。换言之，某类行为并未针对特定对象进行设置，并不意味着其必然属于合法行为，反之亦然。例如，双方当事人不仅认可过滤弹窗广告符合公认商业道德，亦进一步认可无论是否进行针对性设置，均不影响对这一行为性质的认定。可见，对行为正当性的判断仍取决于该行为本身是否符合公认的商业道德，是否有利于社会经济秩序，而非是否为针对性设置。世界星辉公司虽主张其对于涉案视频的拦截属于误拦，但其提交的证据仅为腾讯视频播放过程中“广告君被拦截插件误伤啦”的显示，因这一显示仅为腾讯视频在广告无法播放时对于用户的一种解释，显然不能证明该视频确属于被误拦的情形，因此，世界星辉公司这一主张难以成立。

【裁判结果】

北京世界星辉科技有限责任公司屏蔽广告行为构成不正当竞争，判令赔偿深圳市腾讯计算机系统有限公司经济损失 100 万元。

【案号】

（2018）京 73 民终 558 号

第二节 APP行业间商业诋毁与虚假宣传引发的法律问题

根据《反不正当竞争法》第2条第2款的规定，不正当竞争行为是指经营者在生产经营活动中，违反本法规定，扰乱市场竞争秩序，损害其他经营者或者消费者的合法权益的行为，商业诋毁和虚假宣传行为都属于不正当竞争行为。由于APP行业广泛依靠互联网进行宣传，具有便捷、快速等特点，对消费者产生的影响力更大，因此，行业竞争者之间的不正当竞争行为更易扰乱市场竞争秩序。

商业诋毁，是指经营者针对竞争对手的商品或者服务、营业活动等散布引人误解的信息，进行虚假陈述，对其进行诋毁，造成其商誉受到损害的不正当竞争行为。《反不正当竞争法》第11条规定："经营者不得编造、传播虚假信息或者误导性信息，损害竞争对手的商业信誉、商品声誉。"因此，商业诋毁成立的条件包括以下三点：1. 行为主体与受损害的经营者是同业竞争关系。商业诋毁行为的本质在于不正当竞争，只有在存在竞争的前提下才能讨论其正当性，也就是说竞争关系的存在是构成商业诋毁的前提。广义上讲，同行业竞争者之间存在利益冲突也即存在竞争关系。2. 行为主体存在主观方面的故意。经营者实施商业诋毁行为的目的，是故意散布不利于竞争对手的信息，削弱竞争对手的市场竞争能力，并增加自己的交易机会，以谋求己方利益，因此主观方面为故意。3. 行为主体客观上实施了散布虚假信息，危害其他经营者商誉的行为。商业诋毁行为能够被受损害经营者察觉，是因为虚假信息的散布威胁或者已经实际损害了其商誉或经济利益，即实施商业诋毁的经营者客观上已经完成了商业诋毁的不正当竞争行为。

虚假宣传，是指经营者为吸引消费者而对自己的品牌、产品等进行虚假宣传，引人误解的行为。《反不正当竞争法》第8条规定："经营者不得对其商品的性能、功能、质量、销售状况、用户评价、曾获荣誉等作虚假或者引人误解的商业宣传，欺骗、误导消费者。经营者不得通过组织虚假交易等方式，帮助其他经营者进行虚假或者引人误解的商业宣传。”因此，虚假宣传成立条件包括以下三点：1. 行为主体是被宣传产品的经营者。虚假宣传行为的本质是不正当竞争，如果对商品的虚假陈述仅由消费者口口相传，并非经营者授意，则经营者不为此承担责任。2. 实施的是虚假宣传行为。行为主体对自己的商品进行商业宣传时，以吸引消费者并获得更高收益为目的，作出夸大商品质量、销量等行为，实施虚假宣传以达到不正当竞争的结果。3. 引起了相关公众的误解。是否“引人误解”的关键在于，行为主体的宣传行为、方式、手段、效果是否能让其商品的潜在受众对商品品质、功能等产生误解。《最高人民法院关于审理不正当竞争民事案件应用法律若干问题的解释》第8条第1款规定的“对商品作片面的宣传或者对比”，属于引人误解的虚假宣传。实践中，商品经营者为推销商品而向市场提供的关于该商品的宣传性信息，如果内容不真实，一般足以认定为引人误解的虚假宣传；如果内容真实性无法确定，但具有明显的导向性，足以导致该商品的消费者对商品产生错误认识，误解该商品具有本不存在的更优品质特征或者其他特点，同样构成引人误解的虚假宣传。

综上，商业诋毁与虚假宣传同为不正当竞争行为，其区别在于行为主体实施行为的对象不同，以及宣传导向不同。内容不当的“对比性广告”可能同时构成商业诋毁和虚假宣传。具体来说，宣传者在没有确实证据证明己方宣传中涉及竞争者的信息为真实的情况下，将同类产品进行直接、明显、肯定的优劣对比，使用明显针对特定竞争者产品的宣传标语，引导消费者产生己方产品明显优于竞争者产品的评价，在构成虚假宣传的同时可能构成商业诋毁。

在反不正当竞争法中对以上两种不正当竞争行为进行认定时，并未规定以损害结果的发生为构成要件。也就是说，即使受损害经营者不能证明其受损害的程度，也只影响赔偿数额，而不影响不正当竞争行为的认定。

APP经营者在市场交易中，应当遵循自愿、平等、公平、诚实信用的原则，实施APP营销策略时规范己方行为。在使用文字、图片、影像信息对商品活动或服务进行宣传时，发布的信息、资料应具有正当依据。可以对发布内容作出合理的美化，但不能作引人误解的夸大。不得针对特定的竞争者产品进行优劣比较，避免贬损他人商品或服务。

一、商业诋毁的认定

【基本案情】

途牛公司与同程公司同属在线旅游服务提供商，其业务范围均有网络在线旅游服务业务。

同程公司在其微信公众号、手机 APP 及公司网站分别推出“屠牛行动、每日一图，牛魔王滚出西游记”“屠牛行动、每日一图，冤大头才花冤枉钱”，并配以揪牛耳、拳击牛魔王等系列图案，同时赋词如“妖言惑众牛魔王，花样百出爱浮夸！联合众神齐撒网，束手就擒莫挣扎”“空话牛话一箩筐，优惠分毫都不让”等宣传文案；其微信公众号还发布“有啥好牛”“别牛”主题系列图片，配以“TO 某牛，没有同样低价，至少比你再低 100！”“爆牛放血”等广告宣传语。

途牛公司认为同程公司的上述行为属于针对途牛公司的商业诋毁以及不正当竞争行为，遂诉至法院请求判令同程公司停止侵权并承担侵权责任。

【争议焦点】

同程公司的行为是否属于针对途牛公司的商业诋毁及不正当竞争行为。

【裁判推理】

法院认为，经营者在市场交易中，应当遵循自愿、平等、公平、诚实信用的原则，遵守公认的商业道德。本案中，同程公司的宣传内容指向途牛公司，在贬损途牛公司服务和商誉的同时，片面、夸张地宣传自己的服务，即进行所谓的对比宣传，且用语言辞激烈、图案夸张，甚至含有暴力的内容，其行为明显超出正当宣传、合法竞争的边界。

【裁判结果】

同程公司实施了虚假宣传和商业诋毁行为，构成不正当竞争，判其停止侵权并赔偿途牛公司 100 万元。

【案号】

（2016）苏民终 675 号

二、公开声明内容的正当性判断

【基本案情】

Boss 直聘 APP 是华品公司开发经营的软件，通过苹果应用商店等平台供用户下载。拉勾公司于 2015 年上线拉勾网 APP。2016 年 2 月 19 日，华品公司发布《Boss 直聘紧急声明》，提及 2 月 19 日凌晨，Boss 直聘 APP 遭不明人员申请下架。之后，在苹果应用商店搜索“Boss 直聘”，排名第一的“Boss 在线”于 2016 年 1 月 29 日上线，开发商为拉勾网，打开后显示页面为“拉勾 APP”。Boss 直聘 APP 被下架事件发生后，拉勾公司于 2016 年 2 月 19 日通过“拉勾网 Lagou”微信公众号发布了《拉勾声明》，声明强调 Boss 直聘 APP 恶意刷词，并实施一系列扰乱苹果应用市场的行为，因此被下架，而拉勾 APP 品质优良，所以排名第一。该声明一经发出便被大量转载，社会反响热烈。华品公司认为拉勾公司的声明内容构成商业诋毁，故提起诉讼。

【争议焦点】

（1）拉勾公司的行为是否构成商业诋毁。

（2）如果构成，赔偿数额如何确定。

【裁判推理】

拉勾声明的内容包括“Boss 直聘为什么会被下架？App Store 对于应用扰乱苹果市场秩序的行为，一直是严惩不贷。Boss 直聘因在苹果商店长期违规操作下架。从去年 12 月起恶意刷词，多家招聘行业同行被侵权”。诋毁华品公司商业信誉的内容为“宜真实忌当影帝”，“Boss 直聘的逻辑是：我丢了钱。而你捡到了钱。于是，我的钱是你偷的”，以及“因为我们不想成为被消费被利用获得曝光的道具”。拉勾公司发布《拉勾声明》的时间为 2016 年 2 月 19 日，是 Boss 直聘 APP 从苹果 App Store 中被不当删除后，对华品公司发布《Boss 直聘紧急声明》作出的回应声明。

拉勾公司解释《拉勾声明》的内容主要依据拉勾公司于 2016 年 5 月至 6 月在苹果 App Store 中搜索关键词“拉勾”，显示 Boss 直聘 APP 排名第一，而拉勾 APP 位列其后的公证书。法院认为：一方面，相关公证书取证时间晚于《拉勾声明》作出时间，无法直接用于解释该声明内容；另一方面，用户搜索关键词所出现的同类 APP 排名先后情况是否属于受到苹果 App Store 打击、处罚的“APP 刷榜”行为，仅凭拉勾公司提交的本案公证书，依据尚不充分。况且，华品公司否认其存在在苹果 App Store 中为 Boss 直聘 APP 刷词或刷榜的行为，亦否认受到过苹果公司的下架处罚。

同时，拉勾网新浪微博账号、相关微信公众号等均于 2016 年 3 月 31 日发布有拉勾公司 CEO 许单单的致歉信，解释因拉勾网某员工通过黑客技术破解了相关密码后“作出了一些不恰当的举动，给 Boss 直聘带来了很大的影响”，因拉勾公司不知道该事情，当华品公司紧急声明中提到拉勾时，“我们很生气，也于当晚发了一封《这个黑锅我们不背》的反驳公开信”，“但当后来公司知道事情经过后，十分震惊，更感到内疚和歉意……任何员工的任何行为，公司都负有不可推卸的责任”。法院认为，从许单单本人的身份及致歉信内容来看，这属于代表拉勾公司主动发布的向华品公司就《拉勾声明》所作的道歉。虽然目前仍缺乏确凿证据证明拉勾公司员工通过黑客技术制造了 2016 年 2 月 19 日 Boss 直聘 APP 从苹果 App Store 被删除的事件，但从该致歉信中可知，该事件发生的原因并非 Boss 直聘 APP 存在长期违规行为而被苹果 App Store 下架。

综上，法院认为，根据本案现有证据，《拉勾声明》内容没有客观事实依据，属于拉勾公司捏造、散布的虚伪事实，该声明被多家网络媒体转发、评论，对华品公司产品及公司形象造成负面影响，损害了华品公司的商品声誉和商业信誉，拉勾公司的行为构成商业诋毁。

关于赔偿损失，华品公司用于证明其所受直接损失的证据主要是向法院提供了其损失的计算方法，在该计算方法中，其基础数据即涉案侵权行为发生前的半年其市场费用为 680 余万元，从而核算出每年用户成本。但其所主张的 680 余万元的半年市场费用，并未向法院提供任何证据加以证明。华品公司用于证明其所受间接损失的证据是其多份广告制作合同、广告发布合同等，证明为了消除拉勾公司对其涉案诋毁行为的影响，其于 2016 年 2 月、3 月投入高额广告费用。华品公司还提供了注明来自友盟的 Boss 直聘 APP 用户量数据变化图，证明该软件被不当删除造成新增用户量损失情况。法院认为，这些合同并未向法院提交履行情况的证据。更为重要的是，2015 年同期亦均有对应的广告，无法看出是针对本次侵权事件而特意增加的。法院亦给予华品公司一定的时间，可就前两方面的证据材料进行补充提交，但在规定期限内，华品公司并未提交。而这些证据材料，对华品公司来讲，应是能够提供且容易提供的。故此，法院认为，华品公司的举证尚未达到一定的真实程度，其并未实际履行自己应尽的举证义务，从而不能实现举证责任转移，应承担举证不利的法律后果。据此，法院直接适用法律规定的酌定赔偿标准。

综上，尽管华品公司提交了相关合同、费用列表等证明其支付的广告费等费用，但这些费用无法显示与诉争行为直接相关，也无法清晰地与华品公司正常经营推广活动所付费用相分离。至于华品公司因诉争行为引发用户量变化直接导致经济损失的数额，因缺乏客观计算方式，亦无法直接作为赔偿损失额的计算依据。本案中，同时缺乏拉勾公司因本案行为所获得的侵权利润，故华品公司没有充分证据证明其主张的经济损失。法院综合全案酌定赔偿数额 50 万元及合理费用 67 000 元。

【裁判结果】

拉勾公司的行为构成商业诋毁，判决赔偿 50 万元及合理费用 67 000 元。

【案号】

（2017）京 73 民终 867 号

三、直播行业同业竞争主体商业诋毁的司法认定

【基本案情】

虎牙公司和斗鱼公司均为国内网络直播领域的经营者。2018 年 6 月 27 日，暨南大学发布了《网络“黑公关”研究报告》，研究报告中记载斗鱼直播平台遭到了网络“黑公关”攻击，斗鱼指称攻击的幕后推手就是虎牙。暨南大学后对报告进行了更正，将“指称的幕后推手”一栏中的“虎牙”改为“不明”。2018 年 8 月 3 日，斗鱼公司发布微博，标题为“把暨南大学和广东舆情研究中心一起告了吧。@虎牙直播”，并附有《网络“黑公关”研究报告》的网页链接，点击链接显示研究报告第三行所对应的“攻击目标指称的幕后推手”中的内容为“虎牙”。2018 年 8 月 4 日，斗鱼公司转载新浪微博账号“叶探花官微”发布的文章《直播界黑公关事件曝光：虎牙再陷泥潭被指攻击斗鱼》，文章中多处直指虎牙公司为“黑公关的幕后推手”。2018 年 8 月 4 日，

斗鱼公司在其微信公众号上发布文章《向黑公关 SAY NO!》，文章内容未明确指向虎牙，但文中两张配图均直接指向虎牙公司。

虎牙公司认为，斗鱼公司通过微信公众号和微博传播虚假及误导性信息，侵害了虎牙公司的商业信誉，已经构成商业诋毁行为，遂诉至法院。

【争议焦点】

（1）斗鱼公司是否实施了编造、传播虚假信息或者误导性信息的行为。

（2）斗鱼公司的被控侵权行为是否会损害虎牙公司的商业信誉、商品声誉。

【裁判推理】

反不正当竞争法所规定的商业诋毁行为，首先是争议主体之间是否属于存在竞争关系的经营者；其次是经营者是否实施了编造、传播虚假信息或者误导性信息的行为；最后是该行为是否会损害竞争对手的商业信誉、商品声誉。

1. 关于斗鱼公司于 2018 年 8 月 4 日在其微信公众号“斗鱼直播平台”上发布的《向黑公关 SAY NO!》文章，该文章内容表明，斗鱼公司自称一直以来备受“黑公关”的骚扰。虽然《向黑公关 SAY NO!》文章的文字内容中并未明确指出“黑公关”的具体名称，但结合配图内容，完全会使读者产生读后的观感和认知，即斗鱼公司所称的一直备受骚扰的“黑公关”就是虎牙公司。而斗鱼公司亦未能提交证据，证明虎牙公司存在“黑公关”的行为。因此，斗鱼公司在其微信公众号发布文章，其目的是希望通过文章图文的互相关联、印证，向受众传递虎牙公司就是所谓的“黑公关”的信息，斗鱼公司该项行为属于传播误导性信息的行为。

2. 关于斗鱼公司于 2018 年 8 月 3 日在其微博账号“斗鱼直播平台”上发布的微博内容，该微博附有《网络“黑公关”研究报告》的网页链接可供点击在线阅读，并将其中的截图作为微博的内容，截图显示，攻击目标（斗鱼）指称的幕后推手：虎牙。斗鱼公司在暨南大学作出更正之后，仍然引用未经暨南大学确认的 2018 年 6 月 21 日的研究报告非正式版本，并将相关内容用红色方框进行标注后作为微博截图，该行为的指向性非常明显，就是意图向相关公众宣称虎牙公司即为“幕后推手”。庭审中斗鱼公司不承认其指称虎牙公司为“幕后推手”，在本案中亦未提交有效证据证明虎牙公司就是“攻击目标指称的幕后推手”。故斗鱼公司在其微博中发布上述内容并无事实根据，属于传播虚假信息或误导性信息的行为。

3. 关于斗鱼公司于2018年8月4日在其微博账号“斗鱼直播平台”上发布的微博内容，其转发了新浪微博账号“叶探花官微”于2018年7月4日发布的文章《直播界黑公关事件曝光：虎牙再陷泥潭被指攻击斗鱼》。相关事实表明斗鱼公司与此文所持观点一致，通过转发该文章间接表达自己的观点，即认为虎牙公司就是“黑公关的幕后推手”，同时通过虎牙直播，对研究报告中更正内容提出疑问，并要求虎牙公司作出解释。但斗鱼公司并未提交具有法律效力的可以证明虎牙公司即为“黑公关的幕后推手”的证据，故斗鱼公司在其微博发布上述内容属于传播虚假信息或误导性信息的行为。

《反不正当竞争法》第11条关于商业诋毁行为的成立并未规定应以造成实质性损害为构成要件，一审法院认为，只要该被控侵权行为存在足以造成损害竞争对手的商业信誉、商品声誉的可能性，即可认定为《反不正当竞争法》第11条所规定的商业诋毁行为。本案中，斗鱼公司在其微信公众号及微博上发布上述虚假信息或误导性信息，基于其自身的影响力以及与虎牙公司之间的激烈竞争关系，必然会对虎牙公司的商业信誉产生负面的影响，极有可能会使相关公众对虎牙公司的商业信誉及商品声誉产生怀疑甚至是贬损性的评价。从涉案微博的分享、评论、点赞数量可以看出获取该微博内容的人数众多，从涉案相关微博文章的评论区的内容亦可看出，斗鱼公司发布的被控侵权信息已造成相关公众对虎牙公司的负面评价。因此，斗鱼公司的被控侵权行为会损害虎牙公司的商业信誉、商品声誉。

经营者对于其他与其具有竞争关系的经营者的产品、服务或经营活动的评论，应当秉持审慎、客观、真实的原则。若经营者有确凿充分的事实依据对其他经营者进行公允的评价，通常不违背诚实信用原则和公认的商业道德，则该行为不会构成商业诋毁；反之，若经营者并无确凿充分的事实依据，仅凭猜测对其他经营者进行非客观、负面的评价，特别是对具有较大竞争关系的其他经营者，这种评论已超出正当商业评论的范畴，足以对竞争者的商业信誉、商品声誉产生损害，该行为应认定属于《反不正当竞争法》第11条所规定的商业诋毁行为。综上所述，本案斗鱼公司在其微信公众号及微博发布被控侵权信息的行为，已经构成《反不正当竞争法》第11条所规定的商业诋毁行为，依法应当承担相应的侵权赔偿责任。

斗鱼公司作为专业的网络直播服务提供者，应当对其发布的信息负有高于一般公众的注意义务，在其明知发布的涉案文章有可能会侵害他人商誉的后果时，希望或者放任该种后果的发生，符合主观故意的构成要件。综上所述，斗鱼公司发布涉案文章的行为构成商业诋毁，损害了虎牙公司的商誉。

【裁判结果】

斗鱼公司自判决生效之日起分别在新浪微博“斗鱼直播平台”及微信公众号“斗鱼直播平台”上置顶发布致歉声明，向虎牙公司赔礼道歉、消除影响；斗鱼公司自判决生效之日起 3 日内向虎牙公司赔偿损失 1 元整。

【案号】

（2020）粤 73 民终 733 号

四、手机 APP 开发者虚假宣传引起公众误解的认定

【基本案情】

时空引擎公司于 2014 年 11 月 12 日与成都市文化馆签订《“成都市公共文化数字化服务管理平台”一期建设采购项目协议》，承建成都市文化馆公共文化数字化管理系统开发、公共文化数字化服务系统开发、公共文化数字化服务移动平台 APP（安卓、苹果 IOS）系统开发，相关成果于 2015 年 4 月 1 日、6 月 10 日开始验收。

炼石公司于 2016 年 9 月 18 日与成都市文化馆签订《成都市文化馆公共文化数字化服务管理平台二期建设及运营合同》，承建“公共文化数字化管理系统”板块完善及提档升级、“公共文化数字化服务系统（含 APP）”板块完善及提档升级、“公共文化数字化服务系统（含 APP）”运营及推广工作。成都市数字文化馆（现更名为文化天府）APP 于 2016 年 12 月上线，并在各应用商店上供公众下载，其产品开发者均署名炼石公司。此外，炼石公司制作了主题为“公共文化服务云平台”的宣传手册，该宣传手册含 24 页内容，时空引擎公司认为其部分内容构成了虚假宣传，足以造成该领域相关潜在消费者将成都市文化馆公共文化数字化服务管理平台（含管理系统、服务系统、APP）误认为全部由炼石公司建设，故提起诉讼。

【争议焦点】

(1) 时空引擎公司与炼石公司之间是否具有竞争关系。

(2) 炼石公司有关宣传内容是否足以造成相关公众误解。

(3) 炼石公司对时空引擎公司是否造成了直接损害。

【裁判推理】

从经营范围来看，原告时空引擎公司从事计算机软硬件及辅助设备的开发、销售、租赁、维修，计算机网络工程的设计、施工，电脑游戏的产品开发，网吧网络文化经营等业务；被告炼石公司是从事开发计算机软硬件、网络设备、计算机软硬件及耗材、通信器材等业务的经营者，原告时空引擎公司与被告炼石公司在计算机软硬件开发方面存在同业竞争关系。

被告炼石公司制作的主题为“公共文化服务云平台”的宣传手册从整体来看，意在宣传被告炼石公司在公共文化领域提供的以“云平台”为特点的移动互联网应用解决方案产品。首先，宣传册介绍了炼石公司产品架构、产品特点、产品功能、产品详情、分析报表、运维服务、服务内容等方面，与被告炼石公司与成都市文化馆约定的被告炼石公司提供“公共文化数字化服务系统（含 APP）”板块完善及提档升级、运营及推广内容相对应，尤其在“分析报表”“运维服务”方面区别于原告提供的一期系统开发，其间宣传册引用的被告炼石公司建设“数字文化馆”成果亦得见于被告向成都市文化馆提供的《需求规格说明书》中。其次，“公共文化服务云平台”的宣传手册第 23 页载有“成都市数字文化馆建设项目于 2016 年由我公司承建……成都市数字文化馆公共文化服务平台于 2016 年年底正式上线……”联系上下文，此处的“成都市数字文化馆公共文化服务平台”应主要指手机 APP，事实上，开发者署名为被告炼石公司的成都市数字文化馆 APP 的确于 2016 年 12 月上线，并在各应用商店上供公众下载。被告炼石公司在宣传册尾部介绍的数字文化馆大事件主要内容均是针对该手机 APP 的上线及此后内容的扩充方面（运营），结合“成都市数字文化馆建设项目于 2016 年由我公司承建”的说明，以此区别于原告时空引擎公司所承建的已于 2015 年验收的公共文化数字化服务移动平台 APP（安卓、苹果 IOS）系统开发工程，即一期工程。最后，诉讼过程中，原告并未提供证据证明其一期工程的研发成果。故就公共文化数字化平台建设领域而言，该宣传册虽未完整介绍成都市文化馆公共文化数字化服务管理平台的建设历程，但其整体内容并不足以造成该领域相关潜在消费者将成都市文化馆公共文化数字化服务管理平台（含管理系统、服务系统、APP）误认为全部由被告炼石公司全部建设。

《反不正当竞争法》第 17 条规定："经营者违反本法规定，给他人造成损害的，应当依法承担民事责任。经营者的合法权益受到不正当竞争行为损害的，可以向人民法院提起诉讼。因不正当竞争行为受到损害的经营者的赔偿数额，按照其因被侵权所受到的实际损失确定；实际损失难以计算的，按照侵权人因侵权所获得的利益确定。……赔偿数额还应当包括经营者为制止侵权行为所支付的合理开支"。本案中，原告并未举证证明被告的有关宣传行为造成了直接损失，原告诉称被告在承建《成都市文化馆公共文化数字化服务管理平台二期建设及运营合同》，合同标的额为 93 万元，故诉请赔偿经济损失 5 万元，但涉案宣传手册制作在被告签订该合同之后，二者不具有因果关系。

【裁判结果】

被告相关宣传内容未见虚假成分，不足以造成相关公众误解，不构成反不正当竞争法意义上的引人误解的虚假宣传行为。

【案号】

（2017）川 0191 民初 14539 号

五、虚假买量增粉服务的反不正当竞争法规则

【基本案情】

快手公司发现今日有票网站和今日有票 APP（以下分别简称为涉案网站和涉案 APP）提供针对快手公司平台用户的虚假增加粉丝数量、视频播放量、点赞量及评论数量的付费服务，导致快手 APP 中存在大量虚假访问、点击等数据。

快手公司认为该行为破坏了快手公司平台数据的真实性，影响了快手公司的正常经营决策，损害了快手公司享有的合法商业利益，构成不正当竞争，厦门起淳公司作为涉案付费服务的收款方，应当就涉案不正当竞争行为承担相应法律责任，故诉至法院。

【争议焦点】

（1）被诉行为是否构成不正当竞争。

（2）如果构成不正当竞争，厦门起淳公司所应承担的法律责任。

【裁判推理】

《反不正当竞争法》第8条第2款规定，经营者不得通过组织虚假交易等方式，帮助其他经营者进行虚假或者引人误解的商业宣传。法院认为，快手平台上的访问数据具有较大的商业价值，快手公司依托于快手平台上的数据所获取的商业利益依法受到保护。根据快手公司提交的证据，快手用户通过涉案网站下载涉案APP，在涉案APP中购买相关服务后，可以增加快手平台上视频的播放量、点赞数、评论数等。鉴于厦门起淳公司为上述服务的收款方，在其未提交证据的情况下，法院认定上述行为系其实施。被诉行为帮助快手用户对其作品的播放量、点赞量及评论次数等进行虚假宣传，易误导相关公众，并影响了快手平台上数据的真实性，属于《反不正当竞争法》第8条第2款所规制的行为。

此外，鉴于双方均未举证证明该行为系通过技术手段所实现，故对于快手公司主张的被诉行为同时违反《反不正当竞争法》第12条第2款第4项之规定的主张，法院不予支持。

厦门起淳公司应当对涉案不正当竞争行为承担法律责任。快手公司要求厦门起淳公司赔偿经济损失的诉讼请求，法院予以支持，但是关于经济损失的具体数额，鉴于双方均未提交证据证明快手公司的实际损失或厦门起淳公司的非法获利，故法院在综合考虑快手平台的知名度、涉案服务的收费标准等情节的基础上，酌情确定赔偿数额。

关于快手公司主张的合理开支，其虽未提交相应证据，但考虑到本案确有电子证据取证及律师出庭等情形，法院对其中的合理部分予以支持。

关于消除影响的诉讼请求，鉴于现有证据不足以证明涉案不正当竞争行为给快手公司造成了不良影响，故对于该项诉讼请求，法院并未予以支持。

【裁判结果】

被告厦门起淳公司赔偿原告快手公司经济损失40 000元及合理开支5000元；驳回原告北京快手科技有限公司的其他诉讼请求。

【案号】

（2019）京0108民初56342号

第三节　数据之争引发的法律问题

大数据时代，数据资源成为互联网企业重要的竞争优势及商业资源，而用户是数据的核心。对互联网平台来说，用户越多，存储在企业服务器中的数据就越多，再运用技术手段对已有数据进行处理进而将数据转化为价值的可能性就越大。因此，对互联网企业来说，其盈利模式很大程度上依靠对用户数据的收集和使用。

互联网企业应当保护平台用户的个人信息。用户信息是重要的竞争优势与商业资源，出于维护自身利益的角度，互联网企业应当对平台上存储的用户信息采取完善的保护措施。并且，出于对用户负责的角度，平台企业也应当保护用户提供的各类信息，以防止他人盗用，危害用户合法权益。此外，根据《个人信息安全规范》《电子商务法》《个人信息保护法》《数据安全法》等，存储用户个人信息的平台运营商（经授权的平台）具有维护网络安全与个人信息保护等方面的义务。"微博"诉"脉脉"盗用用户信息不正当竞争纠纷案是全国首例关于用户个人信息的社交网络平台不正当竞争纠纷案，该案已明确，互联网企业作为网络运营者，同时也是存储用户信息的平台，其应当重视管理、监测、记录网络运行状态，应用、管理、保护用户数据，更好地维护用户信息安全。其他经营者在与平台进行商业合作中获取用户个人信息应当合法合规，并获得用户的许可，未经许可擅自使用竞争者平台中存储的个人信息可能构成不正当竞争。

互联网企业擅自获取其他市场经营者特有的数据构成不正当竞争，一般需要满足以下三个要件：

第一，获取用户信息的行为未获"三重授权"。第三方应用通过开放平台获取用户信息时应坚持"用户授权"+"平台授权"+"用户授权"的三重授权原则，即第三方应用在与经用户授权的企业或平台开展合作开发时，应事先取得用户的同意，再收集并利用其中存储的用户相关信息以充分尊重用户的自由选择权，保护用户的隐私权和知情权。在非合作模式下，第三方应用擅自利用技术手段，避开经授权平台设置的用户信息保护措施，抓取用户数据，则属于未经“平台授权”和“用户授权”，违背了诚信的行为准则和公平的行业竞争秩序。

第二，获取的用户信息来自竞争者平台。企业经营行为的不正当性和不正当竞争行为的“不正当”意义并不完全相同。不正当竞争行为的成立与否应当是针对其竞争者而言的，企业违规获取竞争者的用户信息时，才可能承担不正当竞争的法律责任。需要注意的是，此处竞争者不仅指同行业已经存在的竞争者，也包含潜在的竞争者，即最终利益相同的竞争者。

第三，获取信息的行为损害了市场竞争秩序。目前，法律对互联网中网络平台提供者和第三方应用的竞争行为未作出特别规定。当第三方应用非法获取、使用经授权平台的用户信息时，其行为违反了诚实信用原则和公认的商业道德，可以适用《反不正当竞争法》第 2 条进行规制。此时认定不正当竞争行为需要综合考虑经营者、消费者和社会公众的利益。在具体案件中，应当从诚实信用原则出发，综合考虑涉案行为对三方主体的影响。当第三方应用的行为能够被证明确实损害了用户（消费者）利益和经营者合法权益，进而可能危害市场竞争秩序时，认定行为具有不正当性。

实务中，在适用《反不正当竞争法》第 2 条审理互联网不正当竞争纠纷时，应当慎重判断行为人的主观故意、实际损害，并综合考虑多方利益和市场秩序，慎用“诚实信用原则”。根据《最高人民法院关于适用〈反不正当竞争法〉若干问题的解释》，人民法院应当结合案件具体情况，综合考虑行业规则或者商业惯例、经营者的主观状态、交易相对人的选择意愿、对消费者权益、市场竞争秩序、社会公共利益的影响等因素，依法判断经营者是否违反商业道德。人民法院认定经营者是否违反商业道德时，可以参考行业主管部门、行业协会或者自律组织制定的从业规范、技术规范、自律公约等。主观故意、损害结果及致害行为的不正当性均属于权利人的举证责任范围。对本节所述的未经授权盗用竞争者平台数据信息行为进行判断时，经授权的平台应当举证证明第三方平台的非法获取行为、用户信息被盗取的结果，以及己方利益受损程度。在实践中，一些网站通过设置 robots 协议限制特定竞争者的网络机器人抓取其数据，对此行为，需要结合 robots 协议设置方与被限制方所处的经营领域和经营内容、被限制的网络机器人应用场景、robots 协议的设置对其他经营者和消费者以及竞争秩序的影响等多种因素综合判断其合法性。因个案场景的不同，有的案件认定该行为是企业自主经营权的范畴，有的案件认为是不正当竞争。

在用户同意的前提下，网络平台提供方基于自身正当的经营活动可以收集并商业性使用用户数据信息。但是，收集利用用户信息应遵循合法、正当、必要的原则，对已收集的用户信息尽到管理义务，采取制定内部数据信息安全管理制度和操作规程、完善计算机病毒应急防范制度、检测网络运行状态、注意用户信息加密及备份等手段维护用户隐私权。此外，尽管精准推送可以给网络平台带来经济效益，也能给用户提供方便，但是网络平台不得强迫收集信息，用户有权拒绝个性化推送，保障用户维护个人隐私的权利。

一、数据权益的竞争法保护

【基本案情】

原告为腾讯计算机公司、腾讯科技公司，被告为搜道公司、聚客通公司。本案两原告共同开发运营个人微信产品，为消费者提供即时社交通信服务。个人微信产品中的数据内容主要为个人微信用户的用户账号数据、好友关系链数据、用户操作数据等个人身份数据和个人行为数据。

本案两被告开发运营“聚客通群控软件”，利用 Xposed 外挂技术将该软件中的“个人号”功能模块嵌套于个人微信产品中运行，为购买该软件服务的微信用户在个人微信平台中开展商业营销、商业管理活动提供帮助。

两原告认为其对于自己所控制的微信平台数据享有数据权益，两被告擅自获取、使用涉案数据的行为，已构成不正当竞争，遂诉至法院。

【争议焦点】

(1) 被诉行为是否属于不正当竞争。

(2) 关于被诉行为是否属于创新性竞争。

【裁判推理】

首先，本案中两原告主张享有数据权益的涉案数据均为微信用户的个人身份数据或个人行为数据。该部分数据只是将微信用户信息作了数字化记录后形成的原始数据，并非微信产品所产生的衍生数据。

其次，两原告主张数据权益的微信数据，可以分为两种数据形态：一是原始数据个体，二是数据资源整体。网络平台方对于原始数据个体与数据资源整体所享有的是不同的数据权益。

就微信平台中单一原始数据而言，数据控制主体只能依附于用户信息权益，依其与用户的约定享有原始数据的有限使用权。未经许可使用他人控制的单一原始数据只要不违反“合法、必要、征得用户同意”原则，一般不应被认定为侵权行为。故两被告擅自收集、存储或使用单一微信用户数据仅涉嫌侵害该微信用户个人信息权，两原告不能因此而主张损失赔偿。

就微信平台数据资源整体而言，微信数据资源系两原告经过长期经营积累聚集而成的，能够给两原告带来竞争优势，两原告对于微信数据资源应当享有竞争权益。如果被告未经许可规模化破坏性使用该数据资源，则构成不正当竞争，两原告有权要求获得赔偿。

被诉侵权软件具有收集、存储及监控微信产品数据的功能。涉案微信数据并非相关经营性用户单方信息，还涉及作为经营性用户微信好友的其他微信用户个人身份数据，以及经营性用户与其微信好友通过相互交集而共同提供的用户行为数据。

两被告擅自将该部分并不知情的微信用户的数据进行存储或使用，违反了网络安全法的相关规定，构成了对微信用户信息权益的侵害。此外，被诉侵权行为势必导致微信用户对微信产品丧失应有的安全感及基本信任，减损微信产品的用户关注度及对用户数据流量的吸引力，损害两原告对于微信数据资源享有的竞争性权益。

综上所述，两被告的行为不仅有违商业道德，而且违反了网络安全法的相关规定，构成《反不正当竞争法》第 2 条规制的不正当竞争行为。

法院认为，网络竞争行为应当符合“合法、适度、征得用户同意、有效率”的原则。微信产品作为一款社交产品在国内外拥有巨量活跃用户，深受广大消费者的欢迎，其对于市场的贡献是显而易见的。被诉侵权软件虽然提升了少数经营性用户使用微信产品的体验，但恶化了多数用户使用微信产品的体验，如果不加以禁止，会危及微信产品的整体效能发挥与后续发展，进而影响到广大消费者的福祉。两被告此种所谓创新竞争活动，在竞争效能上明显破坏性大于建设性，不属于有效率的创新竞争，不具有正当性。

【裁判结果】

两被告立即停止涉案不正当竞争行为，共同赔偿两原告经济损失及合理费用260万元。

【案号】

（2020）浙01民终5889号

二、抓取用户评论是否构成不正当竞争

【基本案情】

微播公司是抖音APP的开发者和运营者，对该平台上的短视频及评论享有相关权益，创锐公司为刷宝APP的开发者和运营者，与微播公司存在直接竞争关系。刷宝APP大量抓取抖音上的短视频文件及用户评论内容，并在刷宝APP上向公众提供以此获得用户和流量。微播公司认为创锐公司该行为构成不正当竞争，故将创锐公司诉至法院。

【争议焦点】

（1）微播公司是否具有依法应予保护的合法权益。

（2）被诉行为是否构成不正当竞争。

【裁判推理】

根据《反不正当竞争法》第2条的规定，经营者在生产经营活动中，应当遵循自愿、平等、公平、诚信的原则，遵守法律和商业道德；不正当竞争行为，是指经营者在生产经营活动中，违反本法规定，扰乱市场竞争秩序，损害其他经营者或者消费者合法权益的行为。

微播公司作为抖音APP的开发者和运营者，投入相应的人力、财力成本，通过正当合法的经营，一方面吸引用户至抖音APP平台发布短视频，积累用户和短视频内容，另一方面通过经营短视频资源吸引用户观看、评论、分享，带来相应流量。

此外，微播公司与用户之间定有协议，其在正常的经营活动中使用抖音APP上的短视频内容、用户评论等资源均是微播公司通过正当合法的商业经营所获得，并由此带来经营收益、市场利益及竞争优势，上述合法权益应受反不

正当竞争法的保护。

至于微播公司是否获得相应的行政许可，并不影响其正当经营利益及合法权益依法受到保护。

关于刷宝 APP 的开发运营主体，法院认为，现有证据能够证明创锐公司运营刷宝 APP 苹果 IOS 版及安卓版，理由如下：

首先，证据显示刷宝 APP 苹果 IOS 版的开发者为创锐公司，安卓版为力奥公司，创锐公司虽解释苹果 IOS 版系力奥公司为通过苹果商店审核而使用其资质，但其对此情况系知晓，亦未提出任何异议。

其次，创锐公司提交的用以证明涉案短视频有合法来源的部分用户授权书的被授权方同时有创锐公司及力奥公司，部分授权书中的被授权方明确为创锐公司，且授权平台为刷宝 APP，创锐公司对此未进行合理解释，可见创锐公司参与开发运营刷宝 APP。

关于竞争关系，本案证据显示，创锐公司运营的刷宝 APP 提供短视频服务，与抖音 APP 构成直接竞争关系，双方属于同业竞争者，创锐公司辩称双方不存在竞争关系无事实和法律依据，法院不予采信。

本案中，双方确认，刷宝 APP 上有 50 392 个短视频与抖音 APP 的短视频相同，证据显示有 127 处评论内容相同，且短视频中含有抖音专有的 VID 码，创锐公司虽表示涉案短视频系用户上传，部分短视频有合法来源，但其提交的后台信息、用户信息等表格均系自行制作，且存在如下问题：1. 用户信息中有大量用户的注册时间、最后登录时间早于刷宝 APP 安卓版的上线时间，创锐公司对此未作合理解释；2. 后台信息不完整，且视频上传时间与前述用户信息中的注册、登录时间有明显矛盾，亦无关联性；3. 创锐公司用以说明用户授权、用户信息、后台信息关联性的举例显示，用户授权书中的用户 UID 与后台信息中的 UserID 无法对应，其亦不能作出合理解释；4. 创锐公司无法提交涉案评论由用户发布的相应证据。故法院认为，创锐公司关于涉案视频由用户上传的抗辩无相应证据证明，不予采信。

同时，法院还注意到如下情形：

首先，微播公司设置“123. 59. 215. 50 搬运自抖音”VID 码的视频出现于刷宝 APP 上，创锐公司对此无法进行合理解释。

其次，在播放过程中显示有标识“抖音”“视频不见啦”字样的 4 个视频出现在刷宝 APP 上，创锐公司虽表示上述视频为用户上传，但一方面，其未提交证据证明上述视频为用户上传，另一方面其亦未提交证据证明普通用户能够在抖音 APP 中以下载的方式获取上述视频文件。

再次，微播公司提交的证据显示，2019 年 4 月 16 日安装的刷宝 APP 安卓版无上传短视频入口，2019 年 4 月 29 日安装的刷宝 APP 苹果 IOS 版提示“目前仅开放部分用户使用，敬请期待”，无法发布视频。

最后，现有证据显示刷宝 APP 上出现多处评论内容、评论顺序甚至标点符号与抖音 APP 对应评论完全相同，难以解释为巧合，且出现表情图未能以正常的图像效果显示，却展现为表情符号的现象，则进一步证明相关评论内容系来源于抖音 APP 的用户评论。

综合以上因素，法院认为，现有证据能够证明创锐公司系采用技术手段或人工方式获取来源于抖音 APP 中的视频文件和评论内容并通过刷宝 APP 向公众提供，创锐公司未通过正常运营刷宝 APP 产品吸引用户、培育市场、建立竞争优势，并以此获得相应的合法经营利益，而是直接采用技术手段或人工方式获取微播公司赖以经营和获利的视频资源、评论内容。创锐公司在未投入相应成本的情况下，直接获取上述资源，掠夺微播公司的经营成果，并以此与微播公司争夺流量和用户，削弱了微播公司的竞争优势，损害了微播公司的合法权益，此种行为违反诚实信用原则和公认的商业道德，构成不正当竞争。

【裁判结果】

被告创锐公司赔偿原告微播公司 500 万元。

【案号】

（2019）京 0108 民初 35902 号

三、擅自抓取其他平台数据是否构成不正当竞争

【基本案情】

微梦公司系新浪微博网站的运营者及服务提供者。蚁坊公司系蚁坊软件网及鹰击系统网的运营者及服务提供者。蚁坊公司未经新浪公司及相关用户许可，擅自抓取大量的新浪微博内容和数据并进行加工、包装，然后通过蚁坊软件网及鹰击系统网售卖给网络用户。

微梦公司认为，蚁坊公司的上述行为攫取了微梦公司的用户流量和交易机会，由此获得了大量的商业利益，构成典型的“不劳而获”和“搭便车”情形，违反了诚实信用原则和商业道德，构成不正当竞争行为，给微梦公司造成了损害，故向法院提起诉讼。

【争议焦点】

蚁坊公司获取微博数据的行为是否属于不正当竞争行为。

【裁判推理】

第一，蚁坊公司与微梦公司之间是否存在反不正当竞争法意义上的竞争关系。

反不正当竞争法旨在制止不正当竞争行为，维护合法有序的市场竞争秩序，故对于不正当竞争纠纷诉讼主体之间的竞争关系不应作狭义的理解和限制，现代市场中的竞争关系不仅包括同业竞争，也包括不同经营者对同一经营资源或交易机会进行争夺的情形。

本案中，虽然微梦公司与蚁坊公司的经营领域不同，但二者重要的经营资源均包含新浪微博数据，而微梦公司通过大量投入所积累的新浪微博数据显然具有商业价值，并可为微梦公司带来直接或间接的经济利益、提供竞争优势。

在案证据显示，微梦公司已与蜜度公司就上述新浪微博数据在舆情监测服务方面的商业化利用展开了合作，而蚁坊公司与蜜度公司的经营模式、经营领域高度趋同，新浪微博数据正是蜜度公司与蚁坊公司所共同需求的核心经营资源。

因此，若蚁坊公司不正当地获取新浪微博数据并用以提供商业化舆情监测服务，在提高自身竞争优势的同时，会直接减弱微梦公司利用上述微博数据进行商业化利用的交易机会与交易空间。

蚁坊公司与微梦公司存在现实的“此消彼长”关系，故二者存在反不正当竞争法意义上的竞争关系。

第二，蚁坊公司获取新浪微博数据的方式是否合法。

微梦公司指控的不正当竞争行为系鹰击系统未经许可擅自抓取、展示、应用、分析新浪微博数据的行为。获取信息是后续展示、应用、分析行为的基础和前提，故本案的关键在于鹰击系统获取新浪微博数据的方式是否具有正当性。

蚁坊公司主张鹰击系统获取新浪微博数据的渠道有两个：一是通过登录五个数据接口账户获取高权限的新浪微博数据，并主张该数据接口是 2011 年在国务院新闻办公室的协调下，由新浪微博的运营方提供的，至今仍然能够使用；二是通过网络爬虫技术，抓取新浪微博公开的数据后予以集成。法院认为：

首先，蚁坊公司在审理中称只有在用户发出指令之后，鹰击系统才开始收集微博数据，而根据第 8287 号公证书记载的内容，在输入某一关键词后，相关微博即会出现“转”“评”“删”的内容，此时并不具备蚁坊公司所称的相隔多天后进行数据对比的条件，故蚁坊公司的解释仍然不能成立。

其次，根据微梦公司提交的公证书、时间戳证据以及法院多次进行的现场勘验，在用户未登录状态下，可以看到的新浪微博内容非常有限，而在鹰击系统中输入某一关键词后监测到的新浪微博数量均远远超出了未登录状态下可获取的微博内容。

最后，在未登录状态下，通过用户触发行为加载更多微博信息时，其网址并不发生变化，蚁坊公司在二审程序中仍未有效证明其网络爬虫如何抓取这些需要用户触发行为才可以加载的信息。即便网络爬虫可以模拟用户行为，但根据一审勘验的过程可知，每次用户触发行为加载信息都需要一定时间，网络爬虫面对多次触发才可以完整收集的微博信息，其获取、显示过程显然无法达到鹰击系统所宣传的“微博数据更新频率是秒级”的效果。

因此，在不通过技术手段破坏或者绕开新浪微博所作的技术限制的情况下，无法实现蚁坊公司所宣称的鹰击系统所具有的功能。蚁坊公司绕开原告技术限制所实施的数据获取行为不合法，违反了《反不正当竞争法》第 12 条第 2 款第 4 项，构成不正当竞争。

此外，对于鹰击系统显示的微博发布时间如何精确到秒，蚁坊公司提交了第 2458 号公证书，证明其系通过查阅新浪微博网页源代码的方式，通过对网页源代码中包含的数据用时间戳转换工具进行转换得到精确到秒的信息。

对此，法院认为，蚁坊公司说明了一种技术上实现的可能性，但对于该种实现方式，蚁坊公司并未提交任何证据证明鹰击系统系通过该种方式实现。

最后需要说明的是，对蚁坊公司被控行为的正当性评价与鹰击系统的应用场景或应用目的无关，本案对蚁坊公司行为正当性的评价也不延及与鹰击系统有关的其他市场。

【裁判结果】

蚁坊公司立即停止涉案不正当竞争行为，赔偿微梦公司经济损失500万元及合理开支28万元。

【案号】

（2019）京73民终3789号

四、盗用其他平台用户信息引起的不正当竞争纠纷

【基本案情】

微梦公司是新浪微博的经营人，淘友技术公司、淘友科技公司共同经营脉脉软件及脉脉网站。脉脉于2013年10月底上线，是一款基于移动端的人脉社交应用。微梦公司表示，根据开发者协议，淘友技术公司、淘友科技公司仅为普通用户，可以获得新浪微博用户的ID头像、好友关系（无好友信息）、标签、性别，无法获得新浪微博用户的职业和教育信息，但淘友技术公司、淘友科技公司违反了开发者协议，使大量未注册为脉脉用户的新浪微博用户的相关信息也展示在脉脉软件中，且双方合作终止后，淘友技术公司、淘友科技公司仍使用大量非脉脉用户的微博用户信息。微梦公司认为淘友技术公司、淘友科技公司实施了四项不正当竞争行为，故诉至法院。

【争议焦点】

（1）淘友技术公司、淘友科技公司获取、使用新浪微博用户信息的行为是否构成不正当竞争行为。

（2）淘友技术公司、淘友科技公司获取、使用脉脉用户手机通讯录联系人与新浪微博用户对应关系的行为是否构成不正当竞争行为。

（3）淘友技术公司、淘友科技公司是否对微梦公司实施了商业诋毁行为。

【裁判推理】

根据淘友技术公司、淘友科技公司与微梦公司双方签订的《开发者协议》第2.5.15条约定：一旦开发者停止使用开放平台或微梦公司基于任何原因终止对开发者在微博开放平台的服务，开发者必须立即删除全部从微博开放平台

中获得的数据。淘友技术公司、淘友科技公司与微梦公司于 2014 年 8 月 15 日合作关系结束后，淘友技术公司、淘友科技公司应立即删除从新浪微博开放平台中获得的全部数据，无权再使用新浪微博用户的信息。本案中，从现有证据来看，在双方合作终止后数月期间，脉脉软件中仍存在大量新浪微博用户基本信息，虽然脉脉从新浪微博获取的职业信息及教育信息数量达到 500 万左右，立即删除 500 万的数据在技术操作上确实不易，且淘友技术公司、淘友科技公司承认在其数据清理过程中存在偏差，导致脉脉中仍显示部分非脉脉用户的新浪微博用户信息。但是，不可否认的是，淘友技术公司、淘友科技公司在清理相关数据期间，仍在持续使用相关数据信息。因此，一审法院认定合作关系结束后，淘友技术公司、淘友科技公司仍存在非法使用新浪微博用户信息的行为。

综上所述，法院认为，淘友技术公司、淘友科技公司获取新浪微博信息的行为存在主观过错，违背了在 Open API 开发合作模式中，第三方通过 Open API 获取用户信息时应坚持“用户授权”+“平台授权”+“用户授权”的三重授权原则，违反了诚实信用原则和互联网中的商业道德。故淘友技术公司、淘友科技公司获取并利用新浪微博用户信息的行为不具有正当性。

淘友技术公司、淘友科技公司获取、使用脉脉用户手机通讯录联系人与新浪微博用户对应关系的行为是否构成不正当竞争行为。

第一，淘友技术公司、淘友科技公司的行为违反了诚实信用原则和公认的商业道德。如前所述，在互联网中涉及对用户信息的获取并使用的不正当竞争行为认定时，是否取得用户同意以及是否保障用户的自由选择是公认的商业道德。本案中，淘友技术公司、淘友科技公司作为市场经营主体，应当遵守公认的商业道德，履行开发者协议中规定的义务，在通过 Open API 接口获得相关信息时应取得用户的同意。同时，新浪微博是否采取技术措施要求开发者应用提供其已经取得用户同意的证明，并不影响开发者应依照诚实信用原则履行开发者协议规定的告知义务。此外，脉脉通过用户上传手机通讯录展示非脉脉用户的微博信息，损害了非脉脉用户的知情权和选择权。

第二，淘友技术公司、淘友科技公司将对应关系进行展示亦不属于行业惯例。淘友技术公司、淘友科技公司表示新浪微博、微信、人脉通、得脉等其他

APP 也展示涉案对应关系，但从公证书公证的内容来看，新浪微博、微信、人脉通、得脉软件中展示的对应关系是手机通讯录与其自身软件注册的关系。例如，微信中能够展示手机通讯录中的其他微信用户，并注明微信昵称，而并非展示手机通讯录与其他 APP 之间的对应关系。因此，现有证据不能证明淘友技术公司、淘友科技公司展示的对应关系符合行业惯例。

第三，淘友技术公司、淘友科技公司获取并展示对应关系的行为损害了公平的市场竞争秩序，同时一定程度上损害了微梦公司的竞争利益。市场竞争主体在自由竞争时应遵守公认的商业道德，维护公平的市场秩序。本案中，淘友技术公司、淘友科技公司与微梦公司基于 Open API 开发合作模式进行合作，双方均应遵守互联网环境中的商业道德，以诚实信用为原则，尊重用户隐私，保障用户的知情权和选择权，公平、平等地展开竞争，不得采取不正当手段损害公平、公开、公正的市场竞争秩序，侵犯对方的合法利益。在数据资源已经成为互联网企业重要的竞争优势及商业资源的情况下，互联网行业中，企业竞争力不仅体现在技术配备，还体现在其拥有的数据规模。大数据拥有者可以通过所拥有的数据获得更多的数据从而将其转化为价值。对社交软件而言，拥有的用户越多将吸引更多的用户进行注册使用，该软件的活跃用户越多则越能创造出更多的商业机会和经济价值。新浪微博作为社交媒体平台，月活跃用户数达到亿人次，平均日活跃用户数达到千万人次，微梦公司作为新浪微博的经营人，庞大的新浪微博用户的数据信息是其拥有的重要商业资源。用户信息作为社交软件提升企业竞争力的基础及核心，新浪微博在实施开放平台战略中，有条件地向开发者应用提供用户信息，坚持“用户授权”+“新浪授权”+“用户授权”的三重授权原则，目的在于保护用户隐私的同时维护企业自身的核心竞争优势。脉脉应用于 2013 年 10 月底上线，是一款基于移动端的人脉社交应用，通过分析用户的新浪微博和通讯录数据，帮助用户发现新的朋友，并且使他们建立联系。但是，淘友技术公司、淘友科技公司违反开发者协议，未经用户同意且未经微梦公司授权，获取新浪微博用户的相关信息并展示在脉脉应用的人脉详情中，侵害了微梦公司的商业资源，不正当地获取竞争优势，这种竞争行为已经超出了法律所保护的正当竞争行为。

综上，淘友技术公司、淘友科技公司未经新浪微博用户的同意及新浪微博的授权，获取、使用脉脉用户手机通讯录中非脉脉用户联系人与新浪微博用户对应关系的行为，违反了诚实信用原则及公认的商业道德，破坏了 Open API 的运行规则，损害了互联网行业合理、有序、公平的市场竞争秩序，一定程度上损害了微梦公司的竞争优势及商业资源，根据《反不正当竞争法》第 2 条的规定，淘友技术公司、淘友科技公司展示对应关系的行为构成不正当竞争行为。

淘友技术公司、淘友科技公司实施的涉案行为是否构成对微梦公司的商业诋毁。

淘友技术公司、淘友科技公司披露双方终止合作的方式显属不当，淘友技术公司、淘友科技公司没有客观、完整地呈现双方终止合作的前因后果，淘友技术公司、淘友科技公司及其法定代表人的公开声明中的表达将会误导新浪微博用户及其他相关公众对微梦公司产生泄露用户信息及以交换用户数据为合作条件的错误评价，故淘友技术公司、淘友科技公司的前述行为符合商业诋毁的行为要件。大数据时代，用户数据安全是每一个网络用户关心的问题，也是整个互联网行业普遍关注的问题，互联网企业保护用户数据安全既是企业的法律责任、社会责任，也是用户选择其提供服务考虑的重要因素。自媒体时代网络的发达便捷使得互联网信息传播速度非常快，淘友技术公司、淘友科技公司公开发表的声明中称"新浪微博今日要求交出用户数据才能继续合作"等内容可能在短时间内就会广泛传播，进而可能误导相关公众认为微梦公司泄露用户信息并试图不正当使用用户数据从而导致新浪微博的信用度降低，影响微梦公司的商业信誉，故淘友技术公司、淘友科技公司的前述行为符合商业诋毁行为的后果要件。

综上，淘友技术公司、淘友科技公司在公开声明中没有客观、完整地呈现双方终止合作的前因后果，披露方式显属不当，将会误导新浪微博用户及其他相关公众对微梦公司产生泄露用户信息、非法获取用户信息的错误评价，损害微梦公司的商业信誉，构成商业诋毁行为。

【裁判结果】

被告赔偿原告经济损失 200 万元。

【案号】

(2016) 京 73 民终 588 号

五、数据抓取行为之正当性判断方法

【基本案情】

原告微梦公司系新浪微博开发和运营主体。被告云智联公司开发运营了涉案APP，该APP基于明星粉丝需求汇集了境内外公开的全网数据，并使用特定技术对所获取数据进行加工定制，为粉丝与明星互动搭建桥梁。原告认为，被告未经其许可擅自抓取了其付出大量成本收集、运营的前端数据及相应的后端数据，并在涉案APP中向其用户推送和展示了相关数据，且持续并扩大抓取、展示范围，使用户无须登录新浪微博即可全面查看明星微博动态，对新浪微博相关服务构成实质性替代，侵害了其合法权益，构成不正当竞争，故提起诉讼。

【争议焦点】

云智联公司是否实施了抓取涉案数据并在涉案APP中使用的行为，云智联公司抓取并使用涉案数据的行为是否正当。

【裁判推理】

在论述云智联公司被诉行为性质前，有必要对新浪微博数据的类型进行一定区分和界定。从技术角度看，使用前端和后端概念区分平台数据可能存在范围重叠之情形，或出现分类不严谨之问题，故从规范层面看，将新浪微博数据做公开和非公开的区分更能体现法律意义。在无相反证据的情形下，对于微梦公司未设定访问权限的数据，应属其已在新浪微博中向公众公开的数据；但对于其通过登录规则或其他措施设置了访问权限的数据，则应属新浪微博中的非公开数据。

从双方提交的公证书和新浪微博网页打印件看，部分数据系在用户未登录新浪微博账号的情形下即可查看，部分数据仅在用户登录其新浪微博账号后才可查看或进行分享等其他操作，部分则在微博APP等任何新浪微博产品前端均未予以展示。据此，微梦公司主张的涉案数据中应既有新浪微博的公开数据，亦有非公开数据。

对于平台中的公开数据，基于网络环境中数据的可集成、可交互之特点，平台经营者应当在一定程度上容忍他人合法收集或利用其平台中已公开的数据，否则将阻碍以公益研究或其他有益用途为目的的数据运用，有违互联网互联互通之精神。且无论是通过用户个人浏览，还是网络爬虫等技术手段获取数据，只要其遵守通用的技术规则，则其行为本质均相同，网络平台在无合理理由的情形下，不应对通过用户浏览和网络爬虫等自动化程序获取此类公开数据的行为进行区别性对待。

当然，如果他人抓取网络平台中的公开数据之行为手段并非正当，则其抓取行为本身及后续使用行为亦难谓正当；如果他人抓取网络平台中的公开数据之行为手段系正当，则需要结合涉案数据数量是否足够多、规模是否足够大进而具有数据价值，以及被控侵权人后续使用行为是否造成对被抓取数据的平台的实质性替代等其他因素，对抓取公开数据行为的正当性做进一步判断。

基于前述对涉案数据类型的区分，云智联公司抓取涉案数据的行为是否正当，关键在于判断两点：一是其抓取并使用的数据是否包括新浪微博的非公开数据；二是其抓取并使用的新浪微博公开数据的行为是否正当。

第一，关于云智联公司是否抓取了新浪微博的非公开数据。

首先，涉案 APP 与微博 APP 中明星动态界面的设计和内容基本相同，且基本系同步展示；二者之间的差异仅体现在个别细节，例如，涉案 APP 部分相应内容较为简略，或功能较少。

其次，在新浪微博用户未登录状态下，仅可查看数量有限的涉案数据，或仅可使用有限的新浪微博功能，用户登录后才可访问到更多数据，使用更多功能。而云智联公司未就涉案 APP 展示的部分涉案数据为何可突破微梦公司所做的正常访问限制而展示这一情形进行合理解释并提交证据。

再次，微博 APP 中未显示与苏有朋、雷佳音等明星相关的涉案数据，但涉案 APP 中则显示了这些明星的涉案数据。且该部分数据虽无法在微博 APP 前端显示，但仍存储在新浪微博服务器中，云智联公司亦认可涉案 APP 中该部分明星动态即该明星微博动态。而且，根据勘验，当在微博 APP 后台中设置明星李子璇上线和下线时间但未在其产品前端展示该涉案数据时，涉案 APP 仍抓取并展示了该数据。

最后，就部分涉案数据，涉案 APP 的推送时间较微博 APP 中的展示时间早；而通常情况下，假设云智联公司仅抓取涉案数据中的公开数据，则结合其会对这些数据进行处理后再在涉案 APP 中予以展示的陈述，涉案 APP 不可能同步甚至早于新浪微博展示这些数据。此外，庭审中云智联公司未对此种情况作出解释，而微梦公司专家辅助人解释此种情形系因新浪微博服务器处理的数据量较大且用户较多，故技术上会导致原始数据展示有所推迟。

综上，法院认定云智联公司抓取的涉案数据包括微梦公司已设置了访问权限的非公开数据。在云智联公司与微梦公司不存在合作且云智联公司自认其未获得明星许可使用其在新浪微博上的涉案数据的情形下，云智联公司要获取这些非公开数据，仅能利用技术手段破坏或绕开微梦公司所设定的访问权限，此种行为显然具有不正当性。

第二，云智联公司抓取涉案公开数据的行为是否正当。该抓取行为及后续使用行为是否具有不正当性，首先需考虑其抓取该部分数据的行为是否系使用了合法正当的行为手段，如系正当，则考虑其后续使用行为是否正当。对此，法院分析如下：

首先，涉案数据的公开部分亦有其特定的展示规则，如需用户行为触发才可查看更多已公开的微博内容或评论，故在无相反证据的情况下，云智联公司抓取该部分需用户行为触发的公开数据应系通过破坏此种展示规则之手段实现。

其次，新浪微博服务器会记录搜索引擎或登录和非登录用户获取数据的行为，但云智联公司的抓取行为却未被正常记录，故云智联公司应并未使用表明其身份的网络爬虫或其他正常访问行为抓取涉案数据，结合涉案数据涉及的数据量较大的事实，云智联公司要获取涉案数据应系通过伪装成用户登录或模拟用户行为向新浪微博后台服务器发送请求，并按照浏览器规则进行解析等技术手段才可实现。

再次，云智联公司虽称其通过正当的网络爬虫技术抓取涉案数据中的公开数据，但自始至终未就其使用的技术和如何通过该技术实现对涉案数据大规模抓取进行演示或提交相关证据。

最后，根据微梦公司提交的新浪微博 Robots 协议，以及双方均认可 Robots 协议可以约束包括网络爬虫在内的机器人之事实，云智联公司在明知微梦公司限制除白名单以外的机器人抓取涉案数据的情况下仍然实施抓取涉案数据中的公开数据，显然亦具有明显的主观恶意。

综上，云智联公司关于其抓取涉案数据中的公开数据系使用网络爬虫技术故抓取行为正当的辩称缺乏事实证明。

第三，云智联公司使用涉案数据的行为是否具有正当性。因云智联公司抓取涉案数据中的非公开数据这一行为本身即不正当，其抓取涉案数据中的公开数据之行为手段亦非正常手段，故其在涉案 APP 中推送、展示这些数据的后续使用行为，因数据来源不合法而不具有正当性之基础。

【裁判结果】

判令被告立即停止涉案不正当竞争行为，就涉案不正当竞争行为为原告消除影响，并赔偿原告北京微梦创科网络技术有限公司经济损失 1000 万元及合理开支 228 554 元。

【案号】

(2020) 京 73 民终 2980 号

六、爬取直播平台打赏数据构成不正当竞争

【基本案情】

抖音 APP 系由原告微播公司运营的短视频分享平台。原告发现，六界公司开发运营的小葫芦产品未经原告许可，长期采取不正当技术手段，非法抓取抖音直播平台的用户直播打赏记录、主播打赏收益相关数据，并以付费方式向其网站用户提供。

原告认为，六界公司的行为破坏了抖音产品的数据展示规则，威胁原告数据安全，违背原告用户数据期待，致使抖音产品用户体验下降，流量受损，已严重妨碍、破坏原告合法提供的产品和服务正常运营，六界公司直接抓取涉案数据进行售卖的行为构成不正当竞争，遂诉至法院。

【争议焦点】

(1) 原告诉讼主体资格是否适格。

(2) 六界公司的行为是否对微播公司构成不正当竞争。

(3) 如构成，六界公司所应承担的责任。

【裁判推理】

六界公司在庭审中称抖音软件的著作权人为北京字跳网络技术有限公司，并非微播公司，且大部分抖音用户都不可能仔细阅读用户协议和隐私政策，导

致在不知情情况下被采集数据，故微播公司对涉案数据不享有任何权益。

法院认为，首先，在案证据显示抖音 APP 的运营者系微播公司。用手机下载抖音 APP 后查看应用详情，显示微播公司系抖音 APP 的开发者；下载后点击“设置”—“关于抖音”—“营业执照”，显示微播公司营业执照；在抖音 APP 显示的多份与用户的协议，包括《“抖音”用户服务协议》《用户充值协议》《直播主播入驻协议》等，均明确载明协议一方为微播公司。

其次，涉案数据具备商业价值。尽管单一的直播系由具体的用户开展，其权益应当归属于具体用户，但微播视界公司作为抖音产品的运营者，就这些直播数据投入了大量运营成本，并通过运营这些数据实现其商业策略，这些数据整体能够为微播视界公司带来竞争优势，微播视界公司就直播数据整体享有竞争法上的合法权益。其就抖音产品的运营及这些数据资源能够为其带来的商业价值及竞争利益应予以保护。

最后，微播公司主张数据权益具备合法性基础。用户注册登录抖音 APP、在抖音 APP 上进行充值、直播时均需同意相应协议。鉴于直播收益数据和用户打赏数据系“抖音”直播功能运行中必然产生的数据，且微播公司收集涉案数据征得了用户同意，微播公司基于其与用户的相关协议及抖音产品的运营需要，对涉案数据亦具有相应的管理责任，故微播公司主张数据权益具备合法性基础。

综上，微播公司作为原告主体适格。六界公司的相应抗辩，法院不予采纳。

微播公司系抖音 APP 的运营者，六界公司系小葫芦官网的经营者，二者皆为互联网产品经营者，均属反不正当竞争法规制的行为主体。本案中，微播公司主张六界公司利用技术手段非法获取、使用抖音用户直播打赏记录（具体到每位用户每一笔打赏的时间、打赏对象及金额）及主播打赏收益相关数据（包括主播单场收入、日收入、月收入、年收入等），违反《反不正当竞争法》第 2 条、第 12 条第 2 条第 4 项之规定，构成不正当竞争。六界公司认为其获取、使用涉案数据的手段合法合理，并未构成不正当竞争。《反不正当竞争法》第 2 条属于该法的一般条款，其适用应具有“谦抑性”，在该法第二章的具体条款能够规制被控行为的情形下，不应再适用第 2 条的规定。故首先应考察被控行为是否违反《反不正当竞争法》第12条的规定，由于涉案行为不属于《反不正当竞争法》第12条第2款前三项情形，故考察是否违反该条第4项的规定。因此，评判六界公司被控行为是否构成不正当竞争，应审查六界公司是否“利用技术手段”，其获取、使用涉案数据的行为是否属于“影响用户选择或者其他方式”的行为，以及该行为有无妨碍、破坏抖音产品和服务的正常运行。

本案中，首先，就行为方式而言，利用技术手段获取数据具有隐蔽性，数据运营方难以掌握数据获取方通过何种手段获取数据的直接证据，而数据获取方对此清楚知晓且掌握其自身使用该种技术手段的证据。因此，在数据运营方已经穷尽所有其所能掌握的证明材料，初步证明数据获取方采用不当技术手段获取其数据的高度可能性时，应当由数据获取方就此给出合理解释并提供相应证据证明。诉讼过程中，六界公司陈述其系通过真机或虚拟机的方式进入抖音直播间，用预设程序操控真机或虚拟机以拟人自动化操作方式不断轮巡直播间并截图，并通过OCR技术识别截图中信息，以此整理、计算得出涉案数据。但就每个直播间的轮巡周期、关于OCR识别、如何实现数据的精确度，六界公司均无法给出合理解释。六界公司辩称其获取数据方式合法合理，难以令人信服。

其次，就行为后果而言，某种行为是否正当，应结合该行为对经营者利益、消费者利益及社会公共利益的影响做整体利益衡量和判断。就本案而言，第一，经营者利益方面。经营者选择何种数据公开、何种数据不公开，通常是基于数据安全、用户隐私以及平台经营者商业策略的实现等考量。本案中，微播公司对抖音用户打赏和主播收益的真实数额均未公开展示，以此保护用户、主播数据安全。该种数据展示规则，系微播公司为维持用户隐私与用户黏性之间的平衡所采取的设置，从而保持其竞争优势；而六界公司将抖音平台上非公开的数据通过自行整理计算后予以公开展示，使得本来无法通过自然人为方式获得的数据能够通过公开途径获取，破坏了抖音产品的数据展示规则及其运营逻辑和秩序，进而破坏了该种平衡，容易引发主播与普通用户的不满，破坏用户黏性，进而损害微播公司该种竞争优势。第二，消费者利益方面。《民法典》第1034条规定，自然人的个人信息受法律保护。通过六界公司公布的数据，能够获悉某个特定主播的收入状况等敏感信息，用户打赏数据则体现了该用户的兴趣、消费偏好、经济能力等个人消费类敏感数据，这些数据往往系主播和用户不愿对外公开的数据。六界公司获取相应基础数据并未征得打赏用户及主播同意，其行为本就没有合法性基础，其对这些数据进行分析、对外展示的行为，侵犯了包括打赏用户和主播在内的抖音用户的个人信息权利，进而影响用户对微播公司数据安全保护的期待和信任，最终造成微播公司用户流失，损害微播公司利益。第三，社会公共利益方面。六界公司的基础数据直接来源于抖音，并经简单计算得出，对数据的使用行为没有任何创新，涉案数据展示的透明化一定程度上反而会带来平台之间的恶性竞争、家庭与社会不稳定等，使得社会福祉总体降低。

综上，六界公司的行为具有不正当性，侵害了微播公司、抖音主播及打赏用户的合法权益，扰乱了市场竞争秩序，违反《反不正当竞争法》第 12 条第 2 款第 4 项规定，构成不正当竞争。

六界公司获取、使用涉案数据的行为构成不正当竞争，应承担停止侵权、消除影响、赔偿损失等民事责任。由于六界公司获取相应基础数据并未征得抖音打赏用户及主播同意，侵犯其个人信息权利，故六界公司还应删除存储于服务器中的上述涉案数据。考虑到在案证据显示的六界公司侵权的行为方式与范围，其应在其经营的小葫芦官网发表声明、消除影响，微播公司主张的在其他载体上刊登声明的诉请，法院不予支持。关于赔偿数额，因微播公司被侵权所受到的实际损失及六界公司因侵权所获得的利益均难以确定，法院根据六界公司主观过错程度、侵权行为性质、情节、期间及微播公司为本案支出的合理费用综合确定。

【裁判结果】

被告六界公司立即停止涉案不正当竞争行为，即停止获取、使用抖音平台用户打赏及主播收益数据，并删除存储于服务器中的上述涉案数据；被告六界公司在小葫芦官方网站刊登声明，消除影响；被告六界公司于本判决生效之日起 10 日内赔偿原告微播公司经济损失（含合理费用）100 万元。

【案号】

（2022）浙 01 民终 1203 号

第四节　与市场支配地位相关的法律问题

滥用市场支配地位，是指具有市场支配地位的经营者，通过垄断定价、掠夺定价、拒绝交易、限定交易、捆绑交易、差别待遇等手段，从事排除、限制竞争的行为。需要注意的是，滥用市场支配地位的行为可能出现在不同领域企业或个人的商业交往中，而不仅仅是出现在同领域竞争者之间。根据法院既往判决可以发现，判断企业行为是否构成滥用市场支配地位需要遵循以下步骤：一是明确商品或服务经营的相关市场；二是根据证据衡量被诉企业是否在相关市场中处于市场支配地位；三是在市场支配地位成立的情况下进一步判断“滥用”行为是否成立。

首先，对相关市场的界定需要考虑双方当事人的经营范围和目标市场，包括相关商品市场和相关地域市场。根据我国《反垄断法》第12条的规定，相关市场是指经营者在一定时期内就特定商品或者服务进行竞争的商品范围和地域范围。鉴于法律对相关市场的规定过于抽象，2009年国务院反垄断委员会发布《关于相关市场界定的指南》（以下称《指南》），由《指南》第3条可知，可以从需求替代和供给替代的角度考虑相关市场的范围，即需求者认为具有较为紧密替代关系的一组或一类商品的市场构成相关商品市场，需求者获取具有较为紧密替代关系的商品的地理区域构成相关地域市场。也就是说，由争议商品面向的经营市场和地域范围构成相关市场。在手机应用行业判断此问题，应当综合考虑手机应用经营者的经营范围以及互联网平台竞争的特点，根据被诉行为和争议商品对相关市场进行界定。

尽管《指南》给出了判断相关市场的方法、因素、依据、思路等，但面对日新月异的互联网环境，传统方法在手机应用领域的适用仍存在明显不足。因此，最高人民法院在“奇虎诉腾讯垄断案”判决书中认可“并非在任何滥用市场支配地位的案件中均必须明确而清楚地界定相关市场”。即使不明确界定相关市场，也可以通过限制竞争的直接证据对被诉经营者的市场地位及被诉垄断行为可能的市场影响进行评估。

其次，判断市场支配地位时需明确，互联网行业中具有高市场份额不代表具有市场支配地位，还需要考虑控制商品价格、数量或者其他交易条件的能力和用户的依赖程度等。[①]《反垄断法》第 18 条、第 19 条规定了认定经营者具有市场支配地位的考量因素和推定规则，表明市场份额不应当作为市场支配地位的唯一认定因素，并且明确了双方的举证责任，判断被诉企业是否处于市场支配地位，当事人应当证明：1. 在相关市场中被告具有控制商品价格、数量、质量或其他交易条件的能力。比如，被告降低提供给用户的服务质量或影响交易条件时，用户是否存在可替代的选择，争议商品是否存在其他渠道进入相关市场。2. 被告的财力、技术条件。相关市场的其他竞争者的财力、技术条件情况以及进入相关市场所需的财力和技术条件等，都影响对被诉企业市场支配地位的判断。3. 其他经营者进入相关市场的难易程度。如果相关市场要求高难度的资格许可、资源积累等极高的门槛，其他经营者很难进入，此时被诉企业很容易在市场中排除竞争并处于支配地位。4. 用户的依赖程度，包括被诉企业在相关商品上的用户是否能够快速寻找到与被诉企业商品的性能、质量近似的替代商品，争议商品是否能通过与被诉企业合作以外的方式进入相关市场。互联网时代，手机应用行业发展速度快、潜力大，实现高用户黏性进而实现市场支配地位可能性较低。

最后，判断被诉行为的性质是否构成“滥用”时，需要考量被诉行为对消费者和行业的影响。根据《反垄断法》第 17 条可知，“无正当理由”是判断经营者实施滥用市场支配地位行为重要的衡量标准。此处“正当性”的判断可以参考不正当竞争行为中对不正当性的认定，即被诉行为是否对消费者、同行业竞争者、市场秩序产生不良影响。除了从结果的角度考虑行为的正当性以外，还可以从行为动机的角度着手，考虑被诉企业实施被诉行为的动机和目的是否正当，是否有合理理由阻碍原告商品进入相关市场，是否基于排除、限制竞争的意图对争议商品实施了不公正对待等。2020 年最高人民法院修正了《关于审理因垄断行为引发的民事纠纷案件应用法律若干问题的规定》，明确了因垄断引发的民事纠纷案件的受理条件、管辖、举证责任、民事责任等事项。

---

① 亓玉霞：《互联网行业滥用市场支配地位认定中的相关问题分析——基于“奇虎诉腾讯垄断案”的思考》，载《中国价格监管与反垄断》2018 年第 12 期，第 14－20 页。

滥用市场支配地位的行为包括垄断定价、掠夺性定价、拒绝交易、限定交易、捆绑、搭售、差别待遇等，企业在无正当理由的情况下实施以上行为既阻碍了对消费者利益的维护，也损害了竞争环境，同时不利于行业创新发展。实务中，法院在认定企业市场支配地位不成立的情况下，在判决中仍会对被诉行为是否产生排除、限制竞争的后果和被诉企业的行为动机进行判断，目的是与被诉企业不构成市场支配地位的论述相印证，或者通过分析被诉行为对行业竞争的影响来检验先前的结论，并且进一步明确行业秩序，规范市场竞争行为，警醒企业开展经营行为时应注意维持正当、诚信的市场秩序。

一、“二选一”是否构成不正当竞争

【基本案情】

拉扎斯公司系饿了么外卖平台的运营方，三快公司、三快公司金华分公司系美团外卖平台的运营方，饿了么发现，在浙江金华地区，美团外卖存在要求商户“二选一”或“三选一”的行为，认为该行为构成不正当竞争，故将三快公司诉至法院。

【争议焦点】

三快公司金华分公司的被诉行为是否构成《反不正当竞争法》（1993）意义上的不正当竞争行为。

【裁判推理】

拉扎斯公司指控三快公司金华分公司实施的被诉行为均不属于《反不正当竞争法》（1993）第5条至第15条列举的不正当竞争行为，而《反不正当竞争法》（2017）第12条虽然对互联网环境下的不正当竞争行为作出了规定，但因被诉不正当竞争行为发生在现行《反不正当竞争法》施行之前，故本案仍然应当适用《反不正当竞争法》（1993）第2条对被诉行为作出评价。

三快公司金华分公司实施的行为本质上构成一种排他性交易，排他性交易作为一种中性的交易手段，既可能节约交易成本，提升效率，也可能抬高市场进入障碍，排挤竞争，故本案围绕《反不正当竞争法》（1993）第2条，应当着重考虑：1. 三快公司金华分公司要求商户与“美团”达成排他性交易在手段上是否具有反不正当竞争法意义上的不正当性或者可责性；2. 三快公司金华分公司要求商户与“美团”达成排他性交易在结果上是否损害了有直接竞争关系的拉扎斯公司、商户和消费者的合法权益，并对市场竞争秩序造成了破坏，法院具体作了如下评述。

第一，关于被诉行为的不正当性。

1. 关于三快公司金华分公司第一种被诉行为是否具有不正当性。相较于传统互联网交易平台面对全国乃至全世界范围内不特定用户的开放性，互联网餐饮交易平台是立足于本地生活的线上服务，面对的是本地的餐饮商户和本地的消费者，同时亦受限于线下的配送范围、消费者日常生活半径，因此，互联网餐饮平台所能有效涵盖的地理范围往往是有限制的，某一区域内往往可以形成一个相对独立和封闭的市场，在该市场区域内，如具有优势地位的互联网餐饮交易平台要求某区域内商户都与之达成排他交易，即可能对其他平台产生排除、限制竞争的效果。

本案被诉行为发生时，三快公司经营的“美团”是金华地区市场占有量最大的网络餐饮平台，其金华分公司用优惠费率诱导商户与其达成长期的独家交易，用差别待遇歧视对待那些未与其达成独家交易的商户，这类差别待遇广泛存在于金华餐饮外卖市场。

这种方式对那些与三快公司达成独家交易的商户而言是一种优惠，但对那些未与三快公司达成独家交易的商户是一种不合理的差别待遇，因为该待遇的设定与商户提供餐饮服务质量、供需发展和消费者反馈均无关，仅仅与是否“忠诚”于三快公司有关，这种差别性待遇显然有违公平。

从长远来看，此种针对性、歧视性的差别待遇，将会使那些未达成独家交易的商户在成本上处于竞争劣势，倒逼这部分商户也不得不和“美团”达成独家交易，而那些被排他性合作锁定的商户也因受此限制而不能与其他平台合作，究其本质，这种差别性待遇显然是平台用于锁定外卖商户，排挤其他平台的手段，三快公司金华分公司的被诉行为违反了公平竞争原则。

2. 关于三快公司金华分公司第二种被诉行为是否具有不正当性。法院认为，平台与平台内经营者在自愿、平等、公平基础上达成独家交易或者排他性交易，并非为法律所绝对禁止，但在非自愿、平等、诚信基础上达成的独家交易或者排他性交易则应为法律所禁止。

从本案多家餐饮商户接受金华市市场监督管理局调查时的陈述来看，均不愿与三快公司达成独家交易。在商户不得不与三快公司签订独家合作协议，但又同时选择与"饿了么""百度外卖"等平台合作后，三快公司金华分公司并未按约定取消商户的服务费优惠、要求商户承担违约金责任，而是强行关停商户在"美团"上经营的网店，以此胁迫商户终止与其竞争对手的合作。对于那些已经在多平台上正常经营的商户，则要求必须终止与其他平台的合作，仅与"美团"独家合作，否则将强行关停商户在"美团"上经营的网店、停止"美团外卖"商家客户端使用权限。

三快公司辩称这是防止违约和损失扩大的自力救济，本身并无过错，法院认为，恪守诺言，诚实不欺，在不损害他人利益和社会公共利益的前提下追求自身利益，此为最为基本的行为准则，在市场经营中尊重他人的经营自由和合同自由，不干涉他人的合法经营行为，亦为最基本的商业道德。

对大多数的商户而言，三快公司经营的"美团"所掌握的资源以及在合作中占据的优势地位十分明显，其金华分公司利用优势地位，违背商户的真实意愿，严重限制商户的自主选择权，导致商户不得不在"美团"和"饿了么"等其他平台之间"二选一""三选一"，其动机难谓诚信，其行为难谓正当，故对此意见不予采纳。

第二，关于被诉行为的损害后果。

本案中，三快公司金华分公司利用不正当手段，阻碍商户与其竞争对手正常交易，胁迫商户放弃与其竞争对手交易的行为，其损害后果体现在以下几个方面。

1. 被诉行为损害了拉扎斯公司的合法权益。"饿了么"平台与"美团外卖"平台在争夺商户、消费者亦存在此消彼长的竞争利益，具有直接竞争关系。

三快公司金华分公司的被诉行为实施对象虽是餐饮商户，但目的却当然地指向排除来自"饿了么"的竞争，特别是三快公司金华分公司强迫商户删除在"饿了么"平台上的网店信息，要求商户提供删除饿了么网店的照片，迫使商户切断与"饿了么"的合作，更是说明了对拉扎斯公司的不正当竞争恶意。

三快公司金华分公司要求商户与"美团"达成独家交易，其后果必然会损害"饿了么"平台已经获得的或者本应获得的商户资源，这种交易行为持续时间越久，越广泛，“饿了么”获取商户的难度就越大，且长时间的竞争封锁还会影响和改变消费者的消费习惯，消费者在独家交易结束后仍旧可能维持在单一平台上的消费习惯，如此必然会削弱拉扎斯公司的长期盈利能力。

2. 被诉行为损害了商户的合法权益。法院认为，基于平等、诚信原则，商户根据经营情况自主选择互联网交易平台，或者“二选一”，或者“二选二”，由商户自主选择决定使用哪家互联网交易平台的服务，此时商户带来的流量及收益归属于被商户选择的平台，此乃为公平、合理的竞争秩序，三快公司金华分公司为了维持和扩大“美团”在金华地区餐饮外卖市场的占有率，通过各种方式强迫大量商户与其达成独家交易，不仅严重侵害了商户的自主交易权，且导致商户的销售渠道受限，商户们只能在一个平台上获得订单，商业利益因此严重受损；如果商户无法通过其他渠道来获取订单，反过来，将进一步加深商户对“美团”的依赖度，被锁定的商户们将因别无选择、不得不忍受“美团”逐年增加的各类平台服务费或者抽成。

3. 被诉行为破坏了公平、有序的互联网竞争秩序。对于互联网交易平台而言，平台的规模很重要，当供方和买方达不到一定规模，平台就可能被迫退出市场。

三快公司金华分公司利用优势地位利诱、强迫大量商户与其达成独家交易，通过平台一侧的排他性交易，间接争夺平台另一侧的消费者、流量和数据，如任其发展，排除、限制竞争的效果也将越强，被损害的其他平台无法形成规模，要么成为“劣币驱逐良币”的牺牲品，要么不得不效仿，市场竞争也将演变为各平台抢夺商户的独家交易权，导致无序、恶性竞争。

基于互联网餐饮外卖领域较为明确的区域需求、有限供给的特点，排他性交易将会使得“美团”对金华市场范围内的商户、消费者产生极强的锁定效应，商户若选择其他平台就需要付出较高的转换成本，此时商户选择其他平台的愿望就会降低，市场就会形成较高的进入壁垒，而新兴平台要想进入金华餐饮外卖市场，将会面临打破该种壁垒的严重挑战，因为在竞争中胜算渺茫，只能望而却步，如此一来，有活力、有创新的竞争机制将无法形成。

4. 被诉行为侵蚀了消费者的利益。消费者原本可以根据个人的消费经验，或使用“美团”订餐，或使用“饿了么”订餐，由于三快公司限定商户只能与其交易而不得与其他竞争对手交易，其直接后果是消费者从多平台获得产品和服务的渠道丧失，只能寻求从“美团”获得外卖订餐服务，消费者的选择权因此受限。

互联网平台之间的竞争往往具有马太效应，被诉行为发生时，三快公司经营的“美团”是金华地区市场占有量最大的网络餐饮平台，“强者愈强，弱者愈弱”，“美团”可能因为没有竞争压力而丧失创新动力，并可能对平台内被锁定的商户提高各类收费或者佣金，部分商户可能会通过涨价把平台抽成转嫁给消费者，并且难免出现偷工减料的情况，最终对消费者权益造成损害。

综上所述，三快公司本应通过更高性价比的服务来吸引更多的商户入驻“美团外卖”平台，但其金华分公司却用种种不正当方式限制、阻碍商户与其竞争对手交易，排挤竞争，这不仅扰乱了公平、有序、开放包容的互联网竞争秩序，且严重损害了拉扎斯公司的正当权益、商户的合法权益，其行为已构成不正当竞争，必须给予否定性评价。

【裁判结果】

被告三快公司赔偿原告拉扎斯公司经济损失100万元（包括为制止侵权行为所支付的合理开支）。

【案号】

（2021）浙民终601号

二、滥用市场支配地位行为的认定

【基本案情】

表情商城（精选表情）和表情开放平台（投稿表情）系由腾讯计算机公司、腾讯科技公司经营的平行并列微信表情栏目。用户可以自由地在两被告经营的表情商城（精选表情）和表情开放平台（投稿表情）下载免费或付费表情。原告徐某某请求入驻该表情商店，被口头拒绝，理由是原告并非知名企业或明星。原告转而将自己已获版权登记的“问问表情包”申请投稿表情，而微信表情平台以原告表情包违反了表情审核标准为由未予审核通过。

原告认为，微信表情平台的审核标准“作品内容不允许含有任何组织机构、个人产品或服务的名称、吉祥物及相关信息或推广目的”明显是违背常理和违法的。两被告作为世界上最大的互联网企业之一，在社交软件领域没有可以与之匹敌的竞争者，具有市场支配地位。两被告既然并非自己经营表情商店，接受部分企业和明星的表情产品，就无权拒绝任何其他组织机构、个人产品或服务的名称、吉祥物及相关信息或推广目的的表情创作，不能限定交易对象，也不能限制用户的表情使用选择权。原告申请入驻表情商店和表情投稿是一种交易行为，两被告不能拒绝与之交易。两被告的行为是滥用市场支配地位的行为，故诉至法院。

【争议焦点】

(1) 涉案相关市场的界定。

(2) 被告在相关市场内是否具有市场支配地位。

(3) 被告是否滥用市场支配地位。

【裁判推理】

确定相关市场首先需要考虑商品范围和地域范围，即相关商品市场与相关地域市场。本案相关商品市场的界定，可从需求替代和供给替代两方面考虑。一方面，原告是向被告经营的微信表情开放平台投稿“问问”表情包，需求就是在互联网推广“问问”表情包。对需求者而言，目前互联网不存在能够替代表情包这种感情表达方式、实现相同功能的其他服务形式，而不同经营者提供的互联网表情包服务之间存在较强的竞争关系。因此，从需求替代角度分析，表情包服务就是一个商品市场。另一方面，从供给替代角度分析，当前互联网社交平台并不仅限于被告经营的微信表情开放平台，很多平台都向用户开放表情包投稿。故就供给替代而言，存在可替代的供给渠道，而且这些渠道均属于互联网社交平台中表情包服务提供平台，相互之间存在紧密的替代关系。因此，本案涉案相关商品市场应界定为互联网表情包服务。

本案中原告的需求是在互联网推广“问问”表情包，相关地域市场是可与被告提供的表情包服务进行有效竞争的地域范围。一方面，从需求替代角度考虑，徐某某获取境外经营者提供的表情包服务势必没有境内经营者所提供的表情包服务更为便捷与及时；另一方面，从供给替代角度考虑，境外经营者可向中国用户提供表情包服务并不等于其就能及时进入并为中国互联网用户所选择使用而对境内经营者形成有力的竞争约束。因此，本案的相关地域市场应为中国市场。

反垄断法意义上的“市场支配地位”，本质上是指市场上缺乏竞争的一种市场支配状态。徐某某请求腾讯计算机公司、腾讯科技公司审核通过“问问”

表情包的目的，在于推广“问律师”互联网线上及线下法律咨询服务，且腾讯计算机公司、腾讯科技公司提交的公证书能证明，目前能满足徐某某该需求的具有较强替代关系的商品推广渠道，已经包括手机应用商店、微博、搜索引擎服务平台、互联网社交平台以及徐某某自办网站等，且徐某某在互联网线下也实际推出“问问”卡通形象。据此，徐某某需求替代性选择范围已经超出微信社交软件互联网领域。徐某某能够实现其在互联网线上线下商品推广渠道，其需求在相关市场具有可替代性，被告被诉行为不构成反垄断法意义上的市场支配地位。

此外，原告虽提供了包括腾讯计算机公司、腾讯科技公司是世界上最大的互联网企业之一等证据，但不足以证明两公司在本案相关市场中的市场份额和竞争状况、控制市场的能力、财力和技术条件、其他经营者对其在交易上的依赖程度和进入相关市场的难易程度等情况。因此，徐某某应承担举证不能的后果。

综合来看，首先，原告可以通过多个产品推广渠道满足原告的表情推广需求，腾讯计算机公司、腾讯科技公司不构成市场支配地位，故本案缺乏“市场支配地位”的事实基础，滥用市场支配便无从谈起。其次，“排除、限制竞争”是判断是否属于滥用市场支配地位的原则性标准。原告涉案微信表情包投稿系为了推广“问律师”网站法律咨询服务，“问律师”网站系徐某某创设的法律咨询平台，腾讯计算机公司、腾讯科技公司根据审核标准的约定，对徐某某涉案微信表情包未予审核通过，并未产生排除、限制竞争的后果。

【裁判结果】

驳回原告的全部诉讼请求。

【案号】

(2016) 粤民终 1938 号

三、经营者市场支配地位的界定

【基本案情】

米时公司开发了易米片和米洽两款手机 APP，具有手机电子名片管理、实时消息、文件传输、网络即时通信等功能。米时公司称，用户在使用这两款软件时会遇到“360 手机卫士”的拦截。拦截行为包括将米时公司两个软件发送、转发电子名片的短信或即时消息拦截到垃圾箱，手机用户只能在此手机的“骚扰拦截”页面中找到该短信；其来电显示名片功能也会被“360 手机卫士”的来电秀压制使用等。米时公司主张奇虎公司在综合性、辅助性手机安全软件及服务市场具有市场支配地位，认为奇虎公司运行“360 手机卫士”的行为构成滥用市场支配地位限定交易，搭售商品，实施了诋毁米时公司商誉的不正当竞争行为，给米时公司造成损失，故诉至法院。

【争议焦点】

(1) 相关市场如何界定。

(2) 奇虎公司在相关市场上是否具有支配地位。

(3) 奇虎公司是否滥用了市场支配地位以及是否实施了商业诋毁行为。

【裁判推理】

考虑到多数需求者选择商品的实际区域、互联网相关法律法规的规定、境外竞争者的现状及其进入中国市场的情况等因素，同时考虑到国内消费者互联网消费选择的习惯，将手机安全软件市场的地域范围界定为中国市场。考虑到目前软件市场的现状以及安全软件的功能用途、价格质量、替代关系、供给和消费状况，可以认定手机安全软件市场构成一个独立的相关商品市场，其范围包括为手机核心功能的正常实现提供安全保障的具有手机防盗、备份还原、垃圾清理、骚扰拦截、流量监控、病毒查杀等多项功能的“综合性”安全软件市场和为专门的安全项目和具体的安全漏洞专项研发的安全软件市场。

法院特别指出的是，在滥用市场支配地位案件的审理中，界定相关市场是评估经营者的市场力量及被诉垄断行为对竞争影响的工具，其本身并非目的。即使不明确界定相关市场，也可以通过限制竞争的直接证据对被诉经营者的市场地位及被诉垄断行为可能的市场影响进行评估。并非在每一个滥用市场支配地位的案件中均必须明确而清楚地界定相关市场。

认定经营者的市场支配地位，需要考虑市场份额、该市场的竞争状况以及市场进入的难易程度等多种因素。《反垄断法》第 19 条规定了市场支配地位的推定规则，即一个经营者在相关市场的市场份额达到 50% 时，可以推定其具有市场支配地位，但允许经营者提供相反证据推翻该推定。米时公司以“渗透率”作为计算市场份额的指标，但在以渗透率考察相关市场经营者的市场地位的时候，可能存在多家经营者的市场渗透率都超过50%的情况。所以，从数量关系上看，渗透率不能直接作为计算市场份额的指标，其无法准确反映市场份额分布的真实状况。并且，渗透率仅反映了用户在手机上安装手机安全软件的情况，未反映出用户使用手机安全软件的情况，因此不能反映各款手机安全软件的市场份额和相应的有效市场占有率。渗透率反映的是存量，无法反映市场格局动态的变化。互联网领域是一个动态竞争的领域，存量对于竞争状况的反映具有一定的误导性。故米时公司关于奇虎公司在相关市场的市场份额超过50%的主张依据不足，不能成立。

中国许多互联网企业都直接参与手机安全软件市场的竞争，与奇虎公司形成了竞争约束。考虑到相关市场内功能近似、质量近似、用户认可度近似的手机安全软件数量众多，相互间竞争激烈，各自的市场地位变化迅速等因素，米时公司提交的证据不足以证明奇虎公司在面临较大竞争压力的情况下，具备控制手机安全软件价格、数量或其他交易条件的能力。米时公司提交的证据亦不足以证明奇虎公司具备阻碍或影响其他经营者进入相关市场的能力。

无正当理由限定交易和搭售商品的行为，应以行为人占有市场支配地位为前提条件，故奇虎公司不能构成滥用市场支配地位。另外，《全国人民代表大会常务委员会关于加强网络信息保护的决定》第7条规定，“任何组织和个人未经电子信息接收者同意或者请求，或者电子信息接收者明确表示拒绝的，不得向其固定电话、移动电话或者个人电子邮箱发送商业性电子信息”。由于米时公司发送的短信是软件自动生成、带有超长链接、具有商业宣传推广性质并且是向陌生人发送，确有可能属于前述规定的商业性电子信息，未经接收人同意，有可能属于应被拦截的短信。当出现短信误拦的情况时，奇虎公司提供了解除拦截的沟通机制，米时公司也根据上述机制与奇虎公司就短信拦截问题进行了沟通协调。且360手机安全卫士软件通过升级，已将“来电秀”展示设置为“大窗”“中窗”和“归属地”三种模式，这反映出手机安全软件的不足可以通过市场的促进进行完善。

奇虎公司对其涉案软件运行中产生的短信实施拦截，并置入垃圾箱的行为，可能会给米时公司的商业声誉和经济效益造成负面影响，但奇虎公司在实施上述行为时并不知道米时公司的存在，行为没有针对性，奇虎公司将米时公司所发的信息界定为垃圾短信，是根据其拦截规则所作的结论，拦截规则并不针对特定的市场竞争者，而是根据信息内容本身的特点来进行判断分类。因此，奇虎公司主观上没有实施诋毁行为的故意，客观上也没有捏造、散布虚伪的事实，故认定奇虎公司不构成商业诋毁行为。

【裁判结果】

驳回米时公司的诉讼请求。

【案号】

(2015) 高民 (知) 终 1035 号

第五节　有一定影响的 APP 名称和装潢引起的法律问题

APP 名称即 APP 运营商宣传推广的服务名称，其作用在于帮助用户识别 APP 功能和服务来源，多数情况下被作为所提供服务的商标进行商标性使用。市场上，一些企业出于“搭便车”的目的，将知名 APP 名称作为企业名称、网站名称或域名等注册或使用，影响了知名 APP 的正常经营和商誉。为了排除妨害、挽回损失，知名 APP 的运营商需要举证证明以上行为构成反不正当竞争法意义上的混淆行为，而混淆行为成立的前提在于其 APP 名称构成有一定影响的商品（以下意指商品和服务）名称。APP 名称被认定为有一定影响的商品名称并由此受到反不正当竞争法的保护需要满足以下条件：

涉案 APP 名称有一定影响。修改后的《反不正当竞争法》第 6 条第 1 项规定，经营者不得擅自使用“与他人有一定影响的商品名称、包装、装潢等相同或者近似的标识”，采用“一定影响”代替旧法中的“知名商品”，减轻了“知名度”的要求，降低了认定违法的门槛。

2022 年 3 月 17 日，《最高人民法院关于适用〈中华人民共和国反不正当竞争法〉若干问题的解释》发布，自 2022 年 3 月 20 日起施行。根据最新修订的司法解释，具有一定的市场知名度并具有区别商品来源的显著特征的标识，人民法院可以认定为《反不正当竞争法》第 6 条规定的“有一定影响的”标识。人民法院认定《反不正当竞争法》第 6 条规定的标识是否具有一定的市场知名度，应当综合考虑中国境内相关公众的知悉程度，商品销售的时间、区域、数额和对象，宣传的持续时间、程度和地域范围，标识受保护的情况等因素。人民法院认定与《反不正当竞争法》第6条规定的“有一定影响的”标识相同或者近似，可以参照商标相同或者近似的判断原则和方法。《反不正当竞争法》第6条规定的“引人误认为是他人商品或者与他人存在特定联系”，包括误认为与他人具有商业联合、许可使用、商业冠名、广告代言等特定联系。在相同商品上使用相同或者视觉上基本无差别的商品名称、包装、装潢等标识，应当视为足以造成与他人有一定影响的标识相混淆。

APP名称本身达到相当的知名度并不等同于相关公众能够将APP名称与APP运营商联系起来，还应当使用户能够通过APP名称的特有性将APP名称与APP服务建立起固定联系。因此，特有性的含义已经被吸收到“一定影响”要件中。需要明确的是，APP名称的特有性与商标法意义上的显著性并不完全等同，其认定的事实基础存在明显差异。特有性是指区分商品来源的现实性，强调名称、包装、装潢等通过商业使用，客观上能够起到区别商品来源的作用，审查的重点是实际的商业使用行为；而商标注册中的显著性一般是指不违背《商标法》第11条规定的特征性，即商标的固有显著性。因此，获得商标权的标识本身并不能当然证明该标识通过使用获得了特有性。

考虑反不正当竞争法的立法本意，对有一定影响的商品名称进行保护其实是对那些在相关公众中具有一定知名度的未注册商标的保护。① 《商标法》第32条规定的不得抢注“有一定影响”的商标，虽然出于不同的保护目的，但是应当与修改前《反不正当竞争法》第5条第2项保护的对象相同。因此，修改后反不正当竞争法中的“有一定影响”应当与商标法中的“有一定影响”作同义解释，从“知名商品特有名称”到“有一定影响”的改变将使得我国对于未注册商标的保护标准前后衔接、更加统一。

第三方企业名称、公司网站、域名等的主体部分使用或模仿APP名称及APP内服务名称的核心识别部分，容易引起用户混淆，导致用户认为第三方企业与APP运营商具有同一关系或者特定联系的，属于“傍名牌”的行为。第三方企业在与APP运营商具有竞争关系的情况下，实施上述行为，违反了诚

① 王政阳：《“知名商品特有名称”认定标准研究——“鬼吹灯”知名商品特有名称案解析》，载《中国外资》2018年第9期，第126、128页。

实信用原则，构成不正当竞争。

一、如何认定侵犯知名商品的特有名称权

【基本案情】

2012年4月9日，腾讯公司为微信软件完成著作权登记注册，首次开发完成时间和首次发表时间均为2011年1月21日。2013年3月28日，腾讯公司注册了微信文字及图商标，核定使用商品项目为第9类，包括计算机软件、电子出版物等。2013年10月22日，微信支付公司成立，章程记载的经营范围为电子支付系统、电子产品的技术开发与销售、软件开发、电子商务交易中心、网络商务服务、数据库服务、数据库管理等。www. szwxzf. com 是微信支付公司经营的网站，该网站网页的左上角有“微信支付丨×××”的标志，该网站公司简介的网页中有“深圳市微信支付科技有限公司作为腾讯×××移动支付全国合作伙伴……”的内容。公司彩铃的内容为“您好，欢迎拨打深圳市微信支付科技有限公司。我公司致力于微信支付线上与线下条码支付的开发和接入，感谢您的来电，请稍候”。

2015年6月16日，腾讯公司向微信支付公司以电子邮件形式发送律师函，列举了企业名称、公司网站以及公司彩铃中使用“微信支付”及其商标等不正当侵权行为。同年7月2日，微信支付公司回复称其为腾讯公司关联公司——深圳市×××科技有限公司的合作伙伴，并提出解决方案，双方随后进行磋商但未达成一致。之后，腾讯公司提起诉讼，认为微信支付公司使用微信支付作为企业名称，属于侵害腾讯公司知名服务的特有名称的权益，应停止侵害并赔偿损失，故诉至法院。

【争议焦点】

(1)“微信”是否属于知名服务的特有名称。

(2) 企业名称、公司网站以及公司彩铃中使用“微信支付”是否构成不正当竞争。

(3) 微信支付公司网站中声称是腾讯公司关联公司合作伙伴，首批参与微信支付运营的运营公司是否构成不正当竞争。

【裁判推理】

《最高人民法院关于审理不正当竞争民事案件应用法律若干问题的解释》第1条第1款规定，“在中国境内具有一定市场知名度，为相关公众所知悉的商品，应当认定为反不正当竞争法第五条第（二）项规定的‘知名商品’”。本案中，腾讯公司提交《腾讯2013年第一季度业绩报告》《腾讯2013年第四季度及全期业绩报告》《我国微信用户超过4亿》《微信改变世界》《微信力量》《互联网+在中国，腾讯研究院秘书长司晓在牛津演讲》《2014年中国移动即时通讯应用用户调研报告》等证据，上述证据中关于微信软件用户数量、规模等的描述早在本案发生前已经形成，不可能系针对本案特意而为，法院均予以采信。根据上述证据及腾讯公司提交的《计算机软件著作权登记证书》，可以认定腾讯公司于2011年1月21日首次发表了微信软件，随后微信软件被越来越多的用户选择和使用，积累了庞大的用户数量，至2013年，微信软件的用户数达到4亿，具有较高的知名度。而且，“微信”这一名称不是计算机软件类商品的通用名称，具有区别商品来源的显著特征，故应当认定为知名商品的特有名称。

微信支付公司的全称为“深圳市微信支付科技有限公司”，其中“深圳市”为区域名称，“支付”是社会经济活动所引起的货币债权转移的过程，是一种社会生活的统称，“科技”和“有限公司”均为通用名称，故企业名称中的核心识别部分为“微信”二字。微信支付公司成立于2013年10月22日，此时腾讯公司的微信软件已经具有较高的知名度，但是微信支付公司仍然选择“微信”二字作为其企业名称中的核心识别部分，违反了诚实信用原则，容易使相关消费者误认为微信支付公司与腾讯公司的微信软件存在关联。同时未经授权，在其他经营活动中擅自使用“微信”作为其提供经营服务的标识，如在其网站和公司彩铃中存在突出使用“微信支付”的行为，而不是规范地使用其企业名称“深圳市微信支付科技有限公司”。上述行为会导致相关公众误以为微信支付公司提供的服务来源于腾讯公司，或者误以为微信支付公司与腾讯公司存在着经营上的关联关系，属于利用“微信”知名服务特有名称的商誉，从事“搭便车”的行为。此外，微信支付公司经营的范围包括电子支付系统、自动缴费终端业务等，与腾讯公司存在竞争关系，该行为构成不正当竞争侵权。

微信支付公司在其网站中使用了"深圳市微信支付科技有限公司作为腾讯×××移动支付全国合作伙伴"的字样，称其曾与深圳市×××科技有限公司存在合作关系，而深圳市×××科技有限公司是腾讯公司的关联公司，但微信支付公司对上述陈述未提交证据予以证明，而且上述宣传用语具有导致相关消费者认为被告与腾讯公司具有某种关联的误解，属于虚构事实的虚假宣传行为，故微信支付公司的该行为构成不正当竞争。

【裁判结果】

微信支付公司立即停止在其公司名称中使用"微信"字号；微信支付公司于判决生效后30日内向企业登记管理部门办理企业名称变更手续，且变更后的企业名称中不得含有"微信"字样；微信支付公司于判决生效后10日内赔偿腾讯公司经济损失及维权的合理支出10万元。

【案号】

(2016) 粤03民终23351号

二、如何判断APP装潢是否受反不正当竞争法保护

【基本案情】

2013年11月8日新氧公司注册成立，2014年9月12日上线的新氧APP最早使用浅蓝深蓝渐变背景，白色书写文字"新氧"、无角标。2015年4月上线的6.0.0版本图标，做了细微修改，背景为浅蓝色，文字仍为白色，这是新氧公司最早使用涉案装潢的日期。新氧公司会根据活动情况变更APP标识等图标，其余时间均使用涉案装潢。

完美公司成立于2013年8月19日。公司通过更美APP，提供在线医疗整形美容服务。更美APP在2014年7月上线的图标为绿色背景，白色书写"更美"、无角标。2019年2月15日和2019年6月22日上线的两个APP版本图标变更为浅蓝色，最早使用上述两个图标可以追溯到2018年底。

新氧公司认为新氧APP知名度高于完美公司的更美APP，不排除更美APP攀附新氧公司知名度的可能性，而且完美公司认可其APP设计晚于新氧公司最早使用涉案装潢的日期2015年4月23日。新氧公司委托第三方公司调查公众对于涉案装潢的认知和来源判断等情况。很高比例的受访者认为新氧

APP与更美APP的开发商是一家或存在关联关系。故新氧公司对完美公司提起诉讼。

【争议焦点】

（1）涉案装潢是否属于反不正当竞争法所保护的有一定影响的装潢。

（2）涉案装潢与被诉装潢是否近似，是否足以使相关公众混淆误认。

（3）完美公司是否具有不正当竞争的主观意图。

【裁判推理】

装潢是指为识别与美化商品而在商品或者其包装上附加的文字、图案、色彩及其排列组合。一般而言，凡是具有美化商品作用的外部可视的装饰，都属于装潢。

本案新氧APP的功能是为相关公众在线提供美容整形信息和交流服务，相关公众通过涉案装潢识别的是新氧公司提供的服务，所以APP所使用的装潢应属于服务装潢。

经营者通过在服务上使用某种商业标识，将其服务与其他同类服务相区别，持续使用，标识与经营者之间建立了稳定的联系，承载了经营者一定的商誉。新氧装潢的显著性已经达到足以识别服务来源的程度，即具有可识别性和一定影响力。

新氧APP的布局、文字、大小、角标尺寸、位置、构图有很大的自由度。经过广泛宣传，使消费者留下印象的是图标整体，不能机械区分各组成要素对知名度的贡献程度，当某一整体形象具有一定影响力后，该整体本身所蕴含的知名度通常会延及或投射于整体形象中具有显著性的部分，二者虽然不等同，也不能完全割裂。新氧公司提交的调查报告显示，剔除了商标后的涉案装潢，仍有三分之一的受访者可以识别出服务来源，可见涉案装潢经过新氧公司长期、广泛的宣传和使用，获得了更强的显著性，并具有一定的影响力。

综上，涉案装潢已足以使相关公众将该装潢与新氧公司、新氧APP形成稳定对应联系，起到了识别服务来源的作用，应当受到反不正当竞争法的保护。

判断装潢是否近似，应以相关公众的一般注意力为标准，在隔离观察的情况下，通过比较装潢的整体和主要部分，对是否构成近似进行综合判断。相关公众施加一般注意力容易产生混淆误认的，应认为构成近似。因此，相似性判断应当遵循整体比对为主，并辅之以主要部分比对的原则，根据相关公众的认识能力来判断是否会被他们感知为相似并导致混淆。鉴于公众认识的对象是标识整体形象，即使权利人放弃对部分标识主张权利，在比对时仍应当将放弃的部分纳入整体比对范畴。

本案中，进行整体比对，二者呈现的差异是商标文字不同，但突出部分均为两个字，且两个文字均为白色书写，字体、大小和位置相近；颜色设计和排列组合近似，都是浅蓝浅绿渐变背景色和右下角粉色角标；元素形状、布局近似，都有角标，角标形状近似，都位于右下角。至于二者在角标是否轴对称、文字是否倾斜等局部的细微差异，不足以影响相关公众在隔离观察的情况下对两者是否近似的判断。并且，考虑到 APP 的下载和使用载体多为智能手机，所显示图形的标识面积有限，相关公众往往首先通过 APP 图标颜色、构图进行识别，故法院认定两款仅文字内容不同、其余部分均高度相似的 APP 图标，整体视觉效果近似。

关于被诉行为是否造成相关公众的混淆，根据《最高人民法院关于审理不正当竞争民事案件应用法律若干问题的解释》第 4 条的规定："足以使相关公众对服务的来源产生误认，包括误认为与知名服务的经营者具有许可使用、关联企业关系等特定联系的，应当认定为反不正当竞争法第六条第（一）项规定的行为。"因此，现行法律规定的混淆既包括现实混淆，也包括可能混淆；既包括来源混淆，也包括特定联系混淆，如关联企业关系、许可使用关系或其他关联关系。判断是否造成混淆时，应考虑装潢本身的标识作用、服务近似程度及被误认的可能性、一般公众的注意力、服务销售渠道、实际混淆证据、权利人使用时间等因素。

本案中，如前所述，涉案装潢与被诉装潢均使用在面积较小的 APP 图标中，在相关消费者施以一般注意力的情况下往往很难区分，即使注意到图标内商标文字不同，知晓是两款不同的 APP，但是，两款图标的整体高度近似性已经足以导致相关公众误认为两款 APP 系具有关联关系的同一系列品牌。

根据调查报告等证据，足以证明完美公司使用被诉装潢的行为已经导致了相关公众对被诉装潢与新氧公司产生了存在特定联系的实际混淆结果。

根据《反不正当竞争法》第 6 条第 1 项规定的"擅自使用"，意味着对应主观状态的要求是故意，即明知是他人的装潢，为借用其竞争优势而作相同或近似使用。

本案中主体双方均为医美行业具有领先地位的企业，具有直接、密切竞争关系，完美公司作为行业名列前茅者在设计APP图标时应该善意、合理避让其主要竞争对手已经在先使用并有一定影响力的装潢，划清市场界限，发挥其创新能力，打造出更有价值的品牌形象，但其却通过多次修改APP图标，不断靠近涉案装潢，使用与涉案装潢高度近似的被诉装潢，其主观上难谓善意。

综上，完美公司的行为已经构成《反不正当竞争法》第6条第1项规定的不正当竞争行为，应承担停止侵害、消除影响、赔偿损失等民事责任。

【裁判结果】

判令完美公司立即停止涉案不正当竞争行为；在更美网站、更美APP、更美微信公众号、更美APP微博首页连续10日发表声明，并在《法制日报》刊登声明，以消除因涉案不正当竞争行为给新氧公司造成的不良影响；赔偿新氧公司经济损失50万元、合理费用8万元。

【案号】

（2020）京0105民初68166号

第六节　其他新型不正当竞争行为

《反不正当竞争法》2017年修订时，将修订前几年积累的曾适用反不正当竞争法一般条款调整的互联网情景下的不正当竞争行为做了总结提炼，形成了第12条列举的三项破坏网络产品或服务正常运行的行为："经营者利用网络从事生产经营活动，应当遵守本法的各项规定。经营者不得利用技术手段，通过影响用户选择或者其他方式，实施下列妨碍、破坏其他经营者合法提供的网络产品或者服务正常运行的行为：（一）未经其他经营者同意，在其合法提供的网络产品或者服务中，插入链接、强制进行目标跳转；（二）误导、欺骗、强迫用户修改、关闭、卸载其他经营者合法提供的网络产品或者服务；（三）恶意对其他经营者合法提供的网络产品或者服务实施不兼容插入链接强制跳转、误导用户关闭卸载、恶意不兼容。”同时，立法者为了避免这三种情形的局限性，规定了第4项作为兜底条款，即其他妨碍、破坏其他经营者合法提供的网络产品或者服务正常运行的行为，以期能够将产业中未来出现的涉网不正当竞争行为涵盖其中。

反不正当竞争法规定了互联网专条之后，的确为大量的网络不正当竞争行为的司法适用提供了更为精准的法律适用，避免了像过去那样对《反不正当竞争法》第2条适用的随意性。自互联网专条创设以来，产业界不断地出现一些新型的互联网不正当竞争行为，互联网专条中的兜底条款因用语的封闭性，有时会存在适用上的困境。以下列举五个最近几年新出现的几种不正当竞争行为。第一种行为在产业界被称为流量裂变，用户在使用微信APP时，可能会收到转发朋友圈可以免费看视频、得红包。这种虚假消息，就是被称为流量裂变的程序所造成的。这种行为利用了微信分享功能，对微信产品的运行构成一种干扰，但不属于第12条立法语言中所规定的妨碍、破坏。第二种行为是分时出租。被告购买了视频网站VIP账号之后，开设了一个云平台。在云端，其他人可以租用被告的VIP账号，可以不用看视频网站的广告，直接看视频。此时，干扰的并非视频网站的服务，而是视频网站的盈利模式。第三种行为是数据爬取。如果严格按照互联网专条，数据爬取并不属于“妨碍”“破坏”。因为其破坏的不是产品，而是数据持有主体对其数据设计的技术保护措施。第四种行为是刷量。对于一些视频，发布者为了获得更大的关注，能够排到前面，支付费用雇人刷点击量。严格按照《反不正当竞争法》第12条对该行为进行评价的话，这并不属于妨碍、破坏网络产品或服务的行为，但其行为的可谴责性在于，其影响了视频网站对网站正常运营所产生的数据的准确采集，继而影响视频网站的经营判断，如购买片源、收取广告费等事项。再如，微信公众号文章的雇人刷浏览量和点赞，对于微信运营者来说，这种模式削弱了微信平台共享信息的真实性和准确性，进而，从更长远的层面降低了用户对于信息的信任。第五种行为是一种对游戏的干扰行为。被告将原告享有著作权的游戏放在云平台。而云平台上的游戏，在功能设置上限制进行外部链接跳转，这使得用户无法链接到客服、无法充值。被告向云游戏各平台用户提供的服务不影响涉案游戏在原告服务器上的原始状态，限制外部链接的行为主要影响云游戏各平台上提供的网络产品或者服务的正常运行。所以，严格按照法条字面解释的话，不符合“妨碍、破坏”原告游戏正常运行的行为表征。

我们看到，对互联网专条的文义解释，无法使兜底条款真正发挥兜底作用。在司法实践中，有的法院依靠扩张解释第 12 条兜底条款下的“破坏、妨碍”来适用该条，认为符合了该条，就不需要再援引第 2 条一般条款。但也有法院认为，仍需要援引第 2 条来处理新型互联网不正当竞争行为。面对网络空间不断出现的不正当竞争行为，应该进行司法规制和立法完善。从司法的角度，能用《反不正当竞争法》第 12 条兜底条款的，就尽量用该条款，而非用第 2 条一般条款。当需要对第 12 条所列行为做扩张解释时，需要援引一般条款做进一步评价。

认定互联网不正当竞争，应放宽对竞争关系的把握。反不正当竞争法的立法目的在于保障社会主义市场经济健康发展，鼓励和保护公平竞争，制止不正当竞争行为，保护经营者和消费者的合法权益。在传统经济模式下，经营者之间的竞争一般也仅限于针对同一商品或服务领域。但随着社会经济的迅速发展进步，尤其是随着互联网行业的出现和蓬勃壮大，在崇尚注意力经济的互联网经济新模式下，用户注意力已经成为互联网经济中的重要资源，也是众多网络经营者的争夺对象，并且随着互联网技术的不断深化，用户流量等资源也实现了在不同行业或产业间的交互融合，对用户流量等重要经营资源的争夺也从同行业经营者扩展到非同行业经营者。因此，在新的经济模式下，判断经营者之间是否存在竞争关系，亦不应仅局限于同行业经营者，只要双方在具体的经营行为、最终利益方面存在竞争关系，应认定两者存在竞争关系。

我国当下正在进行反不正当竞争法的第四次修改。应扩展第 12 条的列举情形，并且修改兜底条款的内容。建议增加兜底条款的包容性，可将其修改为：其他妨碍、破坏、干扰其他经营者合法提供的网络产品服务正常运行以及商业模式正常开展的行为。此外，有必要设计数据专条来专门规制数据领域的不正当竞争行为。

一、“刷单炒信”不正当竞争纠纷

【基本案情】

原告汉涛公司系生活服务信息平台大众点评的经营者。被告简易付公司为自然人独资有限公司。

汉涛公司发现，简易付公司未经授权，通过其微信公众号“铁鱼霸王餐”与商户订立广告服务合同，在多个微信群发布任务，组织人员在大众点评平台中对特定商户进行点赞、上门好评、人工店铺收藏、增加店铺访客量和浏览量。原告认为被告实施的行为严重损害了大众点评平台的声誉和市场竞争力，严重危及公平、诚信的市场竞争秩序，构成不正当竞争，遂诉至法院。

【争议焦点】

（1）被告的行为是否构成不正当竞争。

（2）如构成不正当竞争，被告应当承担何种民事责任。

【裁判推理】

法院认为，虽然原告汉涛公司与被告简易付公司在具体业务范围上存在一定差异，但两者均为互联网领域的经营者，存在竞争关系。

根据《反不正当竞争法》第2条的规定，经营者在生产经营活动中，应当遵循自愿、平等、公平、诚信的原则，遵守法律和商业道德。本法所称的不正当竞争行为，是指经营者在生产经营活动中，违反本法规定，扰乱市场竞争秩序，损害其他经营者或者消费者的合法权益的行为。《反不正当竞争法》第8条第2款规定，经营者不得通过组织虚假交易等方式，帮助其他经营者进行虚假或者引人误解的商业宣传。

本案中，被告简易付公司以营利为目的组织刷手刷单炒信，提供针对大众点评平台的店铺点赞、上门好评、人工店铺收藏、增加店铺访客量和浏览量等有偿服务，进行虚假交易、好评、炒作信用，帮助其他经营者进行虚假的商业宣传，违背了公平、诚实信用原则及商业道德，被告简易付公司的上述行为造成了大众点评平台上的相关数据不真实，影响了原告的信用评价体系，损害了原告的合法权益，扰乱了社会经济秩序，构成不正当竞争，应承担相应的民事责任。

根据《反不正当竞争法》第17条第3款的规定，因不正当竞争行为受到损害的经营者的赔偿数额，按照其因被侵权所受到的实际损失确定；实际损失难以计算的，按照侵权人因侵权所获得的利益确定。赔偿数额还应当包括经营者为制止侵权行为所支付的合理开支。本案中，原告因被侵权遭受的实际损失和被告青岛简易付因侵权而获得的利益的具体数额均无足够的证据证明，法院综合考虑各种因素，包括被告侵权行为的性质、侵权时间、侵权规模、侵权所造成的影响、侵权人的主观过错、原告为维权所支出的合理费用等因素，酌情确定被告简易付公司向原告汉涛公司赔偿经济损失及合理支出30万元。

法院认为，根据《最高人民法院关于审理侵害知识产权民事案件适用惩罚性赔偿的解释》(法释〔2021〕4号) 第5条第1款的规定，人民法院确定惩罚性赔偿数额时，应当分别依照相关法律，以原告实际损失数额、被告违法所得数额或者因侵权所获得的利益作为计算基数。该基数不包括原告为制止侵权所支付的合理开支；法律另有规定的，依照其规定。在原告未提交证据证明其计算基数的情况下，法院对原告主张应当适用惩罚性赔偿的诉讼请求不予支持。

【裁判结果】

被告简易付公司在判决生效之日起立即停止涉案不正当竞争行为；被告简易付公司在判决生效之日起10日内赔偿原告汉涛公司经济损失及合理支出30万元。

【案号】

(2020) 鲁02民初2265号

二、流量劫持行为的不正当性判断

【基本案情】

淘宝网络公司、淘宝软件公司（以下简称两原告）系手机淘宝IOS系统的开发者、运营者。易车公司系易车APP的运营者和网络服务提供者。易车公司在易车APP客户端的“URL Scheme”规则中输入了对应淘宝网的协议名称“taobao”，用户下载安装易车APP后，使用支付宝、钉钉、UC浏览器、Safari浏览器等访问手机淘宝时，弹出的页面仅显示打开APP的提示框，且用户只能选择“打开”或“取消”，用户点击“打开”后页面直接跳转至易车APP。

两原告认为，易车公司通过篡改唤醒协议的技术手段，强制进行应用间跳转，劫持两原告用户流量，谋取不正当商业利益，构成不正当竞争，故诉至法院。

【争议焦点】

(1) 淘宝网络公司、淘宝软件公司与易车公司是否存在竞争关系。

(2) 易车公司的被诉行为是否构成不正当竞争行为。

【裁判推理】

通常而言，只有存在竞争关系，才能认定构成不正当竞争，而双方产品或服务有替代关系，是判断竞争关系的主要因素。法院认为淘宝网络公司、淘宝软件公司运营的淘宝 APP 的使用群体、平台商铺经营范围覆盖面极广，易车公司运营的易车 APP 是向潜在购车用户提供互联网交易平台服务，二者在服务形式、服务内容、用户群体等方面存在一定的重合，可以认为具有竞争关系。即便按易车公司所述二者产品定位和用户群体差异明显，不具有替代关系，但是如有证据显示易车公司干扰了淘宝网络公司、淘宝软件公司产品或服务的正常运行，在经营中争夺了淘宝网络公司、淘宝软件公司的用户资源或用户注意力、交易机会，不正当借助对方的用户资源获取自身竞争优势时，彼此的利益存在此消彼长的情况，仍可认定二者存在竞争关系，纳入反不正当竞争法规制的范围。法院强调互联网竞争具有鲜明的跨界竞争和流量竞争的特性，因此认定不正当竞争行为并不局限于经营者之间存在直接的竞争关系或处于同一行业，而应聚焦于“竞争性利益”的保护。

本案中，淘宝网络公司、淘宝软件公司运营的淘宝 APP 是网购零售平台，易车公司运营的易车 APP 是向潜在购车用户提供互联网交易平台服务，尽管二者在服务形式、服务内容等方面存在一定的区别，但在移动互联网环境下，网络服务商均通过不同方式吸引用户、争夺流量，故二者仍存在着对于用户群体及交易机会的争夺，构成竞争关系。

本案中，淘宝网络公司、淘宝软件公司主张易车公司通过技术手段修改应用间的唤醒协议，将原本应跳转至 IOS 系统淘宝 APP 中的链接跳转至易车 APP，劫持了原属于淘宝网络公司、淘宝软件公司的用户流量，构成不正当竞争，法院主要从以下几个角度分析。

从技术手段角度分析，易车 APP 是否以技术手段妨碍、破坏 IOS 系统淘宝 APP 的正常运行。易车 APP 通过自定义唤醒协议的技术手段，强制进行应用间跳转，无正当理由使用户转至与其需求完全不同的页面，属于未经其他经营者同意，在其合法提供的网络产品或者服务中，采用技术手段强制进行目标跳转的行为，妨碍、破坏了淘宝网络公司、淘宝软件公司合法提供的淘宝网络产品的正常运行。

从行为正当性方面分析，被诉侵权行为是否违背用户选择权，是否违背诚实信用原则和商业道德。首先，移动互联网环境下，网络服务提供者大多以APP应用软件形式提供服务，用户不同的网络需求则从提供不同服务的多个APP应用软件中获得。用户安装了易车APP后，用户在其他应用软件想要打开淘宝APP时则被禁止，只能选择打开易车APP或取消，此种跳转冲突现象未尊重用户知情权，导致IOS系统手机淘宝应用软件不能接受用户的平等选择，从而使软件权利人丧失了相应的交易机会，且易造成部分用户对应用软件服务来源的混淆。其次，经营者在市场交易中，应当遵循自愿、平等、公平、诚实信用的原则，遵守公认的商业道德。作为新兴行业的互联网行业发展速度很快，从业者应尊重其他经营者的合法权益，以创造良好的行业发展环境。

从损害后果方面分析，被诉侵权行为是否损害互联网经营者和用户的合法权益，是否扰乱公平的市场竞争秩序。被诉侵权行为劫持了手机淘宝应用软件的流量，攫取了淘宝网络公司、淘宝软件公司的交易机会，损害了其合法权益和竞争秩序。

【裁判结果】

易车公司立即停止实施涉案不正当竞争行为；易车公司于判决生效之日起10日内赔偿浙江淘宝网络公司、淘宝软件公司经济损失（包括合理费用）50万元。易车公司于判决生效之日起30日内，在易车APP上连续3日刊登声明为淘宝网络公司、淘宝软件有限公司消除影响。

【案号】

（2020）浙01民终8743号

三、自媒体账号买卖行为的反不正当竞争法规制

【基本案情】

原告腾讯计算机公司、腾讯科技公司是微信软件及服务的经营者。自2011年推出以来，微信已发展成为全国拥有最大用户群体的通信社交平台。原告制定的《腾讯微信软件许可及服务协议》《微信个人账号使用规范》明确

要求，用户不得转让微信账号，不得诱导或欺骗他人为自己辅助注册、辅助解封，也不得恶意为他人辅助注册、辅助解封（提交虚假资料、虚构好友关系等）。

被告猎宝公司是猎宝七八网网站的经营者。原告认为，该网站设有“微信账号买卖”“微信辅助注册”“微信辅助解封”等交易专区，内部包含有大量交易信息，为其他恶意用户辅助注册、辅助解封微信账号，此外还有客服参与其中，并以自己收款账户直接收取交易款项等，构成不正当竞争，故诉至法院。

【争议焦点】

被告猎宝公司所实施的行为是否对两原告构成不正当竞争。

【裁判推理】

本案中，被告猎宝公司就两原告主张适用《反不正当竞争法》第 2 条认定被告是否构成不正当竞争行为提出异议，认为本案应适用《反不正当竞争法》第 11 条、第 12 条，同时认为被告未违反该两条规定。

法院认为，《反不正当竞争法》第 11 条规定：“经营者不得编造、传播虚假信息或者误导性消息，损害竞争对手的商业信誉、商品声誉。”第 12 条规定：“经营者利用网络从事生产经营活动，应当遵守本法的各项规定。经营者不得利用技术手段，通过影响用户选择或者其他方式，实施下列妨碍、破坏其他经营者合法提供的网络产品或者服务正常运行的行为：（一）未经其他经营者同意，在其合法提供的网络产品或者服务中，插入链接、强制进行目标跳转；（二）误导、欺骗、强迫用户修改、关闭、卸载其他经营者合法提供的网络产品或者服务；（三）恶意对其他经营者合法提供的网络产品或者服务实施不兼容；（四）其他妨碍、破坏其他经营者合法提供的网络产品或者服务正常运行的行为。”对于反不正当竞争法明确列举的行为，当事人主张适用上述第 2 条的，法院不应予以支持。本案中两原告主张被告猎宝公司所实施的行为，明显不符合第 11 条和第 12 条第 1—3 项的规定；关于第 12 条第 4 项规定的兜底条款，双方当事人未举证证明被告猎宝公司利用技术手段，通过影响用户选择或其他方式，妨碍、破坏两原告合法提供的微信产品或者服务正常运行，本案中被告猎宝公司所实施的行为系提供相关信息发布场所和交易服务，被告猎宝公司亦认为其未违反第 12 条的规定。故在反不正当竞争法未明确列举的前提下，如被告猎宝公司违反诚实信用原则和商业道德，扰乱互联网行业市场竞争秩序、损害两原告或者微信用户合法权益的行为，法院可以适用《反不正当竞争法》第2条予以认定。

《反不正当竞争法》第2条规定，“经营者在生产经营活动中，应当遵循自愿、平等、公平、诚信的原则，遵守法律和商业道德。本法所称的不正当竞争行为，是指经营者在生产经营活动中，违反本法规定，扰乱市场竞争秩序，损害其他经营者或者消费者合法权益的行为。本法所称的经营者，是指从事商品生产、经营或者提供服务（以下所称商品包括服务）的自然人、法人和非法人组织。”本案中，被告猎宝公司所实施的行为，即分别为微信账号、微信辅助注册、微信辅助解封的交易行为提供信息发布场所和交易服务，对两原告构成不正当竞争。理由如下：

首先，被告猎宝公司与两原告具有竞争关系。本案中，原告腾讯公司的经营范围包括计算机网络服务等，原告腾讯科技公司的经营范围包括计算机技术服务及信息服务等，被告猎宝公司的经营范围包括网络技术开发、技术服务等；两原告系“腾讯微信软件”登记的著作权人、微信产品的共同运营方，两原告共同对微信产品享有运营及维权权利，被告猎宝公司在其开办和经营的猎宝七八网网站中为微信账号、微信辅助注册、微信辅助解封的交易行为提供信息发布场所和交易服务，与两原告具有竞争关系。

其次，被告猎宝公司所实施的行为，违反了诚实信用原则及行业内公认的商业道德，扰乱了互联网行业市场竞争秩序。微信作为一款通信社交平台，用户数量大、使用范围广、知名度高，已经成为众所周知的事实，本案中两原告亦举证证明自2019年至2020年6月微信及WeChat月活跃账户持续增长并已超过12亿。两原告提交的《微信账号个人使用规范》《腾讯微信软件许可及服务协议》中明确规定，微信账号的所有权归腾讯公司所有，初始申请注册人仅获得使用权，使用权也仅属于初始申请注册人，其不得赠与、借用、租用、转让或售卖微信账号或者以其他方式许可非初始申请注册人使用微信账号；同时对恶意注册、使用和解封异常等行为进行了相应的规范。而被告猎宝公司所实施的行为，包括为微信账号、微信辅助注册、微信辅助解封的交易行为提供信息发布场所和交易服务，违反了微信账号不得转让或售卖以及注册、解封的相应规范，被告猎宝公司作为互联网行业的经营者，应当明知微信产品系他人开发运营，其从事与微信产品相关的业务，应当通过诚信经营、公平竞争来获得竞争优势。被告猎宝公司未经两原告的许可，未遵守微信产品运营方设立的规范，其利用两原告的微信产品进行商业运作，不应当违反诚实信用原则；同时，两原告提交的《微博服务使用协议》《百度用户协议》《网易邮箱账号服务条款》等相关文件，证明用户账号不得转让以及平台服务商采取相应的管理措施等是互联网行业的商业惯例，诚如被告猎宝公司作为猎宝七八网网站的经营者，通过平台网页以及客服服务等多种形式禁止私下交易等对网站进行规范管理等，平台服务商在现行法律框架下设立相应的规范或协议对其运营的平台进行相应的管理，既是其承担的平台经营者的义务，也是对平台用户合法权益的保障，被告猎宝公司利用他人的微信产品进行商业模式的创新或是满足客户的需求，亦不应当违背互联网行业的商业惯例。因此，被告猎宝公司为微信账号、微信辅助注册、微信辅助解封的交易行为提供信息发布场所和交易服务，对互联网行业平台经营者通过合法经营和规范管理获得竞争优势的行业生态环境产生负面影响，引导消费者通过违反微信使用规范的方式获得微信账号或微信账号的注册、解封，扰乱了互联网行业市场竞争秩序。

再次，被告猎宝公司所实施的行为，损害了两原告和微信用户的合法权益。其一，对两原告而言，被告猎宝公司的行为破坏了两原告对其运营的微信产品的管理规则，微信账号交易导致非初始申请注册人使用微信账号，微信辅助注册和微信辅助解封导致非正常注册和非正常解封，会对微信平台生态环境造成负面影响，增加管理成本。对于用户恶意注册、解封异常的情形两原告提交的《微信账号个人使用规范》中均有明确的规制，被告猎宝公司的行为会降低微信用户对两原告提供的微信产品服务的评价，对两原告的商业信誉产生不利影响，损害了两原告的合法权益。其二，对微信用户而言，被告猎宝公司的行为会对用户接受微信产品服务的体验产生影响，且微信平台用户众多，微信的使用已经涵盖了通信、消费、娱乐等社会生活的多个方面，非初始申请注册人使用微信账号、微信账号非正常注册和解封会增加使用风险，危害信息安全，损害了微信用户的合法权益。

综上，被告猎宝公司分别为微信账号、微信辅助注册、微信辅助解封的交易行为提供信息发布场所和交易服务行为，对两原告构成不正当竞争，应当依法承担相应的民事责任。

【裁判结果】

被告猎宝公司赔偿原告经济损失100万元及为维权支出的合理费用9万元，共计109万元。

【案号】

（2020）苏01民初2728号

本章结语

进入互联网时代，也就进入了信息产生极大价值的时代。作为信息网络传播平台的手机应用行业，在同业竞争的态势下，不可避免地涉及一些不正当竞争纠纷的产生。

本章第一节以案例介绍了内容聚合侵权纠纷和屏蔽广告行为的认定，并指出从侵权主体、侵权客体、侵权行为和主观恶意四个方面考虑，未经被链APP允许，内容聚合APP设置深度链接聚合多个视频网站内容的行为构成不正当竞争；屏蔽广告行为与内容聚合行为的主要区别在于侵权行为的具体方式，在存在竞争关系、产生侵权损害、具有违反商业道德的主观恶意等方面是一致的，应当认定不正当竞争侵权成立。

第二节介绍了手机应用程序行业之间的商业诋毁与虚假宣传类纠纷，指出商业诋毁与虚假宣传的区别主要体现在行为对象和宣传导向上，商业诋毁针对的是同业竞争者，以危害对方商誉为目的，而虚假宣传是为了提高自己品牌产品的公众注意力和收益，二者同为不正当竞争行为。另外，反不正当竞争法并未将损害结果规定为这两种不正当竞争行为的构成要件。

第三节介绍了全国首例关于用户个人信息的社交网络平台不正当竞争纠纷——微博诉脉脉案，阐明了用户信息的重要商业资源价值，指出互联网企业擅自获取用户信息构成不正当竞争需要满足获取用户信息来自竞争者平台，但该行为未经平台和用户本人同意且损害了市场竞争秩序三个条件。在实务中，还应当对行为人的主观故意、实际损害程度、市场秩序等进行多方考量，慎用诚实信用原则。

第四节以腾讯拒绝接受“问问”表情包投稿纠纷为例，阐述了市场支配地位的相关问题，并总结法院的既往判决，指出在实务中，要判断企业行为是否构成滥用市场支配地位，首先要结合当事人的经营范围和目标市场，明确界定商品或服务经营的相关市场；其次要根据市场份额、控制商品价格、数量或其他交易条件的能力以及用户的依赖程度等因素，衡量被诉企业是否处于市场支配地位；最后，在市场支配地位成立的情况下，综合分析被诉行为对消费者和行业的影响，判断被诉行为是否构成滥用。

第五节介绍了对有一定影响的商品名称侵权纠纷的处理，首先要认定该应用程序名称构成知名商品特有名称，需要满足涉案应用程序构成有一定影响的商品及该名称具有特有性两个条件。需要注意的是，具有显著性、获得商标权的标识本身并不能当然证明该标识通过使用获得了特有性。其次要对被诉侵权行为的性质作出判断，当涉诉企业以“搭便车”为目的，利用知名应用程序运营商的商誉，足以使消费者产生混淆时，即构成不正当竞争行为。

第六节聚焦于一些新型的不正当竞争行为。随着新经济、新业态、新模式的层出不穷，利用数据、算法、平台规则等实施的新型不正当竞争行为亟待规制。自2022年3月20日起施行的《最高人民法院关于适用〈中华人民共和国反不正当竞争法〉若干问题的解释》对于《反不正当竞争法》第12条的适用进行了规定。未经其他经营者和用户同意而直接发生的目标跳转，人民法院应当认定为《反不正当竞争法》第12条第2款第1项规定的“强制进行目标跳转”。仅插入链接，目标跳转由用户触发的，人民法院应当综合考虑插入链接的具体方式、是否具有合理理由以及对用户利益和其他经营者利益的影响等因素，认定该行为是否违反《反不正当竞争法》第12条第2款第1项的规定。经营者事前未明确提示并经用户同意，以误导、欺骗、强迫用户修改、关闭、卸载等方式，恶意干扰或者破坏其他经营者合法提供的网络产品或者服务的，人民法院应当依照《反不正当竞争法》第12条第2款第2项予以认定。目前我国正在进行反不正当竞争法的新一轮修改，在征求意见稿中，对很多行为进行了细化规定。未来，反不正当竞争法将会得到完善，为营造公平竞争的市场环境，维护经营者、消费者的合法权益和社会公共利益提供法制保障。

第四章　移动应用软件委托开发合同引发的纠纷

一些企业委托专门的 APP 制作企业来进行移动应用软件开发与设计。双方之间围绕合同的履行会产生法律纠纷。此类纠纷的主要法律依据是《民法典》合同编。《民法典》合同编的第一分编对于合同的订立、效力、履行、保全、变更、转让、权利义务终止和违约进行了一般规定。第二十章是对技术合同的专门规定，其中第二节是技术开发合同。技术开发合同应当采用书面形式。委托开发合同的委托人应当按照约定支付研究开发经费和报酬，提供技术资料，提出研究开发要求，完成协作事项，接受研究开发成果。委托开发合同的研究开发人应当按照约定制订和实施研究开发计划，合理使用研究开发经费，按期完成研究开发工作，交付研究开发成果，提供有关的技术资料和必要的技术指导，帮助委托人掌握研究开发成果。委托开发合同的当事人违反约定造成研究开发工作停滞、延误或者失败的，应当承担违约责任。

移动应用软件的开发需要经过一定的周期，当存在迟延履行的情况时，法院结合双方提供的证据分析合同不能按期履行的原因。软件产品需要实现一定的技术功能，如果开发完成的软件无法实现委托方与受托方在缔结合同时所约定的技术功能，则会涉及对开发费用的退还问题。此时，法院应当考察功能无法实现的原因、双方的过错、是否存在不可抗力。此类纠纷常常涉及法定解除权与约定解除权的行使问题。当事人协商一致，可以解除合同。当事人可以约定一方解除合同的事由，解除合同的事由发生时，解除权人可以解除合同。有下列情形之一的，当事人可以解除合同：因不可抗力致使不能实现合同目的；在履行期限届满前，当事人一方明确表示或者以自己的行为表明不履行主要债务；当事人一方迟延履行主要债务，经催告后在合理期限内仍未履行；当事人一方迟延履行债务或者有其他违约行为致使不能实现合同目的；法律规定的其他情形。相较于法定解除权，约定解除权对于举证的要求会轻一些。因违约和解除合同所引发的损失赔偿问题，如果合同中没有明确约定，则需要受损失一方进行相应的举证。本章将以5个司法实践中的案例来探析移动应用软件开发涉及的合同纠纷。

一、计算机软件开发合同中违约行为的认定

【基本案情】

2017年11月23日，原告乐物谱生公司与被告微略智恒公司签订软件开发合同。主要约定包括：被告开发可以在IOS、Android环境下运行的软件；被告应在2018年3月14日前，完成整个项目的开发工作并交付验收等。原告提供给被告的原型文件中记载了部分需求“本期不做”或“第一期不做”，双方也就UI设计定稿文件进行了确认。双方用于沟通的腾讯文档，更新至2018年10月26日，其中原告对IOS、Android版本的APP进行了大量的BUG记录，并指出APP中缺失的功能。实际履行中，双方多次协商延迟交付时间，并达成一致。直到2018年8月8日，被告仍未交付开发完成的涉案软件，此后，原告就交付时间与被告再次协商未果，被告要求原告进行验收。双方僵持，原告诉至法院，要求解除合同。

【争议焦点】

被告微略智恒公司开发的涉案软件是否符合涉案合同的约定。

【裁判推理】

计算机软件开发合同纠纷中，软件开发方向委托方交付符合合同约定的、能正常运行的软件是其主要的合同义务。软件开发方对其完成了该义务的事实负有举证证明责任。软件开发方无法证明软件已经交付或交付的软件符合合同约定的，应承担不利后果。本案中，根据涉案合同的约定，按期、按质交付涉案软件的IOS端和安卓端是被告的主要合同义务。根据查明的事实，可以认定，被告未及时、全面履行其主要合同义务，具体分析如下：

第一，根据双方法定代表人的微信聊天记录的内容，结合双方不断更新的腾讯共享文档内容，双方一直就涉案软件开发存在的问题进行反复沟通、修正

和反馈，但直至2018年10月26日，涉案软件仍存在较多不符合设计需求的问题，被告并未提交有效证据证明其已经针对上述问题作出了进一步的修改和完善，因此，涉案软件并未经原告验收合格。

第二，根据腾讯共享文档最新更新版本可知，截至该日，原告仍指出了涉案软件IOS端存在的11项重大缺失问题，且未得到被告的解决，而上述问题中的绝大部分均属于双方共同确定属于本期开发的内容。

第三，根据原告提交的涉案软件运行情况的视频可知，涉案软件IOS端和安卓端均出现了原告在腾讯共享文档中所述的闪退问题，根据软件领域常识，软件闪退是对软件用户体验影响较大的问题，结合前述原告提出的涉案软件仍存在的功能缺失，可见被告提交的涉案软件IOS端和安卓端均未达到涉案合同所约定的要求。被告主张根据其提交的涉案软件源代码，可以综合认定软件不存在技术障碍和问题，但该源代码系被告于本案诉讼发生后提交，无法用于证明涉案纠纷发生时的情况，被告的该项理由不能成立。

综上，根据现有证据，被告开发的涉案软件不符合涉案合同约定的要求，其已构成合同违约。被告亦未提交能够证明其已经解决涉案软件尚存问题的证据，应承担不利的法律后果。基于此，被告应承担向原告返还开发费用及相应利息以及赔偿原告经济损失的违约责任。

【裁判结果】

双方合同解除，被告返还部分合同价款，支付违约金并赔偿原告经济损失。

【案号】

（2021）最高法知民终1249号

二、技术服务合同中法定解除权的行使

【基本案情】

2018年3月17日，原告金箫公司（甲方）与被告迈途公司（乙方）签订《技术委托服务协议》，约定甲方委托乙方制作多彩三亚APP安卓、苹果双系统、PC端口、微信公众号。乙方保证15个工作日交付平台。费用总计28 800元。合同附有平台功能清单，该清单中列明主功能有首页、商铺、产品列表、

订单列表等功能。运营商PC后台功能清单中列明主功能有首页、商铺、产品列表等功能。店铺（会员）后台有商铺、产品列表等功能。

2018年4月26日，金箫公司（甲方）与迈途公司（乙方）签订《技术委托服务协议》，约定甲方委托乙方制作多彩三亚（小程序），费用总计15 800元。

2018年6月8日17:39，迈途公司（乙方）向甲方邮箱发送了一封名为“多彩三亚项目交付资料”的邮件，邮件内容为：“您好。苏先生，感谢您的配合，多彩三亚项目已经完成APP开发制作，并顺利上架苹果应用市场、安粉市场，现将项目资料及后台邮件交付，请确认查收。”

2018年8月11日，金箫公司（甲方）与迈途公司（乙方）签订《技术委托服务协议》，约定甲方委托乙方制作多彩三亚APP旗舰版。服务价格49 800元/年，服务截止日期2024年3月20日，费用总计249 000元。同日，原告金箫公司向被告迈途公司支付全网平台续费款项249 000元。

案件审理中，原告认可被告制作的多彩三亚微信小程序、公众号、网页版符合2018年3月17日、2018年4月26日所签订合同的要求，对前述两合同的履行情况无异议，但不认可被告履行了2018年8月11日所签的涉案合同的义务。原告认为在涉案合同项下，被告的义务不仅为提供多彩三亚旗舰版五年维护运营的服务，还包括交付源代码、苹果应用市场上线及支付功能的实现，这些均为被告没有履行的合同义务。

【争议焦点】

原告是否享有解除合同的权利。

【裁判推理】

本案中，原告主张行使法定解除权，并认为被告构成根本违约。原告主张的被告违约行为包括以下三项：被告未向其交付源代码、未上线苹果应用市场以及相应程序不具有支付功能。

对此，法院认为，首先，涉案合同并未约定被告具有向原告交付源代码的义务，原告的主张缺乏依据。从原被告双方合作的情况看，涉案合同应为在前两份合同开发项目的基础上继续提供维护运营服务至2024年3月20日，因此，涉案合同中被告主要的合同义务是提供多彩三亚旗舰版的运营和维护。原告向被告支付费用的电子回单交易摘要显示为付全网覆盖技术中心5年续费，说明原告亦清楚合同的对价是被告向其继续提供5年的服务，并非向其提交源代码，故原告称被告有向其交付源代码的义务与事实不符，法院不予采信。

其次，关于原告主张的被告未将多彩三亚 APP 上线至苹果系统的意见，法院认为，首先涉案合同并未明确约定被告应当将多彩三亚 APP 上线至苹果系统，仅明确被告具有上线的义务。根据现场勘验的情况，多彩三亚安卓 APP 在安卓系统上线并且能够顺利下载，说明被告已经履行了产品上线的义务。

最后，关于原告认为涉案 APP 不具有支付功能的意见，法院认为，从安卓系统下载的多彩三亚 APP 和微信小程序、公众号均具有支付功能，原告的主张与事实不符，法院不予采信。综上，法院认为，鉴于原告提供的证据不能证明被告存在根本违约行为，原告不符合解除合同的条件，故其不享有解除合同的权利。

依法成立的合同，对当事人具有法律约束力。当事人应当按照约定履行自己的义务，不得擅自变更或者解除合同。法院认为在被告不存在违约行为的情况下，原告不享有解除合同的权利，鉴于涉案合同不存在不适合履行或者继续履行显失公平的情况，双方应当继续履行合同。即使原告后续明确不需要被告向其提供相应的技术运营服务，也无权要求被告向其返还已经支付的合同款项。

【裁判结果】

驳回原告金箫公司的全部诉讼请求。

【案号】

（2021）沪民终 967 号

三、技术合同付款条件的认定

【基本案情】

2019 年 9 月，中能源公司与辣苹果公司签订技术合同，约定辣苹果公司为中能源公司实施易捷跨境线上商城的开发及上线，项目验收合格即完成实施。就付款事宜，合同约定中能源公司在签订合同后 15 日内支付总金额的 40%，待项目合格后支付合同总额的 30%，免费维护期满再支付最后的 30%。

2019 年 10 月，中能源公司委托辣苹果公司运营管理易捷跨境电商平台及相关 APP 等事宜。2019 年 12 月易捷跨境软件开始上线使用后，双方在 2020 年 4 月至 5 月多次就该软件使用中的卡顿等问题在微信中沟通。辣苹果公司认为上述问题并非自身原因所致，向中能源公司请求支付合同剩余款项被拒，故提起诉讼。

【争议焦点】

涉案软件开发合同是否已经具备相应付款条件，中能源公司是否应向辣苹果公司支付合同余款及系统维护费。

【裁判推理】

本案中，双方当事人在涉案合同中约定了付款进度和条件，双方关于付款进度的约定不违反法律规定，双方均应依约履行。对于中能源公司已按合同约定支付了第一笔软件开发款196 000元的事实，双方均无异议，而对于本案诉争的余下合同款项，双方约定的付款条件为“项目验收合格”“免费系统维护服务期满”，辣苹果公司应当举证证明，其诉请的合同价款已经符合合同约定的付款条件。

根据庭审查明的事实，涉案合同约定的开发项目辣苹果商城于2019年12月上线运行，2020年4月开始频繁出现无法登录、系统卡顿等使用问题，2020年5月该软件无法登录使用，在此期间双方并未正式进行验收。对于未能验收的原因，从双方技术人员微信沟通记录看，辣苹果公司于2020年5月提出催促验收的要求，中能源公司表示系统存在各项问题始终未调试完毕故验收也无法通过，辣苹果公司要求中能源公司将问题整合以便集中修改。此后，中能源公司整理了现存问题并发出书面联络函，但辣苹果公司收到函件后未对相关问题作出回复亦未予以修复，涉案软件始终未能恢复正常登录使用状态，亦无法进行正式验收。辣苹果公司未能证明涉案软件开发已符合合同约定的验收条件，而中能源公司积极反馈系统问题、发出书面联络函准备验收工作，无据证明中能源公司存在阻却验收付款条件成就的情形，不能认定双方约定的第二期合同款项付款条件已经成就。

至于辣苹果公司提出APP卡顿、无法打开系因多种原因及服务器未续费所造成，辣苹果公司未对其主张提交证据，且根据合同约定及辣苹果公司自行提交的情况说明，服务器应由辣苹果公司负责正常运行的运维工作，辣苹果公司亦认可服务器在停用前一直由辣苹果公司免费提供使用的事实。即使辣苹果公司认为此后服务器费用应由中能源公司承担，亦应向中能源公司告知并由双方协商解决，但辣苹果公司无法提交证据证明已就服务器续费问题向中能源公司进行过告知或协商，对此不应由中能源公司承担责任。

保证开发软件能够持续、有效、稳定运行应为软件开发验收的基本要求，虽涉案软件曾上线运行并产生订单和收益，但双方均认可软件在上线后半年即无法登录使用，辣苹果公司主张的上线运行事实并不足以证明开发软件已达到验收要求和付款条件，亦不足以证明辣苹果公司已经交付了完整、合格的软件项目。另外，辣苹果公司亦未按照合同中关于源代码所有权的约定向中能源公司交付全部 9 项源代码，辣苹果公司提交的证据显示其仅交付了 2 项源代码。源代码是计算机程序的重要组成部分，在合同对于源代码权属已有明确约定的情况下，辣苹果公司应向中能源公司交付包括源代码在内的完整计算机程序，在辣苹果公司未按约定交付全部代码前，中能源公司有权行使先履行抗辩权暂不支付合同尾款。

【裁判结果】

驳回辣苹果公司要求支付合同进度款及违约金的诉讼请求。

【案号】

（2022）辽 02 民终 2054 号

四、软件开发合同履行中的根本违约

【基本案情】

2018 年 12 月 9 日，帮帮公司与梦恒公司签订合同，约定帮帮公司委托梦恒公司开发一款名为技能帮帮（后改名为技能帮）的家政服务软件，开发费为 14 万元，开发语言为原生语言。梦恒公司交付软件相关代码后，帮帮公司才发现该软件并非用原生语言编写。截至 2019 年 7 月 2 日，帮帮公司已应梦恒公司要求陆续向其支付了开发费用 14 万元，以上费用全部存入梦恒公司法定代表人童某某的个人账户。帮帮公司认为，梦恒公司未使用原生语言进行开发的行为违反合同约定，且已构成根本违约，故提起诉讼。

【争议焦点】

（1）梦恒公司在涉案 APP 软件的开发过程中是否存在违约行为。

（2）若梦恒公司存在违约行为，其违约行为是否足以导致涉案合同解除。

【裁判推理】

依法成立的合同，对当事人具有法律约束力。当事人应当按照约定履行自己的义务，不得擅自变更或者解除合同。涉案合同履行过程中，帮帮公司因测试涉案 APP 软件时遇到无法打开的情况而向梦恒公司询问开发语言问题。双方随后的通话录音反映出梦恒公司承认其在开发过程中使用了涉案合同约定语言之外的其他开发语言。就此情况，梦恒公司在诉讼过程中解释称：涉案 APP 软件中关于定位、导航、支付等功能模块并非由梦恒公司亲自开发，而是引用了已开发完成的成熟模块。被引用的成熟模块存在使用非原生语言的情况，致使涉案 APP 软件的开发语言中有非原生语言出现。上述引用成熟模块的部分不属于梦恒公司的开发范围，仅就梦恒公司亲自完成的 APP 开发工作而言，所使用的语言均为原生语言。然而，梦恒公司在诉讼过程中又另行解释为：所开发的涉案 APP 软件包括前端程序部分和后端程序部分，虽然前端程序部分的开发语言并非原生语言，但后端部分系使用 PHP 语言开发，且 PHP 语言也属于原生语言的一种。由此可见，梦恒公司就其开发涉案 APP 软件所使用的语言存在前后矛盾之陈述；但其陈述能够与前述通话录音和法院勘验结果相印证，证明涉案 APP 软件开发过程中实际使用的语言包括 Html、JS、CSS，也可能还存在梦恒公司自称的 Vue、PHP 等，但均非帮帮公司与梦恒公司签约时就已确定的原生语言，即安卓系统限定为 Java，IOS 系统限定为 Object－C。

至于梦恒公司关于涉案 APP 软件著作权登记完成足以证明其已向帮帮公司交付全部源代码，以及帮帮公司故意隐瞒涉案 APP 软件后端程序的主张。因双方一致确认用于著作权登记的代码系由梦恒公司寄交，所以登记手续的完成不足以证明梦恒公司曾向帮帮公司交付过用于登记的代码。且由帮帮公司签字的软件交接单中并未载明交付内容包括后端程序，梦恒公司也陈述涉案合同的开发内容仅针对前端程序、后端程序部署于该公司服务器上，所以梦恒公司作为涉案 APP 软件的开发方，有能力提交其所谓的“完整”代码与帮帮公司提交的代码进行比对，以证明其关于帮帮公司隐瞒了后端程序代码的主张。然而，梦恒公司不仅在一审诉讼过程中通过不认可检材真实性的方式阻挠开发语言鉴定程序的进行，在二审过程中仍拒绝提交其开发的涉案 APP 软件。故梦恒公司应就其上述举证不能的行为承担不利法律后果。

综上，梦恒公司未按涉案合同约定使用特定语言进行 APP 软件开发，构成违约。

当事人一方迟延履行债务或者有其他违约行为致使不能实现合同目的，对方当事人可以解除合同。涉案合同明确约定 APP 软件的开发语言为原生语言，则梦恒公司应依约使用合同限定的语言进行开发。梦恒公司作为开发方，掌握软件开发技术，其对涉案合同中关于开发语言的特别约定具有充分的认识理解能力，并负有更高的注意义务。若梦恒公司认为全部使用原生语言开发存在诸多缺点或并无必要，使用多种语言混合开发具有更大优势且为目前主流模式，其应当在签约前向帮帮公司提出建议，或在开发过程中征得帮帮公司同意；否则，其仍应依约使用原生语言进行开发。

通过比较原生语言开发与混合开发各自的特点可知，改变开发语言能为梦恒公司带来缩短开发时长、减少开发工作量、降低开发成本的好处，却违反了帮帮公司在涉案合同中对开发语言提出的明确要求，且使帮帮公司想要达到的该家政服务类 APP 运行速度快、安全性能高、用户体验好、抢单成功率高、客户端硬件设备调用充分的合同目的无法实现，因而构成根本违约。原审法院未能查清涉案合同专门约定开发语言的特殊目的，也未考虑到不同开发语言对 APP 运行状况及其进一步商业使用的影响，仅以基本功能均能实现为由认定涉案合同目的已经实现，缺乏事实依据和法律依据。即使出于避免开发成果浪费的考虑，梦恒公司也只能以协商方式解决已开发完成的涉案 APP 软件接收事宜，而不能强迫帮帮公司接受与合同约定开发语言不符的 APP 软件。

因此，梦恒公司未使用约定语言进行涉案 APP 软件开发的行为构成根本违约，帮帮公司依法享有解约权。

【裁判结果】

解除吉林省帮帮科技有限公司与吉林省梦恒科技有限公司于 2018 年 12 月 9 日签订的《技术开发（委托）合同》；吉林省梦恒科技有限公司于本判决生效之日起 10 日内，向吉林省帮帮科技有限公司返还 14 万元。

【案号】

（2021）最高法知民终 1593 号

五、软件开发合同目的的无法实现

【基本案情】

2019 年 3 月至 5 月，星屹公司委托任某开发奢时代 APP 及小程序，涉案

APP设计的主要内容是安卓端、苹果端、商家管理中心和系统后台四部分。合同款项共计15万元，APP涉及的开发款项是10万元。双方并未签订正式书面合同，仅就前端功能有约定，但管理中心、系统后台等后端部分未作需求确认。截至2019年7月3日，星屹公司共支付给任某65 000元合同款项。同年8月2日，任某通过微信向星屹公司的人员发送APP安卓端安装包，星屹公司接收后表示多项功能未实现，其中个人地址无法保存及支付流程未能完成，导致APP无法实际投入使用。星屹公司向法院提起诉讼，请求解除双方之间的《奢时代APP及小程序委托开发合同》、返还合同价款65 000元并赔偿损失67 800元。任某提起反诉称，其已经根据双方约定开发完成了微信小程序和APP。涉案合同履行过程中，系星屹公司恶意违约、拖欠合同款才导致合同尚未履行完毕。请求星屹公司立即支付合同款35 000元。

【争议焦点】

(1) 双方的涉案合同是否应当解除。

(2) 如果合同解除，双方应如何承担民事责任。

【裁判推理】

星屹公司和任某虽然没有签订正式书面合同，但根据双方的合意和履行情况来看，双方之间约定涉案奢时代APP开发合议事项系双方真实意思表示，未违反强制性法律、法规的规定，属于合法有效的软件开发合同。依法成立的合同，对当事人具有法律约束力，当事人应当按照约定履行自己的义务。

根据查明的事实，任某仅向星屹公司交付了涉案APP安卓端软件，任某提供的证据无法证明其已向星屹公司交付了涉案APP苹果端软件，亦没有证据证明其已履行完毕涉案合同约定的其他软件交付义务。且任某交付的涉案APP安卓端软件有多项功能无法实现，存在履行瑕疵，致使星屹公司不能实现订立涉案合同的目的。

开发方任某在交付软件后，面对委托方的问题反馈，不是积极协商处理，而是采取删除对方微信、拒绝沟通的方式，导致涉案合同无法继续履行。结合星屹公司已经委托了案外人重新开发相关软件的客观事实，故涉案合同目的已难实现。星屹公司诉请解除合同，符合法律规定，依法予以解除。

合同解除后，尚未履行的，终止履行；已经履行的，根据履行情况和合同性质，当事人可以要求恢复原状、采取其他补救措施，并有权要求赔偿损失。

对合同是否履行发生争议的，应由负有履行义务的当事人承担举证责任。

一方面，经后台添加测试内容后，双方均确认存在多项功能未实现的事实，且任某也未提交证据证明其已完成涉案 APP 全部功能的开发交付并通过对方验收等。虽然星屹公司未对涉案 APP 明确具体需求，但其合同目的是实现交易，而任某交付的版本未实现支付功能是项目终止的重要因素。尽管任某主张因星屹公司未提交 icon 而无法发起 APP 支付签约申请，但法院认为作为开发方的任某理应提醒委托方星屹公司提前准备好项目所需资料，而不是临近交付才发现材料缺失，所以不能成为抗辩理由。

另一方面，星屹公司未与任某明确涉案 APP 管理中心、系统后台等后端部分的具体需求及涉案 APP 的交付时间与交付标准，也未督促涉案合同的履行进度，其对涉案合同未能完全履行亦应承担相应的责任。

因此双方均应对软件未实现开发测试运行承担相应的责任，根据涉案合同履行情况及双方的过错程度，结合任某交付的 APP 功能与付出的劳动，法院酌情确定任某向星屹公司退还费用 25 000 元。对于任某要求支付剩余款项的诉请，不予支持。

【裁判结果】

杭州星屹科技有限公司与任某之间的奢时代 APP 开发合同于判决生效之日起解除，任某向杭州星屹科技有限公司退还费用 25 000 元。

【案号】

（2021）最高法知民终 2208 号

本章结语

在移动应用软件开发合同纠纷中，争议焦点通常集中在软件开发成果是否交付以及交付的内容是否符合合同约定。此类纠纷法院最先认定的是涉案合同是否合法有效。接着，围绕原告主张分析是否存在违约事由以及违约的发生原因。合同条款是法院审理的基础。对于软件功能是否充分实现的判断，具有一定的主观性。此时，专家证人的意见具有参考价值。建议软件开发合同在合同签订前评估开发需求，在合同中清晰写明开发进度、软件标准、模块、软件核心功能和技术指标、软件后期维护义务、软件版本等事项。对于软件运行所呈现出来的页面的排版、设计、图形图案提出明确的要求。对于软件的交付与验收事宜，应当进行明确的约定，尤其是验收标准与验收方式，是否允许少量缺陷的存在等。在软件开发过程中，双方应当及时沟通。计算机软件开发合同纠纷中，软件开发方向委托方交付符合合同约定的、能正常运行的软件是其主要的合同义务。软件开发方对其完成了该义务的事实负有举证证明责任。对于受托方是否交付了符合合同要求的软件，需要运用合同解释的方法判断双方缔结合同时的真实意思表示，评判合同目的是否实现。软件开发方无法证明软件已经交付或交付的软件符合合同约定的，应承担不利后果。在就涉案软件是否存在功能缺失、无法运行等不符合设计需求的问题作出判断时，需要评判是否存在技术障碍。在是否构成根本违约问题上，提出解除合同的一方负有举证责任。双方沟通过程中的邮件沟通记录、网上聊天记录等电子数据可以作为证据。在判断开发方合同目的是否实现时，应重点判断涉案软件的主体功能是否完成。如果主体功能可以实现，但是个别功能存在瑕疵，那么，委托方主张受托方根本违约难以获得法院支持。

软件开发引发的合同纠纷审理难度较大，争议问题复杂。最高人民法院曾发布过多起案例来对软件领域的合同案件给出裁判要旨。受托方向委托方提交开发的软件后，委托方经过测试指出了软件存在的问题，而在该问题属于设计需求所确定的属于应当开发的内容，并未超出软件开发内容的既定框架范围的情况下，开发方未能提供有效证据证明其对委托方提出的问题进行了有效修改，而开发的软件存在闪退等对软件用户体验影响较大的问题时，应当认定软件未达到合同所约定的要求，开发方构成违约。

附录　涉 APP 应用商店运营商侵权责任调研报告[①]

自 2008 年苹果应用商店问世以来，APP[②] 应用商店对整个移动互联网产业发展带来了深刻而长远的影响。随着 APP 应用商店类型的增多和数量的增加，涉及 APP 应用商店运营商（以下称应用商店运营商）的侵权问题也日益凸显。[③] 2012 年，北京市第二中级人民法院审理国内首例针对苹果应用商店的侵害著作权纠纷，[④] 此后涉及 APP 应用商店侵害知识产权案件（以下称涉 APP 应用商店侵权纠纷）逐渐增多，且类型多样化、处理难度日益增大。本节拟以北京市 2013—2019 年涉 APP 应用商店侵权纠纷为样本，对其中的事实认定和法律适用问题进行归纳和分析，既为此类案件的审理思路提供参考，也从司法提示的角度对 APP 应用商店市场及其运营者的行为进行规范，减少相关侵权纠纷的发生。

一、涉 APP 应用商店侵权纠纷的基本情况

按照北京审判信息网及北京法院数据分析平台查询结果统计，2013—2019 年，北京地区涉 APP 应用商店侵权纠纷民事法律文书共有 290 篇，已结案 305

---

① 本次调研由北京市海淀区人民法院民五庭完成。基于与本书内容的相关性，经作者授权，将本报告全文作为附录发布。

② APP，指安装在智能手机或 PC 端电脑中的应用软件，为用户提供更丰富的使用体验，最常见的如“微信”“淘宝”等应用软件。

③ 例如，权利人主张 APP 应用商店中的 APP 中存在涉嫌侵权的作品、商标或受法律保护的商业标识，要求平台商承担相应的侵权责任等。

④ 参见（2012）二中民初字第 1200、1556、1557、1560、1600、2234、2236、2237 号案件。

件；其中，以判决方式结案的共计254件，占已结案件总数的83.3%。

从案由分布看，在上述254篇民事判决中，侵害著作权纠纷案件212件，占比83.5%；[①] 侵害商标权纠纷案件共17件，占比6.7%；[②] 不正当竞争纠纷案件17件，占比6.7%。[③]

从被诉侵权的应用商店类型看，涉APP应用商店侵权纠纷既涉及网页端应用商店，又涉及手机端应用商店。后者又可以分为两种形态：一是IOS端应用商店；二是安卓端应用商店，该类应用市场又因开发者和是否预置的不同，可以区分为手机厂商预装应用商店（如华为手机自带的"应用市场"、小米手机自带的"应用商店"、OPPO和VIVO手机自带的"应用商店"）以及第三方独立开发的应用商店（如腾讯公司的"应用宝"、百度公司的"百度手机助手"、360公司的"360手机助手"、力天无限公司的"安智市场"、卓意讯畅公司的"豌豆荚"等）。随着智能手机的不断普及和更新换代，网页端应用商店侵权案件数量呈现出不断下降的趋势，手机端应用商店侵权案件数量则不断上升，已经成为该类侵权案件的主要类型。[④]

从被诉侵权APP的类型看，涉APP应用商店侵权纠纷主要涉及两类应用：一是特定作品类应用，即将涉案的文字、影视、音乐等作品直接制作成APP的形式，其实质上是作品等在不同载体中的不同表现形式，最为典型的是电子书籍类、视频播放类APP；二是综合类应用，指被诉侵权的内容仅是被诉侵权APP中的一部分或作为其一项元素而展现，如在梦之城公司诉力天无限公司侵害作品信息网络传播权纠纷一案中[⑤]，被诉侵权内容是安智网应用市场中《爱情路上（1）》游戏的主要人物形象。

二、涉APP应用商店侵权纠纷的基本特点

经对案件样本分析发现，涉APP应用商店侵权纠纷呈现出如下特点。

---

① 参见（2013）高民终字第2079号案件、（2013）一中民终字第10815号案件等。

② 参见（2015）朝民（知）初字第27168号案件，该案一审判决已生效。

③ 参见（2015）朝民初字第46540号案件，该案一审判决已生效。

④ 如未做特殊说明，本调研报告中所指手机端APP应用商店包括IOS端及安卓端应用市场。

⑤ 参见（2017）京0108民初35288号案件，现原告已撤诉。

（一）应用商店运营商多为被告

在涉 APP 应用商店的案件中，案件表现形式基本上是著作权人以应用商店运营商为被告或以应用商店运营商和被诉侵权 APP 开发者为共同被告主张权利。权利人选择应用商店运营商作为被告或共同被告主要基于以下几点原因：一是在部分案件中，被诉侵权 APP 由应用商店运营商自行开发并运营，应用商店运营商实施了直接侵权行为；二是被诉侵权 APP 不是由应用商店运营商开发运营且开发信息不完整的情形下，直接侵权人的身份难以确定，权利人出于诉讼方便和经济的考量而将应用商店运营商作为被告，在应用商店运营商加入诉讼提供了被诉侵权 APP 开发者后再追加该被告；三是即便权利人知晓被诉侵权 APP 的开发者身份，权利人也往往倾向于选择应用商店运营商这一应诉能力和经济实力较强的公司作为共同被告，以保证诉讼和执行的有效性。

（二）集中被诉案件较为普遍

同一权利人在同一 APP 平台上可能发现多个应用存在侵权行为或者同一应用的多个侵权行为，对此，其往往采取集中进行证据保全、集中进行维权诉讼的方式。因此，关联案件较多的现象在涉 APP 应用商店案件中也多有体现。例如，原告安乐公司诉被告力天无限公司著作权权属、侵权纠纷系列案件，该案中安乐公司作为“胡巴”形象的著作权人，就安智手机应用市场中存在的使用“胡巴”元素的被诉侵权 APP 向应用商店运营商力天无限公司主张权利；该系列案件在东城法院共 10 件、海淀法院共 4 件。出于诉讼便利的考虑，此类集中被诉的案件案情基本一致，证据形式也基本相同，故庭前证据交换程序及庭审程序也多采取合并形式，裁判结果和标准较为统一。

（三）法律责任形式随着平台业务的扩展而变化

虽然涉 APP 应用商店案件的案情集中体现在权利人的文字、图片、影视等作品被包装成 APP 在应用商店平台中供公众免费或付费下载，案件的案由也多为侵犯作品信息网络传播权纠纷，但随着平台业务的拓展和当事人诉讼能力的提升，[①] 纠纷类型不再仅限于侵害作品信息网络传播权，侵害商标权纠

① 当前市场中的平台商往往不仅提供应用分发服务，还进而提供相应的宣传服务、竞价排名服务等，甚至与应用开发者之间存在收益分成等分工情形。

纷、侵害计算机软件著作权纠纷、不正当竞争纠纷等类型案件也逐渐增加，应用商店运营商需要承担的法律责任形式也有所变化，其诉讼风险随之加大；尤其是应用商店运营商在何种情形下不再适用避风港原则争议较大。

三、涉 APP 应用商店侵权纠纷的审理难点分析

（一）案件事实查明方面的难点

1. 被诉侵权 APP 提供者的确定。当权利人在应用商店中发现存在侵犯其知识产权的侵权应用并意欲通过诉讼维护自身权利时，其在确定被告时可能会出现两种情况：一是在能确定侵权应用开发者的情况下，将侵权应用开发者与应用商店运营商作为共同被告一并起诉；二是无法确定侵权应用开发者，仅将应用程序应用商店运营商作为被告，或即使能确定侵权应用开发者，也仅起诉应用商店运营商。例如，在中文在线公司诉阿里云公司侵害作品信息网络传播权纠纷一案中，中文在线公司认为阿里云公司在其经营的“阿里云手机助手”中传播含有其享有权利的作品的应用程序，且没有证据证明侵权应用程序来源于第三方或由第三方上传，故认为侵权应用程序是由阿里云公司自行提供，要求其承担直接侵权责任。①

在上述情形中，均涉及判断被诉侵权 APP 的提供者（开发者或运营者）的问题。实践中，权利人通常仅需要提供初步证据证明被诉侵权 APP 的提供者，举证责任主要落在被告，尤其是应用商店运营商之上。如果应用商店运营商无法举证证明被诉侵权应用由其他第三方主体开发并经营，则将无法推翻其系被诉侵权 APP 的直接提供者这一事实。例如，在上述中文在线公司诉阿里云公司的案件中，阿里云公司虽辩称涉案应用程序系由案外人卓易讯畅公司提供，并提交了淘宝软件公司与卓易讯畅公司签订的《豌豆荚平台 API 合作协议》和“云手机助手”后台记录予以证明，但两审法院均认为上述证据因缺乏关联性而未予采纳。②

---

① 参见（2016）京 73 民终 48 号案件，该案一审宣判后，被告不服上诉，二审维持一审判决。

② 参见（2016）京 73 民终 48 号案件，该案一审宣判后，被告不服上诉，二审维持一审判决。

实践中，一般按照如下原则确定被诉侵权 APP 的提供者：应用商店运营商在证明侵权应用程序由第三方主体提供时，应当提交与应用程序开发者签订的协议以及关于应用程序版本、上传时间、开发者信息等具体内容的证据予以证明。例如，在安乐公司诉力天无限公司侵害著作权纠纷案中，力天无限公司主张侵权应用软件是由无锡摩笔世纪科技有限公司提供，为此提交了应用程序平台“安智网”中公示的《安智开发者协议》，协议中载明了安智网仅为用户提供上传空间服务的内容，还提供了“Goapk 安智网”管理平台记录的涉案软件及开发者相关信息，包含软件名称、语言、版本号、开发者名称、电子邮箱、注册账号、手机号、联系人身份证及无锡摩笔世纪科技有限公司营业执照扫描件、下架时间等信息，法院依据上述证据认定侵权应用程序由第三方主体上传，而非应用商店运营商上传。①

2. 应用商店运营商提供的服务性质的确定。如上所述，APP 应用商店有不同开发者、不同端口等区分，由此决定了在具体案件中，应用商店运营商为被诉侵权 APP 提供的服务存在多样性和复杂性。应用商店运营商通常主张其提供的是信息存储空间服务，用户可以自行上传其开发的应用程序，同时会提交相应的证据证明其服务性质。但在实践中发现，应用商店运营商提供的服务虽表面上存在一定的相似性，实际采取的技术实现方式和管理程度可能千差万别，这也使得其提供的服务性质存在很大差异。

实践中，一般结合以下事实因素判断应用商店运营商是否仅提供网络服务，系信息存储空间服务商：一是区分行为模式。用户协议证明应用商店运营商不对用户上传内容进行修改编辑，仅提供空间；② 或存在第三方开发者要进入平台，必须遵循应用商店运营商的定价，经应用商店运营商审核后才能发布，而且开发者取得注册开发资格前还必须签署付费协议等情形。二是区分审核的内容。应用商店运营商仅对 APP 是否涉及色情、暴力等违法的内容进行审核，还是有特殊的审核规则（如要求应用开发商遵循特定的开发规则及特

---

① 参见（2017）京 73 民终 760 号案件，该案一审宣判后，被告不服上诉，二审维持一审判决。

② 参见（2017）京 73 民终 760 号案件，该案一审宣判后，被告不服上诉，二审维持一审判决。

殊政策)，从而判断应用商店运营商是否对其平台中的应用具有较强的管控能力。① 三是区分是否直接获取经济利益，应用商店运营商对平台中的应用下载是否收费、应用下载后用户使用过程中的付费是否进行分成等因素均是需要审查的事实。②

3. 应用商店运营商过错的认定。在权利人主张应用商店运营商构成帮助侵权的情形下，应用商店运营商是否存在过错是其承担侵权责任的前提。而该事实查明的难点则在于需要通过查明哪些事实才能确定应用商店运营商的审查义务边界。笔者认为，由于不同平台提供服务的方式不同，需根据个案情况查明应用商店运营商是否存在“明知”或“应知”情形。

一是应用商店运营商必须明确知晓网络用户直接侵权而未采取必要措施，如收到了能明确指向被诉侵权 APP 的权利通知，才能构成“明知”。例如，在中青文公司诉百度公司侵害作品信息网络传播权纠纷一案中，法院认定中青文公司作为权利人，在起诉前并未依照《信息网络传播权保护条例》的规定针对“百度手机助手”的涉案侵权文档和涉案侵权 APP 向百度公司发出“通知”，百度公司不能准确定位涉案侵权文档和涉案侵权 APP。即使中青文公司与百度公司在 2013 年就百度文库案发生诉讼，但由于是不同的网络用户实施的直接侵权行为，故不能当然认定百度公司就“百度手机助手”中的侵害信息网络传播权行为是明确知道的，故中青文公司主张百度公司主观上存在“明知”的过错不能成立。③

二是应用商店运营商是否存在“应知”直接侵权行为之情形。认定应知的前提通常是侵权事实明显，即存在着明显侵权行为的事实或者情况，而应用商店运营商未尽到注意义务。例如，当一个应用程序名称或标识存在侵权内容，对于应用商店运营商来说是比较容易注意到的；反之，应用商店运营商从海量信息中难以注意到侵权内容的存在。在原创动力公司诉百度公司侵害著作

① 参见（2013）高民终 2083 号案件，该案一审判决后，被告不服上诉，二审维持一审判决。

② 参见（2017）京 73 民终 1948 号案件，该案二审宣判后，被告向北京市高级人民法院申请再审，北京市高级人民法院驳回其再审申请。

③ 参见（2016）京民终 247 号案件，该案一审判决后，双方均上诉，二审维持一审判决。

权纠纷一案中，涉案侵权应用程序位置在第 12 页，即属非显著位置，相关美术形象只是游戏软件中图片的构成要素，并非应用商店运营商容易发现的行为。① 在审查该事实要素的过程中，需要注意的是如何把握利益平衡原则，即在坚守应用商店运营商应尽诚信善意之人注意义务基本标准的基础上，充分考虑其系为他人信息传播提供中介服务的特点，在促进网络行业健康发展与保护权利人合法权益之间寻找合适的平衡点。

4. 新型纠纷中应予以关注的事实。除上述常见以应用商店运营商为被告的侵权纠纷之外，另有一类涉 APP 应用商店的新型侵权纠纷开始显现并在侵权行为的认定上存在较大争议，即安卓手机硬件生产商与 APP 应用商店运营商之间的不正当竞争纠纷。在此类纠纷中，传统意义上的 APP 应用商店运营商的角色从被告转化为原告。

此类纠纷中被诉侵权行为通常表现为：除安卓系统手机在用户手机中预装的应用商店所提供的 APP 之外，自行选择下载、安装其他来源的 APP 时会出现“安全风险提示”“官方商城提示”等提醒性弹窗；甚至可能出现以各种方式直接或变相“拒绝”第三方应用下载、安装的情形。纠纷的争议焦点体现为：前述手机硬件生产商同时作为手机操作系统的提供商，其通过技术手段“拒绝”或妨碍第三方应用下载、安装、运行等行为是否具有合理性？设置提醒性弹窗等行为是否属于干扰、劫持第三方应用商店流量从而构成不正当竞争行为，如果构成不正当竞争，属于《反不正当竞争法》第 12 条“互联网专条”中的第 3 项恶意对其他经营者合法提供的网络产品或者服务实施不兼容，还是第 4 项其他妨碍、破坏其他经营者合法提供的网络产品或者服务正常运行的行为？如不属于，则其适用的限制边界又为何？如果允许手机硬件生产商的前述行为，是否将影响大量手机用户自主选择等公共利益？

据笔者了解，此类纠纷已有个别进入诉讼阶段，但尚未有以判决方式作出裁判结果的案例。笔者走访调研的多家应用商店运营企业对此问题普遍反映强烈，有企业甚至表示，其发现某些手机厂商仅对国内应用商店采取“歧视性拒绝安装”的措施，对于出口到境外的手机都不做限制，而且针对国内不同

---

① 参见（2014）一中民终 3980 号案件，一审判决后，原告不服上诉，二审维持一审判决。

地域所采取的拒绝措施不同，给这些应用商店运营商带来极大困扰。可以预见，随着诸多高时长、高黏性类型应用收益（如网络游戏类 APP、购物类 APP、即时通信类 APP）的不断增长，APP 应用商店与之的分成收益日益可观，因此，手机硬件生产商自行开发手机自带应用商店普遍化将是未来的发展趋势，目前的 APP 应用商店软件开发运营商必将受到一定影响。部分手机厂商则表示，其在自己生产的手机中预置自己的应用市场，完全属于自主意愿可控制的范围，用户购买其手机可以实现下载各类应用软件的需求，完全没有必要再下载安装其他应用市场，这种“应用场景”不存在，也就没有必要给此种安装提供便利。

尽管此类案件尚未大量进入诉讼，案件事实查明的难点也还没有完全凸显。但在笔者走访过程中，多家应用商店运营商提出，因手机厂商预置应用商店且涉嫌劫持流量的行为是否具有合理性尚未有生效裁判进行回应，故手机厂商往往在采取被诉行为的时间、区域等方面都进行了区别化处理（如仅在夜间或仅在三线、四线城市采取类似措施），由此造成了应用商店运营商对相关行为进行公证取证时的困难。可以预见，手机厂商被诉侵权行为的固定也将是此类新型纠纷事实查明的难点。

（二）法律适用方面的难点

1. 认定诉讼主体适格与否。涉 APP 应用商店的原告通常为权利人，而被告的确定取决于原告，主要会针对被诉侵权 APP 的开发者不同而有所区分，或为应用商店运营商，或为应用商店运营商和被诉侵权 APP 开发者。对于原告适格问题，通常可以通过原告提交的创作、许可使用、商标权证等权属证据来判断，实践中适用著作权法、商标法等相关法律认定其为著作权人、商标专用权人，或有其他合法经营利益的主体；对于被告适格问题，由于涉及是否承担侵权责任或如何承担责任的问题，此类案件法律适用方面的难点主要集中于此，具体分析如下。

一是应用商店运营商不同的运营模式影响对其行为性质的判断。应用商店运营商的行为性质，决定了对涉案侵权行为的定性。一般而言，应用商店运营商为网络内容提供者，会认定其构成直接侵权；如其为网络服务提供者，则仅认定构成帮助侵权。对于应用商店运营商系网络服务提供者的情形，因其承担侵权责任的前提系存在过错，还需结合其所在端口和相应的运营模式判断是否存在过错。有必要指出的是，很多时候原告会主张应用商店运营商与 APP 开发者共同提供了侵权 APP，构成共同侵权。如何根据应用商店运营商的运营模式来判断其提供了内容还是网络服务，特别是在纠纷解决时根据有限证据来确定纠纷发生时的行为客观状态存在困难。

根据不同端口规则开发运营的 APP 应用商店，对应用商店运营商的行为性质判断也不同。对于 IOS 端，由于其封闭性，市场中实际上仅有苹果公司一家应用商店运营商，加之在该平台中，开发者资质和 APP 是否通过平台的规范审核是该 APP 上线的前提，故实践中普遍认为，虽苹果公司系为开发者上传的内容提供存储空间供第三人搜索和下载的网络服务提供者，不负有对平台中的 APP 及其中元素是否侵权进行全面审查的义务，但其特殊规则决定了苹果公司的注意义务应与安卓端中的应用商店运营商存在区别。在苹果公司与中文在线公司等著作权纠纷案中，[①] 法院明确表明了上述观点。

需要注意的是，对于应用商店运营商主体问题，苹果公司在个别案件中提出异议，认为实际运营该平台的主体是其具有独立法律人格的关联公司艾通思公司，故其不应对在平台中发生的被诉侵权行为承担责任。对此，笔者认为，结合应用商店系由苹果公司预置在苹果手机中，开发商申请 Apple 账号需在苹果公司网站上进行，权利人就应用商店中所提供的应用程序涉嫌侵犯其知识产权的投诉亦在苹果公司网站上提交，应用商店中的“条款与条件”版权所有人为苹果公司等事实，苹果公司实际承担了应用商店运营中包括协议内容、规则的修改，应用程序的审核、分销和撤销等重要职责，应系应用商店的实际经营者；即便苹果公司与艾通思公司存在内部协议，该内部协议亦不影响权利人向苹果公司主张权利。上述观点在易饰嘉公司与苹果公司、沃商公司侵害商标权纠纷一案中得到了体现。[②]

对于安卓端应用商店运营商，如涉案应用程序系由非应用商店运营商主体开发并上传，则需要根据《民法典》等法律判断应用商店运营商是否因提供帮助或存在其他明知、应知侵权的过错情形而与开发商构成共同侵权。实践

① 参见（2015）高民（知）终 3536 号案件，该案一审宣判后，被告向最高人民法院申请再审，最高人民法院驳回其再审申请。

② 参见（2014）沪高民三（知）初 2 号民事判决，该案一审判决已生效。

中，一般存在如下因素可认定应用商店运营商具有过错：第一是应用商店运营商主动对被诉侵权 APP 进行编辑、整理、推荐；第二是应用商店运营商通过用户在平台中下载 APP 直接获得收益；第三是应用商店运营商在接到权利人投诉后，无合法理由未及时下架涉案 APP。上述第一、第二种情形在安乐公司诉力天无限公司著作权权属、侵权纠纷系列案件中有所体现。[①] 在该系列案件中，法院认为，此种类型的网络服务提供者应区别于一般的网络服务提供者，其注意义务应相应提高。反之，如果应用商店运营商不存在上述过错情形，一般认为应用商店运营商不承担帮助侵权之责任，如黄某某与北京京东叁佰陆拾度电子商务有限公司侵犯著作权纠纷一案。[②]

二是应用商店运营商与 APP 开发者是否有必要作为共同被告的判定规则较复杂。因应用商店运营商一般系公司，主体身份相对明确，对于权利人而言，相较于 APP 开发者更容易找到追诉对象，且承担责任的能力通常更强些，故在笔者抽样调查的文书中，权利人选择仅起诉应用商店运营商的案件较多。在仅起诉应用商店运营商的案件中，是否追加 APP 开发者作为共同被告视应用商店运营商和 APP 开发者的关系而定。当 APP 开发者系平台员工或受其委托开发的人员，被诉侵权 APP 系职务作品或约定了著作权等权利归属的，应用商店运营商一般即为被诉侵权 APP 实际开发者和运营商，由其作为被告即可。在 APP 开发者是应用商店运营商之外的第三人的案件中，应用商店运营商往往会以被诉侵权 APP 为用户上传，其并不知情且已尽到合理注意义务，故非案件适格被告为由进行抗辩。对此，是否需要追加 APP 开发者作为共同被告，则需根据权利人主张的侵权行为的性质进行区分。

如权利人主张应用商店运营商构成直接侵权，而应用商店运营商提交的其与用户（开发者）之间的服务协议证明被诉侵权 APP 权利人为开发者时，可以视用户协议中的具体条款释明权利人是否追加 APP 开发者作为共同被告；如权利人明确表示其不追加时，可以综合全案证据对应用商店运营商是否构成侵权进行认定，一般不依职权追加 APP 开发者。当权利人只主张应用商店运营商构成帮助侵权，未将 APP 开发者列为被告，可以根据在案证据对是否存

---

① 参见（2016）京 0101 民初 4580 号民事判决，该案二审维持一审判决，现已生效。

② 参见（2014）三中民终 11615 号民事判决，该案判决已生效。

在直接侵权进行认定，在直接侵权成立的前提下，再结合案件具体情况判断应用商店运营商是否存在过错从而构成帮助侵权；而在直接侵权不成立的情形下，应用商店运营商作为网络服务提供者，亦不存在侵权前提，故两种情形下均无须追加 APP 开发者作为共同被告。

2. 认定被诉行为是否构成侵权。被诉侵权 APP 的开发者与应用商店运营商的关系，以及应用商店运营商运营模式的区别，使得应用商店运营商在个案中侵权行为的性质也存在区别，一般包括直接侵权和帮助侵权两类。在权利人不同的主张下，被诉侵权行为认定方面的难点主要体现在如下几点。

一是权利人主张应用商店运营商构成直接侵权的情形。不论是特定作品类应用还是综合类应用，当应用商店运营商自身作为开发商或委托开发但约定被诉侵权 APP 权属归属于应用商店运营商时，应用商店运营商未经权利人许可，擅自开发、上传和经营侵犯他人权利的 APP，属于直接侵权行为而应承担责任。此类案件中，权利人一般能提交应用商店运营商系被诉侵权 APP 的开发商或运营商的初步证据，如 APP 的开发者信息记载的信息或版权信息等，应用商店运营商否定此类证据效力的可能性较小。需要注意的是，在一些规模较小的平台中，被诉侵权 APP 往往未注明开发者、上传者身份，如应用商店运营商无法提供后台上传信息等能证明 APP 系由第三方开发的证据时，一般推定应用商店运营商即为开发者。

二是应用商店运营商与 APP 开发者存在密切合作的情形。实践中也有一些应用交给某个平台独家代理发行，甚至为某个平台专门定制 APP 应用，这种情况下，虽然被诉侵权 APP 标注有开发者名称，但基于开发者与应用商店运营商的密切合作关系，有可能会认为应用商店运营商已经不属于单纯提供平台服务，而是与开发者共同提供了被诉侵权 APP，要与开发者共同承担相应的责任。

三是权利人主张应用商店运营商构成帮助侵权的情形。在权利人主张应用商店运营商构成帮助侵权的案件中，难点在于如何判断应用商店运营商是否存在过错。一般情形下，如应用商店运营商对第三方开发、上传至其平台的被诉侵权 APP 进行审核，或从被诉侵权 APP 直接获利，或存在对平台应用进行分类、设置评分、内容介绍等编辑整理行为，甚至对受欢迎程度较高的 APP 进行推荐时，须区分不同情况认定其是否存在过错。此类案件的难点主要体现在如下几个方面。

（1）应用商店运营商的注意义务边界如何划定，应用商店运营商的不同审核标准是否会对判断其承担侵权责任与否产生影响。实践中，应用商店运营商通常以自己仅提供了信息存储空间，应当适用《信息网络传播权保护条例》规定的避风港规则予以免责。事实上，简单适用该条例第22条规定的信息存储空间服务提供者的免责条件，不是所有情形下对应用商店运营商都有利。该条例第22条规定的免除赔偿责任的条件中，有“未从服务对象提供作品、表演、录音录像制品中直接获得经济利益”。目前，对于游戏等通常具有付费内容的APP，应用商店运营商会从用户支付的费用中分取相当部分的收益是行业惯例，是否意味着当游戏APP发生侵权纠纷时，提供游戏APP的应用商店运营商都无法免责？

笔者在调研过程中发现：对于用户而言，苹果应用商店分发的应用收费方面有四种情形：一是免费下载，免费使用；二是收费下载，免费使用；三是收费下载，收费使用；四是免费下载，收费使用。平台或开发者对于游戏等变现能力强的应用通常会设置较多的收费环节。安卓端由于其系统的开放性，应用商店运营商之间竞争激烈，一般提供免费下载，收费仅在用户下载应用实际使用过程中才涉及，即主要对应前述苹果应用商店涉及的第四种情形。

对于向用户免费提供下载，在用户此后使用过程中也不设置收费环节的情形，应用商店运营商没有获利，通常可以参照信息存储空间服务提供者的注意义务，即事后的“通知+删除”义务。

应用商店运营商作为信息存储空间服务提供者的身份，决定了其不负对平台中APP所提供的内容进行全面、严格审核的义务，仅承担对上传者主体、APP内容是否涉及违反强制性法律规定以及特殊类型APP上线要件（如医疗、互联网金融、网络游戏等特别类型APP应满足国家相关监管条件）等形式审核义务。但如果应用商店运营商进行的审核较为翔实，已达到了与APP开发商共同提供被诉侵权APP的程度，则一旦该被诉侵权APP被认定侵权时，应用商店运营商承担侵权责任的可能性将较一般应用商店运营商更大。例如，苹果应用商店会依照自身标准对开发者上传的APP进行测试和审核以决定是否上线，在被诉侵权APP系特定作品类应用（尤其是视频类作品）时，应用商店运营商在进行审核的过程中，通过被诉侵权APP的名称、内容介绍等比较容易知悉其并非开发者享有权利的作品。如果应用商店运营商未要求开发者提供权利依据而仍然通过审核，一般可认定其未尽到合理注意义务，应当承担侵权责任。该观点在苹果公司与中文在线公司等著作权权属、侵权纠纷一案中有所体现。①

在另外的一些情形下，应用商店运营商无须花费较大审核成本即可发现侵权行为的，也可以认定其对第三方的侵权行为处于明知或应知状态，应当承担帮助侵权的责任。② 例如，在特定作品应用类 APP 中，涉案作品系知名度较高的文学作品或处于热播期的视频作品等；综合类应用中，APP 名称和图标使用的是具有一定影响力的商标或知名度较高的商业标识，而开发者与标识所有人无关的。

对于应用商店运营商对特定应用向用户收费的情形，应用商店运营商是否要承担事先审查义务，当该应用涉嫌侵权时，应用商店运营商是否一概无法获得免责？笔者经过调研后认为，一概认为应用商店运营商应当对侵权应用与开发商承担连带责任并不合理。例如，一款游戏 APP 应用，在大量元素中仅有数个元素侵害他人美术作品著作权，或者侵权行为发生在数十个关卡之后，要让所有上线该应用的应用商店运营商注意到这些侵权元素并作出准确判断，存在现实困难。

此时应用商店运营商的义务可以参照电子商务应用商店运营商的义务。北京市高级人民法院 2013 年发布有《关于审理电子商务侵害知识产权纠纷案件若干问题的解答》，其中将电子商务平台归为三类：一是自营型平台，③ 视为平台自己销售商品；二是合营型平台；④ 三是网络服务型平台。⑤ 在第二种类型下，“电子商务平台经营者从被控侵权交易信息的网络传播或相应交易行为

① 参见（2015）高民（知）终 3536 号案件，该案现一审判决已生效。

② 参见（2017）京 73 民终 760 号民事判决，该案判决现已生效。

③ 第 3 条：“电子商务平台经营者以自己的名义向公众提供被控侵权交易信息或从事相应交易行为侵害他人知识产权的，应当承担赔偿损失等侵权责任。”

④ 第 7 条：“电子商务平台经营者与提供被控侵权交易信息的网络用户合作经营，且应当知道被控侵权交易信息通过其网络服务进行传播。”

⑤ 第 4 条：“电子商务平台经营者知道网络卖家利用其网络服务侵害他人知识产权，但未及时采取必要措施的，应当对知道之后产生的损害与网络卖家承担连带赔偿责任。”

中直接获得经济利益，且应当知道被控侵权交易信息通过其网络服务进行传播”，属于“知道网络卖家利用其网络服务侵害他人知识产权”的一种情形。笔者认为，按照前述自营型平台承担直接侵权责任或者按照网络服务型平台仅承担事后“通知+删除”义务，会导致失之过严或失之过宽，特别是在应用商店直接从侵权APP中获利，却仍然可以获得《信息网络传播权保护条例》第22条规定的信息存储空间服务提供者的免责“优待”，会出现逻辑矛盾。可见，应用商店运营商若从其平台分发的应用软件中获利，当该软件侵权时，对应用商店运营商应当注意到存在侵权而没有及时制止的行为施加法律责任，是相对公平的处理方式。

（2）如何判断应用商店运营商从被诉侵权APP直接获利。需要注意的是，直接获利并非指应用商店运营商因提供网络服务而收取一般性广告费、服务费等情形，而是指应用商店运营商直接针对被诉侵权APP投放广告获取收益，或者获取与该APP存在其他特定联系的经济利益（例如，苹果应用商店运营商与APP开发者就用户购买被诉侵权APP中支付的费用中存在的利益分成，或玩家在网络游戏类APP使用过程中进行付费而与平台之间存在分成安排的情形）。网络游戏分发中，应用商店运营商往往处于非常强势的地位，据了解会收取用户付费收入的50%甚至更高，这也是权利人发现游戏应用软件侵权，更愿意将应用商店运营商作为被告起诉的原因之一。

（3）应用商店运营商对被诉侵权APP的编辑整理行为类型对其是否承担责任的影响。平台上的编辑整理行为通常包括分类、设置评分、内容介绍、推荐等。对于应用商店运营商对其平台中的栏目进行分类（如苹果应用商店将APP分为“新鲜APP”“付费排行”“免费排行”等类别，华为应用商店等安卓端平台通常分为“游戏”“购物”“儿童”“视频”等类别）、在APP下载界面设置评分选项等行为，通常认为是应用商店运营商为确保界面美观或为方便开发者上传、提升用户体验等目的而为，在不存在其他情形的前提下，此种事前分类行为或设置评分的行为，一般不足以作为认定应用商店运营商存在过错之因素。而对于应用商店运营商在平台首页或其他可被用户明显感知的显著位置推荐被诉侵权APP等编辑整理行为（例如安卓端应用分发市场中，平台首页的“热门”“推荐”“精选”等栏目、平台界面中显著的广告位展示以及部分平台中APP名称或图标旁标注“广告”），在无相反证据的情形下，足以认定应用商店运营商与被诉侵权 APP 存在合作或其他利益关系，其注意义务亦应有所提高。

四是应用商店运营商和有权优先预置应用商店的手机厂商之间的竞争是否属于不正当竞争的判定。对于此类新型纠纷中，手机厂商的行为是属于正常的市场竞争，还是达到了侵害当前 APP 应用商店的开发运营商合法经营利益的程度的不正当竞争。笔者认为，是否适用反不正当竞争法进行规制需持严谨态度。一则不能脱离个案中的被诉干扰行为的具体表现形式进行判断；二则不能忽视反不正当竞争法的功能和目的。必须强调的是，虽然在适用反不正当竞争法时往往会参照包括消费者在内的第三者因素，但反不正当竞争法的首要目的是鼓励和保护公平竞争，应以维护市场秩序、保护企业合法经营所获利益为出发点，通过反不正当竞争法的适用，使企业能够权衡那些使他们在市场上相对立的分歧，不至于脱离法律轨道实施竞争行为。据此，笔者认为，在此类新型纠纷中，既要考虑手机硬件生产商所做的“提示”等行为是否具有正当的理由以及是否超出了必要的限度，是否会导致市场中同类产品（如第三方应用商店）所应获得的正当商业利益遭到恶意损害进而导致市场竞争减弱甚至消亡。此外，也要考虑手机硬件生产商预置的应用商店是否将获得足够强势的市场地位，从而导致下载安装 APP 的用户、APP 开发上传者遭受不公平待遇以及缺乏开发应用商店能力的小手机生产商丧失市场等因素。

3. 认定应用商店运营商承担法律责任的难点。应用商店运营商法律责任认定的主要难点在于当应用商店运营商构成帮助侵权的情况下，是否能适用免责条款以及如何适用。

应用商店运营商可直接援引或参照的与免责条款相关的法律条文主要体现在《信息网络传播权条例》第 22 条关于提供信息存储空间的网络服务提供者的免责条件，以及第 23 条关于提供搜索或链接服务的网络服务提供者的免责条件；上述免责条款适用的例外是“红旗原则”①。适用难点在于“红旗原则”中的显著侵权行为指向的范围如何确定，是限于 APP 的名称、图标、内容介

① “红旗原则”系“避风港原则”的例外适用，指如果侵犯信息网络传播权的事实是显而易见的，就像红旗一样飘扬，网络服务商就不能装作看不见或以不知道侵权的理由来推脱责任。

绍及截图，还是扩展至APP整体内容（如音乐类APP中的每一首音视频）。笔者认为，在认定应用商店运营商系网络服务提供者的前提下，对其施加的审核义务不宜过严，而要求应用商店运营商审核APP整体内容既不合理，也不现实，与该原则明显相悖（例如，网络游戏类APP可能出现的游戏场景、人物角色上百甚至上千，应用商店运营商不可能对每一个美术作品均做事前审核）。因此，“红旗原则”在评判应用商店运营商的责任时，限于APP名称、图标、内容介绍或下载界面的截图等显而易见的范围更加合理。

另外，应用商店运营商适用“避风港原则”也带来了另一个法律适用难点——当权利人发出权利通知，被诉侵权APP开发或运营商发出反通知的情形下，应用商店运营商在何种情形下可以不下架被诉侵权产品且不存在过错。笔者认为，应用商店运营商对于反通知的审查应严格于权利通知中所附依据。例如，对于涉及商标侵权纠纷的，反通知中至少应包括被诉侵权APP在先使用相关商业标识、该商业标识具有一定知名度、双方之间存在未决商标争议并附相关证明（如相关裁决、法院传票等）、权利人存在恶意抢注、长期未使用等可能使涉案商标被宣告无效或撤销等情形的相关证据。相反地，如反通知中仅有被诉侵权APP声明未侵权、自愿承担侵权责任等内容的，应用商店运营商未予下架被诉侵权产品时，被认定存在过错而不得免责的可能性较大。

4. 程序方面的法律适用难点。上述法律适用难点主要集中于实体方面，但在涉APP应用商店案件的程序适用方面，也存在如下难点。

（1）对人为制造管辖连接点的处理。如上所述，出于诉讼便利和诉讼目的的实现的需要，此类案件的权利人往往倾向于只选择起诉应用商店运营商或将应用商店运营商作为共同被告，甚至在明确知晓直接侵权人且明知应用商店运营商不存在过错时，仍将应用商店运营商列为共同被告。此种人为制造管辖连接点的行为，导致应用商店运营商在接到应诉通知后常常会提出管辖权异议。在案件样本中，即有23件案件属于此类情况，占比10.13%。对于此种案件中原告明确对应用商店运营商没有诉讼请求甚至明确认可其系制造管辖连接点的情形，是否可以裁定驳回对应用商店运营商的起诉后移送至具有管辖权的法院，或在此之前仍应考虑应诉管辖之可能，在实践中存在争议。笔者认为，结合《民事诉讼法》第125条、第127条之规定，以及民事诉讼法立法中提高司法效率、降低诉讼成本的价值取向，我国民事诉讼法实际上确立了应诉管辖制度。因此，对于涉 APP 应用市场侵权纠纷中人为制造管辖依据点的案件，宜先向其他被告送达起诉书及其他证据材料，如果除应用商店运营商之外的被告虽不在案件受理法院管辖区域内，但应诉管辖的，不宜移送案件；当然，在原告明确对应用商店运营商没有诉讼请求，且经释明后不同意撤回对应用商店运营商的起诉的，可以先行裁定驳回对应用商店运营商的起诉。

（2）在何种情况下应采取行为保全。虽然在本次调研的案件样本中尚无作出行为保全的案件，但是其他地区已针对手机生产商应用商店平台作出过行为保全。例如，江苏省南京市中级人民法院对 VIVO 应用商店涉嫌不正当竞争行为要求被保全人停止提示弹窗、设置跳转、销售手机的行为。① 可以预见，随着涉 APP 应用商店案件的增多，以及权利人与应用商店运营商之间、不同类型应用商店运营商之间商业利益冲突的多样化，申请行为保全的情况将会增多；这种新情况，将与当前对如何审查行为保全申请尚未有明确规范，尤其是对紧迫性和必要性等要件的审查标准仍不统一的现状形成矛盾。即便如此，笔者认为，在最高人民法院关于行为保全的司法解释通过之前，鉴于行为保全对被诉侵权人的生产经营将造成较大影响（尤其是涉及购物类 APP 或厂商自行开发用于销售商品或服务的 APP），对权利人提出行为保全申请的审查和裁定的作出应当谨慎，只有在侵权行为明显且具有紧迫性（如涉及的商品或服务为季节性产品）和必要性（一般仅指无法通过经济损失予以救济的情形）时，才可考虑作出行为保全裁定。

四、涉 APP 应用商店侵权纠纷的审理对策和对行业的提示

（一）涉 APP 应用商店侵权纠纷的审理对策

1. 引导当事人充分举证，查明案件事实。虽然在涉 APP 应用商店案件中原被告双方对自身的主张或反驳基本能够举证证明，但是实践中仍然存在因当事人举证能力不足而造成案件事实不易查清的情况。例如，在张某起诉苹果公

① 参见（2017）苏 01 行保 1 号民事裁定，该裁定现已生效。

司侵犯著作权纠纷一案中,[①] 因张某未能证明其系作品著作权人而被裁定驳回。在中文在线公司起诉历趣公司侵犯作品信息网络传播权一案中,[②] 由于在历趣公司经营的平台上看不出被诉侵权 APP 开发者信息，即使其提交版权声明及后台数据也无法有力证明被诉侵权 APP 系第三方开发上传。

对此，法官应当引导当事人充分举证，也要释明其举证不力的不利后果。首先，是权属方面的证据。由于权属证据是知识产权侵权案件的关键性和前提性事实，故对此类证据的释明程度高于其他类型证据。其次，是与被诉侵权行为相关的证据。由于涉 APP 应用商店侵权案件中与侵权行为相关的证据基本形成于网上，对于未经公证或进行时间戳认证等案件，可以采取当庭勘验或结合其他在案证据查明侵权事实，不宜仅以侵权证据未经保全而否定其效力；在庭审中，也应将对证据采信的标准向双方当事人进行释明。再次，对于与责任承担相关的证据，在权利人主张应用商店运营商与被诉侵权 APP 开发者构成共同侵权时，应释明其提交可以证明双方存在共同侵权的意思联络，或应用商店运营商存在帮助、教唆等应承担连带责任的情形；在权利人主张应用商店运营商构成帮助侵权时，可释明其围绕免责条款进行“反面”举证，亦应允许被告提交反证证明其不存在过错。最后，是关于经济损失及合理开支或合理费用方面的证据。应释明原告积极对其经济损失进行举证，避免过度适用法定赔偿；在合理开支或合理费用方面，如果权利人合理解释未提交相应票据的理由且诉讼中的确发生了相关费用，亦可根据具体情况由法官进行酌定。

2. 全面审查争议事实，谨慎判断应用商店运营商主观过错。多年来，法院在审理包括信息存储空间网络服务提供和搜索链接网络服务提供者涉及侵权纠纷的案件中，从《信息网络传播权保护条例》、最高人民法院司法解释以及北京市高级人民法院审理指南等各类文件中，已经详细充分地抽象出了大部分的过错情节要件，法官可以较为准确地在审理过程中适用、参考。但涉及 APP 应用商店的运营模式、展示规则、审核发布流程等与前述网络服务提供者所经营的内容存在较大差异，对于 APP 应用商店经营者的主观过错情节认定，目

① 参见（2014）一中民初 2239 号民事裁定，该裁定现已生效。

② 参见（2015）东民（知）初 15096 号民事判决，该案判决现已生效。

前的司法裁判规则还需要进一步抽象、提炼，使之更具有可操作性和普遍适用性。

3. 充分理解 APP 平台经营规则，恰当适用法律责任条款。各大 APP 平台运营模式上存在的差别将影响其行为是否构成侵权、侵权行为的性质以及责任承担，理解平台运营规则对于认定应用商店运营商性质具有决定性作用。例如，对于苹果应用商店，结合苹果公司《IOS 开发商计划许可协议》及其附录，苹果公司与开发者就 APP 上线前进行的详细审核和上线后的分销进行的约定，以及 IOS 系统的封闭性等平台特点，可认定苹果公司对于其应用商店中上线的 APP 具有较高的注意义务。① 而对于某 APP 应用商店，根据《应用商店开发者协议》，其仅为开发者提供信息存储空间和技术服务，使开发者在该应用商店内上传的 APP 供用户免费下载或在线使用，与一般的提供信息存储空间服务的网络服务提供者没有区别。② 据此，审理案件过程中，应让双方明确涉案应用商店运营商的性质，尤其对平台运营模式是否存在特殊之处予以充分说明。

（二）对 APP 应用商店运营商及 APP 开发者行为的司法提示

对于应用商店运营商，应当进一步规范平台及其业务管理。例如，对于应用商店运营商自身开发上传的 APP，或应用商店运营商与 APP 开发者之间就平台中的付费 APP 存在分销协议的，应提高注意义务，避免未经许可使用他人作品；对于第三方开发并上传的 APP，应在前端明确标注开发者信息，对被诉侵权 APP 及时下架等。对于 APP 开发者，则应遵守行业管理，提升法律意识，避免在未经授权的情况下擅自使用他人作品、商标，或实施不正当竞争行为。

（三）对于硬件厂商应用商店与 APP 应用商店软件经营者的司法提示

笔者对涉及应用市场相关企业调研后认为，无论是硬件还是软件经营者，都要以更加宽容、开放的心态接受自由竞争。若确实如部分硬件企业所述，手机等硬件预置的应用商店软件已经足够满足用户需求，用户不存在另外下载安装应用商店软件的使用场景，那么手机等硬件厂商就该有自信，不

---

① 参见（2015）高民（知）终 3536 号民事判决，该案判决现已生效。

② 参见（2014）三中民终 11615 号民事判决，该案判决现已生效。

因其自带的应用商店中可以搜索到其他应用商店软件，或者用户自行下载安装他人应用商店软件而深感不安，甚至以频繁弹窗给用户心理压力让用户放弃下载安装其他应用市场软件。自由、正常的竞争秩序的建立，需要众多同业竞争企业共同提供类型化产品供用户选择，而不是利用身份优势排除、限制竞争。

后 记

随着5G移动通信、云计算、物联网、区块链、人工智能、大数据等新一代信息技术的迅猛发展，信息时代的智能化水平不断提升。软件产业作为信息行业的重要支点，在技术革新的关键节点具有战略性意义，承担着推动信息行业长足发展的重要使命。“互联网＋”的深度发展衍生出移动应用行业运营的繁荣和活跃，APP是数字技术和数字经济迅猛发展背景下的产物。在行业发展过程中，产生法律纠纷在所难免，行业的规范发展与有序竞争离不开司法对行业各类行为的指引和规范。最高人民法院发布的《人民法院知识产权司法保护规划（2021—2025年）》指出，推动知识产权审判体系和审判能力现代化建设，促进知识产权司法保护状况改善，进一步发挥知识产权审判激励保护创新、促进科技进步和社会发展的职能作用。

移动应用是当下最为便捷高效的资讯传播平台和交流媒介。手机移动应用行业涉及的著作权纠纷、商标纠纷以及不正当竞争纠纷，均属于知识产权法与竞争法保护的前沿领域，侵权样态呈现出技术性、商业性和隐蔽性等特征。本书采取类型化思路，将移动应用行业知识产权法律问题分为著作权纠纷、商标权纠纷、不正当竞争纠纷、应用商店侵权纠纷和软件合同纠纷五类，在每一类下依据适用的技术类型和采取的商业模式的不同划分成多项，每一项都辅以新型热点案例及其司法裁判解读，并补充了源于基层裁判经验的调研报告，对法律适用的难点和实务操作中的争议点作出了评述。

从著作权法的角度，明确手机应用程序行业中对信息网络传播权的保护模式和侵权的界定标准以及责任承担方式是知识产权审判实践需要关注的重点问题。移动应用行业中的新技术开拓了手机直播、短视频、深度链接作品等新型商业模式。因此，对各项技术的理解与法律条文的准确适用，成为判断纠纷认定与解决标准的重要因素。从对著作权法下作品这一概念范围的理解，到广播权与信息网络传播权的区别之界定，再到网络服务提供者归责原则构成要件中过错的认定，诸如此类种种理论与实务上的争议焦点，可以看出，对知识产权法领域来说，基本法律制度体系与基本规则标准没有大的变化，但在具体内容范畴、具体界定标准、具体适用方法及相关考量因素等方面，始终在为适应各种新情况新问题而不断进行着调整。

从商标法的角度，商标是凝结着市场经营者商誉的重要无形财产。手机移动应用的图标和名称都可以通过申请商标获得注册商标专用权的保护。实践中，在应用商店竞价排名、商业宣传、应用上线等场合下，商标的作用极其重要。经营者不仅需要在第 9 类与互联网相关的服务类别上申请注册，也需要在与其 APP 内所提供的具体服务所对应的类别上申请注册。当下，传统产业与现代信息网络技术深度结合，传统产业模式得以数字化转型和创新，在涉及应用程序商标侵权案件中，更需要准确地认定原被告之间的商品和服务是否类似、相关标识是否近似以及是否导致消费者混淆。面对手机应用市场上各式各样的 APP，经营者在移动互联网上抢占市场份额的同时，需要预判、规避自己应用名称的侵权风险。

从反不正当竞争法的角度，商业元素的如影随形也决定了在考量利益平衡时，需要更多地关注互联网环境下，发生于手机应用程序平台之上的新型不正当竞争纠纷的新特点，充分了解相关产业的商业运营模式，加强对《反不正当竞争法》中“互联网专条”规范模式的理解和应用。考虑技术中立、商业自由以及市场效率等因素，适用“互联网专条”的兜底条款和第 2 条一般条款认定涉案行为构成不正当竞争时，应当进行多因素考量。既需要维护市场主体的合法利益，也要兼顾对创新与自由竞争的维护。既要保障网络用户的合法权益，也要维护健康有序的搜索生态和公平竞争的互联网秩序。

从合同法的角度，移动应用涉及的合同纠纷属于计算机软件合同纠纷的一种，在当下占据较大比例。实践中的纠纷多发生于委托开发关系中。在合同中，应当结合移动应用软件的开发特点，尽可能地将细节问题考虑周全，如软件需要实现的功能、交付周期、适用的客户端、源代码的交付、软件的维护、费用的分批支付条件、成果的验收、APP 的上架服务谁负责、APP 侵权或者违规的责任承担等。实践中，在软件开发导致的违约纠纷中，对于根本违约与合同解除权行使的判断是难点。

我国人民法院在知识产权案件的裁判过程中不断地总结经验，移动应用行业的知识产权司法保护水平不断提高。在移动应用行业快速发展、技术与商业模式不断更新的时代，将不断地有新类型的案件产生。这不仅需要司法机关在法律适用方面不断进行探索，也需要立法对新出现的在现有法律框架下无法解决的问题作出回应。本书内容以总结裁判经验为主，经过缩写后的案例精华能够为研究者快速了解案件提供帮助。知识产权法领域法律规范与司法规则的完善需要各行业从业人员的共同努力。在移动应用行业蓬勃发展的当下，让我们共建一个健康、合规、有序的市场环境。

本书附录部分，经授权发布了北京市海淀区人民法院民五庭完成的涉 APP 应用商店运营商侵权责任调研报告，感谢民五庭法官们的辛勤付出。该报告从此类案件特点、审理焦点、法律适用难点、行业发展运营的提示点等角度展开了详尽的分析，对实践具有借鉴意义。

本书在编写过程中得到了曹芳、高云云、章亚婷、龙奕帆等同学的协助，在此一并感谢。作为文化娱乐法制研究系列丛书之一，本书力求准确、简要、通俗易懂地为读者阐述手机应用行业的知识产权相关法律问题，适合互联网领域从业法律工作者、在校学生了解手机应用行业知识产权保护问题。因时间和作者水平有限，如有疏漏之处，敬请读者批评指正。